改革开放与创新发展理论和实践丛书

战略性新兴产业初创企业的金融支持体系研究

刘 亮◎著

内容提要

本书从企业成长周期的视角出发，围绕支持战略性新兴产业初创企业的金融支持体系，研究了新时期战略性新兴产业的成长规律、风险和投融资需求特征，并由此提出了构建支持战略性新兴产业初创企业成长的新型金融机构和体系的思路和对策。在此基础上，本书还对如何应对新型金融机构带来的金融风险及其防范问题进行了深入研究。

图书在版编目(CIP)数据

战略性新兴产业初创企业的金融支持体系研究/刘亮著.
—上海:上海交通大学出版社,2019
ISBN 978-7-313-22049-3

Ⅰ.①战… Ⅱ.①刘… Ⅲ.①新兴产业—产业发展—金融支持—研究—中国
Ⅳ.①F269.24

中国版本图书馆CIP数据核字(2019)第219773号

战略性新兴产业初创企业的金融支持体系研究

著　　者：刘　亮
出版发行：上海交通大学出版社　　地　　址：上海市番禺路951号
邮政编码：200030　　电　　话：021-64071208
印　　制：常熟市文化印刷有限公司　　经　　销：全国新华书店
开　　本：710mm×1000mm　1/16　　印　　张：15.25
字　　数：284千字
版　　次：2019年9月第1版　　印　　次：2019年9月第1次印刷
书　　号：ISBN 978-7-313-22049-3
定　　价：68.00元

编　委　会

前言

目前，全球经济进入了新一轮密集创新时期，发展新兴产业已成为许多国家经济发展的基本战略。2010年9月8日，国务院出台了《关于加快培育和发展战略性新兴产业的决定》，明确提出要发展掌握核心技术、具有市场需求前景、资源能耗低、带动系数大、就业机会多、综合效益好的战略性新兴产业，这是中国抢占新一轮发展制高点、促使国民经济和企业发展走上"创新驱动、转型发展"的重要途径。随后，2012年和2016年，国务院先后发布了《"十二五"国家战略性新兴产业发展规划》和《"十三五"国家战略性新兴产业发展规划》，分别对"十二五"和"十三五"期间我国战略性新兴产业的发展目标、重点任务、政策措施等作出了全面安排和部署。这些措施极大地推动了我国战略性新兴产业的发展，中国工程科技发展战略研究院发布的《中国战略性新兴产业发展报告》(历年)数据显示，近年来，我国战略性新兴产业每年增速均比我国经济平均增速高40%以上，在国民经济中发挥着越来越重要的支柱作用。

在战略性新兴产业发展的过程中，金融的支撑作用不容忽视。战略性新兴产业既具有新兴产业创新性、高成长和高风险等特点，也有其自身特征，即战略性，是未来国民经济中具有举足轻重地位、关乎国计民生的重要产业，一旦落后将动摇国之根本，需要从国家战略高度予以重视，并从政策上大力扶持。同时，战略性新兴产业还具有导向性，代表了未来产业发展的方向，具有强大生命力和发展前景；具有强产业关联性，能带动一大批关联产业发展，并实现关联产业转型和升级。但它们往往受到较强的资金约束，在成长过程中面临投资规模大、持续时间长和回报周期长等资金难题，受金融约束影响比较突出和直接，需要完善的风险激励、风险分担和风险监督机制与之配套。在战略性新兴产业成长初期，这些特征尤为明显且风险尤其突出。由于这些初创企业面临不确定性风险高、自身发展前景不明确、管理体制不完善等问题，往往融资更加困难。本书聚焦战略性新兴产业初创企业融资体系，从企业成长周期的视角出发，分别从金融效率、金融可及性和金融稳定性三大功能出发，研究了新时期战略性新兴产业的成长规律、风险和投融资需求特征，并由此提出了构建支持战略性新兴产业初创企业成长的新型金融体系的思路。在此基础上，本书还对如何应对新型金融机构带来的金融风险及其防范问题进行了深入研究。

本书除绪论外，分为五篇十六章：第一篇主要阐释了金融体系的构成及新时期金融体系的新特征，分别从金融体系构成及其时代特征、金融集聚和金融的区域协同发展视角研究金融体系。第二篇研究了当前战略性新兴产业所处的宏观经济背景、形势及其政策需求。第三篇研究了战略性新兴产业初创企业的成长和融资规律以及风险构成，并重点研究了初创企业、中小企业和部分产业的融资需求。第四篇研究了战略性新兴产业初创企业的新型融资平台建设，重点关注了技术交易市场、地方性基础市场平台和私募股权投资基金等新型金融机构。第五篇研究了新型平台和金融科技发展带来的新金融风险及其监管和防范问题。

本书的撰写得到了很多老师、同事、朋友和家人的大力支持，也参考了许多同行已经出版和发表的著作或论文以及其他形式的资料。此外，本书获得了国家社会科学基金（编号：12CJY102）、上海市哲学社会科学系列课题（编号：2018XAA042）和上海社科院应用经济研究所出版基金的支持，在此表示衷心感谢。由于本人水平有限，本书在内容上还有一些不能避免的缺陷，希望在今后的研究中能够不断修改完善。

目录

第二篇 战略性新兴产业初创企业金融支持体系背景分析

第三篇 战略性新兴产业初创企业成长规律及融资需求研究

第五篇 战略性新兴产业金融创新的金融监管与风险防范

绪 论

2010年9月8日，国务院出台了《关于加快培育和发展战略性新兴产业的决定》，明确提出要发展掌握核心技术、具有市场需求前景、资源能耗低、带动系数大、就业机会多、综合效益好的战略性新兴产业，这是中国抢占新一轮发展制高点、促使国民经济和企业发展走上“创新驱动、转型发展”的重要途径。

一、本书的研究背景与意义

目前，全球经济进入了新一轮密集创新时期，发展新兴产业已成为许多国家和地区经济发展的主战略。在这一大背景下，上海也确定了“9＋5”的战略性新兴产业重点领域，“9”是指2009年开始启动的高新技术产业化9个重点领域，包括新能源、民用航空制造、先进重大装备、生物医药、电子信息制造、新能源汽车、海洋工程装备、新材料、软件和信息服务业；“5”是指2010年启动的智能电网、物联网和云计算，以及2013年启动的节能环保、民用航天五个领域。2012年初，上海出台了《上海市战略性新兴产业发展“十二五”规划》，制定了到2015年上海战略性新兴产业增加值翻一番的宏伟目标。

战略性新兴产业既具有新兴产业创新性、高成长和高风险等特点，也有其自身特征。一是战略性，是未来国民经济中具有举足轻重地位、关乎国计民生的重要产业，一旦落后将动摇国之根本，需要从国家战略高度予以重视，并从政策上大力扶持；二是导向性，代表了未来产业发展的方向，具有强大生命力和发展前景；三是强产业关联性，能带动一大批关联产业发展，并实现关联产业转型和升级；四是强资金约束性，在其成长过程中面临投资规模大、持续时间长和回报周期长等资金难题，受金融约束影响比较突出和直接，需要完善的风险激励、风险分担和风险监督机制与之配套。

国际理论研究成果(Greenwood, 1990; Beck, 2000)和新兴产业发展经验(Saxenian, 1994; Lerner, 2009)都表明,金融是现代经济的核心,对产业培育和发展具有至关重要的作用。但当前我国的金融体系尚不能满足培育和推动战略性新兴产业成长对资金的需求。这表现在:一是以国有银行为主导的传统金融体系在资本配置中仍存在失衡,我国金融体系总体上比较单一、相对垄断且高度管制,金融市场化程度低,企业尤其是民营企业融资难以从正规渠道获得满足,金融支持产业成长力度不够;二是民间资本在发展壮大的同时难以进入某些新兴产业部门,且与民间融资需求相匹配的监管体系和法律法规不匹配,民间资本难以发挥支持产业发展的重要作用(张跃文,2010);三是进入实体经济的金融资本投资行为短期化倾向明显,与产业成长对长期资金的需求不匹配。因此,迫切需要通过金融创新构建新的金融支持体系,实现金融资本与实体经济之间的良性互动,推动新兴产业的发展和结构升级。

目前金融支持战略性新兴产业发展的研究成果主要集中在探讨金融支持产业发展的重要性和金融支持途径等方面,如陈见丽(2011)、李龙筠和谢艺(2011)等分析了金融支持技术进步和产业创新的过程;段一群等(2009)、顾海峰(2011)分析了产业成长过程中的金融需求;陈昆玉(2010)、潘岳奇和贾生华(2011)分析了企业资本积累和资本结构对产业发展的影响;谈儒勇(1999)、熊正德等(2011)分析了中国金融支持产业发展的效率;张陆洋(2009)、杨慧等(2011)则对金融支持新兴产业发展的国际经验进行了总结和比较研究。

但总体而言,目前国内这方面的研究刚刚起步,成果较少,且存在以下几个方面的不足:一是在理论研究方面,没有形成一个金融支持新兴产业发展的理论框架,大部分研究偏重于从单纯的产业理论或金融视角分析,但产业发展自始至终都不是一些独立活动的集合,而是相互依存的价值活动系统(Porter, 1985),需要在一个综合框架下开展研究。二是在分析视角上,忽视了金融引致的新产品需求的影响,而实际上消费对产业发展具有同等重要的意义。三是在分析方法上,主要是理论推导和逻辑演绎的方法,实证分析比较少,所以在理论的检验方面仍要加强。四是对国际先进经验的分析、总结和吸收仍显不足。

因此,在目前情况下,仍需要加强对金融支持战略性新兴产业发展体系、路径和机制的研究,并提出具有可操作性的政策建议。

二、本书的主要内容、基本思路和研究方法

自 1982 年 Gort 和 Klepper 在产品生命周期理论基础上提出产业生命周期理

论以来,基于产业不同成长阶段特征的分析就成为产业经济分析的重要手段之一。事实上,战略性新兴产业不同成长阶段也有着不同的融资需求特征,其成长过程实际上是产业及企业核心竞争力的培育和提升过程(Porter, 1990; Pietrobelli & Rabellotti, 2006;余江和方新,2002;潘镇和鲁明泓,2003;陈菲琼和王丹霞,2007等),因此,金融支持战略性新兴产业发展的研究需要从金融支持产业价值链升级与创新的角度展开(阎洪和刘珺,2003),要关注产业价值链提升和新兴产业发展过程中的金融产品创新和金融市场体系建设等问题,动态地分析企业成长过程中的价值链培育,以及产业与金融结合(Porter, 1985)过程中的风险特征、风险激励、分担机制以及风险规避等问题,并在此基础上构造适合企业核心竞争力成长特征的金融体系。

根据已有的研究,我国大部分战略性新兴产业仍处于创新期[①],虽然政策性融资能够解决其燃眉之急,但是并不能长期解决其发展中的资金问题,因此,基于企业自身风险特征的市场融资,仍然是解决战略性新兴产业发展的根本出路。

但是目前,我国战略性新兴产业的发展与金融资源错配的现象比较突出,这主要表现在三个方面:银行体系和资本市场由于体制原因导致的融资体制错配;资金主要投向处于发展成熟阶段的产业而导致初创产业遭遇“资金瓶颈”的融资阶段错配;由于产业间发展不平衡而导致的资金主要集中于少数产业的产业错配。因此,解决战略性新兴产业融资的问题,重点是要解决产业初创期的市场资金问题。

基于上述原因,本书的研究思路和内容主要从以下几个方面展开。

(一) 理论研究

一是对金融体系相关概念和时代特征等理论问题的研究。战略性新兴产业的发展离不开金融体系的支持,为此,本书对金融体系的定义、内涵、构成和功能特征进行了分析,并对当前两种主要的金融体系,即银行主导型和市场主导型的差异性进行了分析。同时,针对中国目前的现代化经济体系建设对金融体系的现实需求,本书研究了当前中国特色现代金融体系的新时代特征和理论内涵。在此基础上,还研究了金融体系集聚和区域协同发展的问题。

二是对建立战略性新兴产业金融支持体系的背景展开相应研究。宏观经济背

---

① 根据牛立超(2011)的研究,我国战略性新兴产业的细分产业中,除高铁、化工新材料、电子信息材料和锂电池外,其他产业均处于创新期。

景是设计金融体系的基础，宏观经济中存在的不确定风险会直接影响金融体系的确立，因此，加强对供给侧结构性改革和上海全球城市建设内涵、背景、趋势及相关政策的研究是本书的重要内容之一。

三是对战略性新兴产业初创企业融资需求特征及相关政策需求问题的研究。基于产业成长过程中价值链成长的机制，对战略性新兴产业中的成熟企业而言，由于其战略性、政策性、主导性和高关联度等特征，传统金融体系的金融支持完全可以满足其发展需求。但对于初创企业或中小企业而言，由于传统金融体系难以满足其融资需求，因此对新的投融资体系的需求更强烈，也更迫切。

四是对构建支持战略性新兴产业初创企业发展的金融支持体系的研究。本书对产业价值链培育过程中的风险和融资需求特征进行研究，并在此基础上对培育具有核心竞争力的战略性新兴产业的金融需求结构进行理论研究，从而为战略性新兴产业的金融支持体系建立提供对策思路。研究发现，一个成熟的金融体系往往围绕着金融市场平台的建设展开，因此，完善以金融市场平台为核心的各类市场基础设施建设是建立战略性新兴产业金融支持体系的核心内容之一。

五是对金融创新下的金融监管体系和金融风险问题的研究。本书研究了互联网金融发展带来的风险和整治问题，金融创新背景下"灰犀牛"事件的可能风险和防范措施，以及针对金融科技发展的"监管沙盒"监管体制的创新等。

（二）案例分析

一是对跨国经验的对比总结和研究，并作为可供上海借鉴的经验。本书先后对美国风险投资、纳斯达克多层次资本市场体系和英国伦敦、新加坡的"监管沙盒"模式等做了较为全面和系统分析。

二是对中国典型案例的调研，本书的一系列研究成果均建立在对现实情况的大量调研基础上，因此，提出的对策建议在建立和支持战略性新兴产业发展方面也有一定效果。

（三）政策研究

本书除基于理论研究成果对上海战略性新兴产业的发展提出一系列对策建议外，还对有关金融监管的政策和以普惠性服务型政策为主的政策服务体系进行了较为深入的分析。

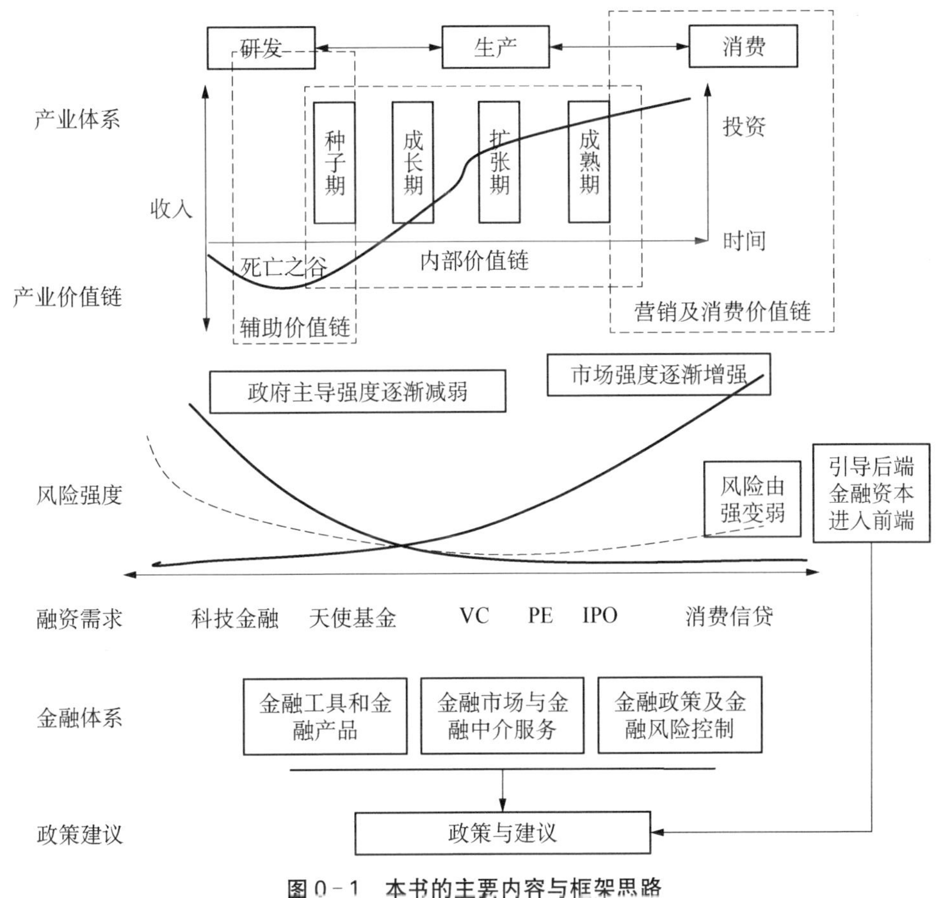

图 0-1 本书的主要内容与框架思路

三、本书的框架结构

(一) 对金融体系相关概念、内涵和时代特征等理论问题的研究

战略性新兴产业的发展离不开金融体系的支持,而金融体系的形成与完善离不开金融集聚和金融跨区域协同与合作,为此,本书从三个方面展开理论研究。

第一章对金融体系的定义、内涵、构成和功能特征进行了分析,并对当前两种主要的金融体系,即银行主导型和市场主导型的差异性进行了分析。同时,针对中国目前的现代化经济体系建设对金融体系的现实需求,研究了当前中国特色现代金融体系的新时代特征和理论内涵。

第二章主要通过理论梳理和实证研究分析战略性新兴产业的创新集聚对经济增长的影响。研究发现,经济因素特别是金融资源的集聚和创新的区域分布特征与区域技术进步和经济增长确实存在显著的正相关关系。这也证明了知识外溢在技术进步中扮演了基础性的角色,即将知识转化到经济应用中的效率成为解释宏观经济增长的关键性因素,国家间创新的差异和经济行为的空间结构能够潜在地成为造成知识外溢效率差异的根源,并最终成为经济增长的源泉。同理,金融集聚对地区产业发展同样具有积极的正向效应。

第三章主要立足于对金融协同与创新发展方面的应用研究,在全面分析长江流域经济带内金融资源分布现状的基础上,研究了金融跨区域协同创新的情况,并以此为基础,提出了以金融中心建设的协同创新发展推动长江流域经济带产业创新协同发展的战略思路。

(二) 战略性新兴产业初创企业融资支持体系的背景与现状研究

金融产业的发展和金融体系的建设离不开其所处的制度框架和国内外宏观经济背景,由于不同经济发展阶段的国家具有不同的要素禀赋结构,这决定了其实体经济的产业结构具有系统性差异,而不同的产业具有不同的风险特性、融资需求和信息特征。因此,处于不同经济发展阶段的实体经济对于金融服务的需求存在显著差异,即存在"最优金融结构",如在现代低收入国家,劳动密集型产业具有比较优势(林毅夫,2002)。因此,中国的战略性新兴产业的最优金融支持体系需要考虑中国的宏观经济背景及其特定制度环境。

第四章研究了中国供给侧改革的背景、内涵和未来的政策走势。未来供给侧结构性改革趋势仍然是以需求侧管理为供给侧的改革保驾护航。在金融领域,则是要解决资金供给方面民间资本充裕与实体经济(企业)资金短缺之间的矛盾,在加强行业监管的同时,鼓励和推动普惠金融体系建设,推动广大中小微企业的"自举融资",切实降低企业的融资成本。

第五章研究了上海全球城市建设背景下的供给侧改革问题。金融危机后全球城市功能由需求向供给转变,因此,上海供给侧改革需要依托全球城市建设的载体展开,确立以全球城市建设为核心的供给侧结构性改革发展主线,积极落实"三去一降一补"的各项目标。在金融体系方面,则要时刻注意防范金融市场"高杠杆"的风险,加大金融对实体经济的支持力度,大力发展科技金融服务,提升金融服务实体经济的能力。同时,化解地下金融和影子银行风险,防范房地产金融风险也是上海全球城市建设中金融发展需要关注的重要方向。

（三）战略性新兴产业初创企业成长规律及融资需求研究

要推动金融创新，首先就要针对不同产业特征设计不同的金融产品，为此，研究不同战略性新兴产业的发展规律和成长特征就显得非常重要。

第六章从战略性新兴产业的成长周期出发，系统研究了企业在不同成长周期的金融需求特征和与之相匹配的中小银行的作用，并基于企业的成长周期提出了支持中小银行发展的对策思路。

第七章系统研究了上海战略性新兴产业中中小型科技企业的发展现状及面临的瓶颈问题。研究表明，一方面中小企业已经成为上海经济增长和战略性新兴产业发展的重要增长极，但另一方面，其融资约束仍然显著，为此，本书在分析了科技型中小企业融资约束问题及其形成原因的基础上，提出了相关的对策建议。

第八章对目前促进产业创新转型升级特别是战略性新兴产业发展的相关政策进行了系统分析，通过对上海支持中小企业发展的各类政策进行归类汇总并对这些政策的效果进行系统梳理和分析，证明了中性无偏的普惠性产业政策在对战略性新兴产业中小企业创新发展中的支持效果更加显著，从而提出了支持战略性新兴产业创新发展应以普惠性政策为主的对策思路。

第九章基于对上海张江高科技园区大健康产业（生物医疗等相关产业）的调研，以及对健康产业在上海未来社会经济和产业发展中的重要性及其产业特征的分析，并结合上海国际医学园区所在的上海周浦和康桥地区的发展现状，认为上海有必要在该产业发展过程中建立健康产业示范区，并给予金融配套，通过设立产业投资基金解决其融资问题。

第十章研究了中国资本市场对“三资”企业发展的推动作用，以台湾地区在大陆的上市企业为案例，系统分析了台资企业在大陆上市融资后给企业发展带来的长期增长效应、再融资效应和声誉效应，并在此基础上提出三地联手，共同推动资本市场联动发展的设想。

（四）战略性新兴产业初创企业的新型金融支持体系研究

当前我国战略性新兴产业的细分产业中，除高铁、化工新材料、电子信息材料和锂电池处于繁荣期外，其他产业均处于创新期[①]。这也就意味着这些战略性新兴产业都属于风险高而融资手段不多的弱势群体。由于这些企业大部分规模较

---

① 参考牛立超(2011)的相关分析。

小，其产品市场和所用技术都不完全成熟，具有很高的技术创新风险和产品创新风险，因此，区域性的中小银行在为其提供融资服务方面具有比较优势（林毅夫，2006）。

第十一章分析了在科技成果转化过程中多层次金融市场建设的重要作用，逐渐建立和完善多层次的具有全球影响力的全球科技成果转化和交易市场体系，是未来上海科技创新和重要科技成果转化的重要渠道之一，为此，我们提出了建设具有全球影响力的科技成果交易中心的思路。

第十二章在分析了纳斯达克多层次资本市场的演化模式和规律的基础上，研究了上海股权托管交易中心推出创新板的重要意义，并结合上海股交中心发展过程中面临的现实问题和实际困难，提出相应的对策建议。

第十三章则在全面分析中国 PE 市场现状的基础上，借助金融理论中金融结构和金融企业家的分析框架和思路，对中国 PE 应当承担的角色和实现的功能转变进行了全面分析，并提出适合未来 PE 发展的“可信赖投资和管理顾问模式”及商人银行的设想，为 PE 的进一步发展提供了一种可供借鉴的路径和方式。

(五) 战略性新兴产业金融创新的金融监管与风险防范问题研究

习近平总书记一再强调，金融稳定关系到国家战略和国计民生，必须把防风险摆在突出位置。要下决心处置一批风险点，着力防控资产泡沫，提高和改进监管能力，确保不发生系统性金融风险。因此，必须坚持稳中求进的工作总基调，遵循金融发展规律，紧紧围绕服务实体经济、防控金融风险、深化金融改革三项任务，创新和完善金融调控，健全现代金融企业制度，完善金融市场体系，推进构建现代金融监管框架，加快转变金融发展方式，健全金融法治，保障国家金融安全，促进经济和金融良性循环、健康发展。防范金融风险、促进金融体系健康稳定发展是构建战略性新兴产业金融支持体系的重要一环。

第十四章针对当前互联网金融带来的创新和在整治过程中的治理乱象，以上海为视角，聚焦互联网金融整治中暴露出的问题，认为问题根源是现有金融制度下金融创新与监管之间的不适应性，从而提出加强统一立法、创新监管制度、完善信用体系等治本之策。

第十五章系统阐释了“灰犀牛”金融危机的基本特征，并按照“灰犀牛”的相关定义分析了当前经济金融形势下可能出现的“灰犀牛”事件，提出了应对未来可能的“灰犀牛”事件的具体措施。

第十六章针对金融创新和金融监管创新的特征，研究了当前英国和新加坡等国的“监管沙盒”模式，并结合上海金融科技发展和金融创新的具体实践，提出了在上海自贸区金融开放和改革过程中引入“监管沙盒”模式的对策建议。

四、本书的研究重点

由于金融支持战略性新兴产业发展是一个结合金融学和产业经济学两方面研究成果的新课题，而上述两个研究领域仍然存在一系列的争论，因此，本书也将涉及两个领域的相关问题。

(1) 在打造战略性新兴产业价值链，推动其创新发展的模式选择方面，目前存在欧美模式和日韩模式。前者是在加强基础学科的同时推动技术创新和产业发展。后者则是“吸收性发展战略”，偏重于技术创新，投入偏重于消化吸收，但基础学科不足会导致发展后劲不足，20 世纪 90 年代后日本创新潜力殆尽，技术结构和产业结构转型趋于停滞即是一明证。为此，日本政府在 1996 年后推出“科学技术创造立国”计划，大幅度增加基础研究投入。因此，我们的研究需考虑基础研究与应用研究的互动问题。

(2) 在新兴产业价值链培育中政府的作用方面，从国际的经验来看，产业技术创新有渐进式和突破式两种路线，这两种技术创新路径也决定了新兴产业渐进式和突破式两种发展道路。前者由许多网络成员通过一系列小的创新推动最终导致新兴产业发展，是集体学习的结果。后者则主要存在于创新型企业中，包含更少的合作和更多的竞争。新兴产业的形成和发展主要依托这种创新型企业发展(Garud & Karnoe, 2003)。而不同政治制度结构类型的国家政府对新兴产业支持的方式和路径也存在明显的不同。因此，要根据我国的政治制度结构和产业发展的实际特征，选择政府的金融扶持政策。

(3) 在扶持新兴产业价值链形成的金融体系结构选择方面，通常有市场主导型和银行主导型两种模式，前者以英美为代表，主要是资本市场发挥重要作用，企业多采用直接融资，通过发行股票和企业债券从资本市场筹措长期资本，在企业成长过程中风险投资扮演重要角色，被称为“经济增长的发动机”。后者以德日为代表，主要是银行在动员储蓄、配置资本、监督公司管理者及提供风险管理手段上发挥重要作用。随着现代金融内涵和外延的发展，目前这两种金融结构已逐渐趋于相似，但低收入和高收入国家之间金融结构仍差异显著，因此，仍需要根据中国实际情况研究中国金融制度安排的比例和相对构成(林毅夫等，2009)。

(4) 在与新兴产业有关的金融市场创新和监管方面，由于金融市场理论存在有效市场和不对称信息市场理论的争论，在金融监管和金融创新方面也存在自由主义市场论和政府干预监管论两种截然不同的观点。由于投资者在金融市场上获得的信息及其使用往往是低效的，且往往会由于过度自信和市场交易制度设计导致市场信息失灵（Kaneman & AmosTversky，1991；Odean，1998），因此，需要从金融行为理论出发研究金融市场效率并进行制度设计。同时，需要把握金融监管的力度和水平，使金融监管在纠正金融市场失灵所造成的金融效率损失的同时，不会影响金融体系的稳定。

五、本书的主要观点

（1）支持战略性新兴产业发展的金融体系既要符合中国产业价值链培育的实际，也要适应中国政治制度结构特征。国际产业发展的经验表明，后发国家在产业发展过程中具有典型的“后发优势”，因此，引进、消化和吸收曾经是一条发展新兴产业的捷径。但日本的经验也表明，随着产业发展逐渐成熟，忽视基础研究投入造成的技术“收敛”也会带来后劲不足的缺陷。同时，国家政治制度结构也会影响中国新兴产业的创新发展路径，因此需要从中国的实际出发打造新兴产业。

（2）设计支持战略性新兴产业价值链培育所需要的多样化金融产品，建立多层次金融（资本）市场体系。战略性新兴产业成长过程包括种子期、成长期、扩张期和成熟期等阶段，每一阶段企业价值链及其核心竞争力具有不同特征，其融资需求也不相同，因此，需要推广先进适用的金融技术，创新金融服务方式和手段，开发适合其成长的信贷产品，并由此建立一套动态的适合企业成长特征的包括创业投资、场外交易、发行债券等多种融资需求的金融市场体系，以提供专业化、细分化的金融服务（李海波和肖文东，2011）。

（3）从有利于战略性新兴产业价值链培育的角度出发，创新交易制度，提升金融市场支持产业发展的效率。包括完善目前已有的各类金融市场的交易制度，如新股发行机制，修订和完善再融资制度、退市制度等；推动机构投资者参与资本市场的力度和强度，在有条件的资本市场中（如场外交易市场）尝试“做市商”制度；完善各资本市场之间的升级和转板制度，打破主板、中小板、创业板市场的物理界限等。

（4）加强政府对新兴产业有关金融支持的引导、扶持和监督力度。包括改革和完善金融体制，破除金融市场垄断性，建立多元化资金供给体系；通过财政和金融扶持政策加强政策引导，放开民间融资，引导社会资本进入战略性新兴产业；充分发挥现有金融机构包括商业银行、保险公司、股票市场的作用；组建战略性新兴产业投资引导基金，按照国际惯例管理经营产业基金，采用市场化约束与激励机制筛选、培育和扶持优秀企业成长；加强风险管理，注意处理好支持战略性新兴产业发展和防范金融风险的关系；完善金融法制建设，尽快从法律上厘清合法民间借贷与非法集资类犯罪的界限，出台民间融资管理的综合措施。

六、本书的主要创新之处

（1）在理论框架上，将产业价值链理论与金融理论结合起来进行研究，为金融支持战略性新兴产业发展奠定了一个较为坚实的动态理论框架。

（2）在研究视角上，对消费信贷服务支持产业发展的机制及效果进行理论和实证研究，是对金融支持产业发展理论的一个有益补充。

（3）在研究思路上，提出将中国政治制度结构和产业创新、金融创新的实际结合起来进行研究的设想，并在此基础上提出有针对性和可操作性的政策主张。同时，本书基于国际的经验和国际的比较，并结合中国战略性新兴产业成长的现实以及上海全球城市建设和发展中的产业发展现状提出一系列对策思路。

第一篇　金融体系的基本概念与时代特征

大量研究表明，虽然信息技术的发展为金融机构提供了更大的选址弹性，许多金融功能已经克服了地理空间上的限制，可能出现金融集聚的“地理学终结”，但是，由于金融中心在信息获取方面的便捷性和低成本性，以及金融行业的契约性和密集性等特点，导致金融在现实中并未表现出“地理学终结”的特征。相反，金融集聚特征越来越明显，金融集聚已经是经济发展过程中非常明显的现象（余泳泽和刘大勇，2013）。金融的集聚对工业效率提升的空间外溢效应越来越明显（Levine et al.，1998；King & Levine，1993；Buera & Shin，2013），金融集聚在很大程度上影响了产业结构升级的速度和效率。它们一方面通过范围经济效应和规模经济效应降低了交易成本，提高了金融资源的流通能力和配置效率，缓解了产业结构升级的资金约束；另一方面，通过金融机构及相关行业之间利用共享的基础设施和网络体系完成了信息交流，对市场竞争能力强、投资收益率高的企业增加资金供给，加快了生产要素从低效率产业向高效率产业的转移，由此带来的“结构红利”维持了经济的持续增长（Levine et al.，1998；Peneder，2003）。因此，研究金融体系需要研究金融集聚问题。本篇力图通过系统地研究战略性新兴产业的创新集聚与金融集聚，寻求创新集聚与金融集聚存在的互动特征，并提出相应的对策建议。

第一章 金融体系的基本概念、内涵与新时代特征

国际上对金融体系的研究从 20 世纪 50 年代开始，逐渐从对金融机构、金融工具和金融市场的研究发展到对金融功能的分析。由于各国国情不尽相同，各国的金融体系也存在较大差异，即当前并不存在一个普适性的最优金融结构，一国的最优金融结构取决于该国产业结构，以及由该国产业结构内生决定的金融功能（林毅夫等，2009）。随着中国改革开放的深入和经济发展水平的稳步提升，中国的金融体系也随着现代化经济体系的发展而不断完善和优化，成为中国特色现代化经济体系的重要组成部分。

一、金融体系的构成与功能特征

（一）金融体系的基本概念

国外经济学家对金融体系的研究可以追溯到 20 世纪 50 年代美国经济学家 Gurley & Shaw（1955）在《美国经济评论》上发表的《经济发展中的金融方面》以及在《金融杂志》上发表的《金融中介机构与储蓄—投资过程》（Gurley & Shaw，1956），这两篇论文开创性地将整个经济划分为盈余部门（即收入大于支出）、平衡部门（即收入与支出相等）以及亏损部门（即收入小于支出）。由于经济部门之间存在着亏损和盈余，投资者从外部筹集资金便不可避免。他们将筹集资金的方式分为直接融资和间接融资两种，在间接融资过程中起中介作用的金融机构又可以分为货币系统和非货币系统的中介机构两种。随后，Golden Smith（1969）将金融体系定义为金融工具和金融机构的构成状态，“不同类型的金融工具与金融机构的存在、性质以及相对规模体现了一国的金融体系”，即金融资产总额和有形资产总额的关系，金融资产和负债在金融机构与非金融机构间的分配，金融资产和负债在不同经济部门间的分配之间的关系。日本学者玲木淑夫将金融体系分为金融的范围（金融制度）、金融交易手段的充足程度，即金融机构、企业、个人等经济主体在一定金融制度条件下其金融交易行为的模式或倾向，以及金融交易技术条件和经济的基础性条件三个组成部分。

从金融体系的构成来看，金融体系指的是一个国家或地区经济运行过程中资金流动的基本框架。一般情况下，一个完整的金融体系包括以下三个部分：一是金融部门，包括各种金融机构、金融市场等，这些金融机构的作用在于为经济中的非金融部门提供特定的金融服务；二是金融工具或金融产品，即金融机构为居民、企业、政府等非金融部门提供的融资行为以及基本的融资工具；三是金融体系中的监管体制。因此，金融体系一般包括以下三方面的内容。

一是金融体系是有关资金融通的一个体系或系统。它一般包括构成这一体系的各个重要组成部分（个人和机构）；在这一体系中各类金融机构的组成、相互间的分工和职责，以及相互间的关系；整个社会资金在这一体系中的地位、作用、职能以及它们彼此间的关系；整个社会资金在这一体系中如何进行流通，以及各资金融通机构的运行机制；在这一体系中的金融监管机制。

二是金融体系是金融市场和金融机构的联结，这两部分通过金融工具联结，并能够以分散的方式运作。同时金融体系是其市场构成要素的有机综合体，它大体上包括间接、直接和特殊三种性质、功能各异的融资市场。其中，间接融资市场是指以金融机构为中介的资金融通（如存款、放款、同业拆借、票据承兑贴现等）；直接融资市场是指不经过任何中介环节的货币资金融通（如发行有价证券）；特殊融资市场是指为实现资金的保值、增值目的而采取的交易方式（如外汇、金融期货或期权等）。

三是金融体系包括有关金融交易的规则、惯例和组织安排，或者有关金融交易、组织安排、监督管理及其创新的一系列在社会上通行或被社会所接纳的习惯、道德、戒律、法规等构成的规则的集合。

（二）金融体系的功能——从金融深化到金融功能的视角①

最早在凯恩斯主义理论居主导地位的研究框架下，人们对金融的认识主要是基于挤出假说、金融主导假说、赌场假说、金融不稳定性假说、金融短期主义假说等

---

① 目前国内对金融发展理论研究比较全面的论文可以参考米军等(2012)、白钦先(2005)、白钦先和谭庆华(2006)等，均有较为具体的论述。

的金融负面影响的研究，金融在经济中的作用被大大低估了。直到 1969 年，雷蒙德·W. 戈德史密斯出版了《金融结构与金融发展》，他提出了金融结构的概念，并围绕金融结构使用包括金融相关比率等在内的 8 个定量指标，揭示了金融发展的内在演化路径，总结出金融发展的 12 条规律，并揭示了金融发展、外部金融与经济发展之间的关系。随后 Rondd I. Mckinnon(1973)和 Edward S. Shaw(1973)提出了金融抑制理论和金融深化理论，纠正了传统经济发展理论中忽视金融因素的弊端，明确认识到主流货币金融理论中认为货币与实物资本替代品的假定并不适用于发展中国家，认识到发展中国家金融抑制的独特性，且明确了政府对金融市场进行干预的必要性，指出完全取消政府干预的"金融自由主义"主张对发展中国家的金融改革实践是有害的。随后，King & Levine(1993)从金融功能的角度入手研究了金融发展对经济增长特别是对全要素生产力的影响，发现金融发展不足会导致"贫困陷阱"。Levine & Zervos(1998)、Dmirguc-Kunt & Maksimovic(1998)等发现股票市场也有类似功能。

20 世纪 90 年代，"金融功能观"的出现让学者们开始意识到，在金融体系中随着时间的推移和区域的变化，金融功能的变化往往要小于金融机构的变化，金融体系的设计应当兼顾结构与功能，而金融结构应内生在金融功能中(Merton & Bodie, 1995)。金融结构这一形式背后的金融功能实质对于经济增长的影响是最终决定因素(彭俞超，2017)，并不存在一个普适性的最优金融结构，一国的最优金融结构取决于该国产业结构，以及由该国产业结构内生决定的金融功能(林毅夫等，2009)。因此，金融体系整体功能才是最重要的，而金融中介与金融市场在金融体系中的构成只是一个次要的问题(Merton, 1995; Merton & Bodie, 1995)。在该理论框架下，金融系统从金融功能的视角可以分为六个功能，即交易和支付功能、提供融资机制、跨时间和地域的经济资源转移、管理不确定性和风险、协调不同领域分散决策的价格信息以及处理不对称信息，其中核心功能可以概括为便利清算和支付的功能、聚集和分配资源的功能以及风险分散的功能(Merton & Bodie, 1995)。此外，也有研究者从其他视角研究金融功能的内容，如 Levine(1997)将金融功能区分为促进风险改善、信息获取与资源配置、监控经理与加强企业控制、动员储蓄和促进交易等五项功能。姚长辉(1998)则认为一个完整的金融体系包括五个方面，即金融调控体系、金融企业体系、金融市场体系、金融生态体系和金融监管体系。在我国，金融体系又称金融机构体系，分为银行体系和非银行金融机构体系两种类型。银行体系又分为中央银行、商业银行和专业银行；非银行金融机构体系则包括保险公司、投资公司、信用合作组织、基金组织、融资租赁公司、消费信贷机构、证券公司及各类市场交易平台。Allen & Gale(2000)从风险分散、信息提供、企业监控三个视角进行分析，此外还有资源匹配的功能(Adair Turner, 2010)、推动创新的功能(Klapper et al.，2007；Braun & Larrain，2005)等，但这些都不外乎上述三大功能。

在上述三大核心功能中，便利清算和支付的功能主要体现在资金结算的便利化程度上，即金融体系中的金融工具能够提供交易过程中商品、服务以及资产清算和结算的功能，由于不同的金融工具在功能上是可以替代的，因此，使用这些金融工具的金融机构也可以根据具体的情况予以变化。聚集和分配资源的功能则体现的是金融可及性的目的，就是金融体系或使用的金融工具能够为企业或家庭的生产和消费及时筹集到必需的资金，能够将社会分散的资金聚集起来并在经济体系中重新进行有效的分配。风险分散的功能则是指金融体系或由金融体系创新出来的金融工具获得收益的核心能力就是管理和配置风险，即通过经营风险资产获得收益，同时，还要为金融机构提供管理和配置风险的方法，要通过风险的管理和配置为企业与家庭带来更高的福利，通过风险管理和配置能够在一定程度上使金融交易和风险负担得以有效分离，即让企业或家庭能够选择其愿意承担的风险，回避不愿承担的风险。如此，上述三大功能可以概括为金融效率功能、金融可及性功能和金融稳定性功能。

目前，随着金融科技的发展和金融业务的相互融合，金融机构的业务领域早已发生了翻天覆地的变化，金融监管体系正在逐渐由原来的机构监管向行为监管、功能监管演变。为此，现代金融体系的构架也需要围绕金融机构市场行为的变化，从原来的根据金融机构的类型进行构架和组合转变为按照金融功能实现的效率来进行重新整合，即需要从功能金融的观点出发，系统梳理党的十九大后中国金融体系功能的演变，在确定金融体系应具备哪些经济功能的基础上，设置或建立能够最好地行使这些功能的机构与组织(Merton & Bodie，1995)，从而建设现代化金融体系。

二、金融体系的类型比较

世界各国具有不同的金融体系，而且各国的金融体系是不断发展变化的，因此，很难有一个统一固定的标准来划分各国的金融体系。一般而言，根据中介和市场在金融体系中的不同作用，金融体系可以大致分为银行主导型金融体系和市场主导型金融体系两种模式，德国、日本、法国等国家的金融体系常常被称为“银行主导型”，美国、英国等国家的金融体系常常被称为“市场主导型”，而德国和美国是两种金融体系的突出代表。

(一) 银行主导型金融体系

银行主导型金融体系主要以德国和日本为代表。其中德国是银行主导型金融体系的代表国家,德国银行资产与 GDP 的比值超过 1,但德国资本市场规模较小,且流动性相对不高。如 20 世纪 90 年代之前,德国的股票市场市值与 GDP 的比值仅为 0.2,即使之后有所提高,但相对于银行在其国民经济中的地位而言仍然非常有限,债券市场上的债券大部分由联邦政府、州政府或当地政府、政府法人、银行以及其他中介机构发行,居民的金融资产主要以银行存款形式存在。

德意志联邦银行是德国的中央银行,落实由欧洲中央银行理事会集中拟定的货币政策,不再奉行独立的货币政策。德国三大全能银行——德意志银行、德国商业银行和德累斯顿银行在银行体系中占有举足轻重的地位。德国银行体系以全能银行为基础,以专业银行为补充。全能银行包括商业银行、储蓄银行和合作银行这三个体系,其中商业银行是核心。全能银行全面参与各种金融活动,包括吸收存款、发放贷款(包括抵押贷款)、承销证券发行、直接投资于各种证券等,是一种多功能、全方位的银行。储蓄银行是以公众利益为出发点,不以利润最大化为目标的银行机构,包括地方、州和中央三个层次的银行机构;合作银行的存款人同时又是银行的股东,也有地方、州和中央三个层次的银行机构。不属于全能银行的专业银行提供的金融服务少于全能银行提供的金融服务,如专门从事抵押贷款、农业信贷或小微企业信贷的银行(赵鹏程,2017)。

德国的股票市场相对不太重要,国内债券市场尽管发展良好,但由于参与债券市场的主要是政府和银行,一般工商企业很少发行债券。在这一背景下,德国的企业外部融资主要依靠银行贷款,其中很大比例是利率固定的长期贷款,贷款证券化程度比较低。德国银行不仅直接给予企业贷款,而且还帮助企业发行股票和债券,同时承担了商业银行和投资银行两项职能。除此之外,德国的银行还通过代理股东投票、获得企业监事会席位等方式进一步对上市公司施加影响。

(二) 市场主导型金融体系

市场主导型金融体系主要以美国和英国为代表,资本市场在为实体经济提供金融服务方面起着非常重要的作用,直接融资是企业的主要融资方式。在美国,其银行资产与 GDP 的比值只有 0.53,但其股票市场市值与 GDP 的比值达到 0.82,是德国的 2 倍。

在美国的金融体系中,美国联邦储备银行系统起到了中央银行的作用,具有发行货币、代理国库及对其他银行进行管理监督的职能，为美国政府制定和执行金融货币政策。现在的联邦储备银行系统包括联邦储备总裁委员会、联邦公开市场委员会、12家区域性联邦储备银行以及数千家私营的会员银行。联邦储备总裁委员会是联邦储备银行系统的最高权力机构，由7名委员组成，负责决定全国的货币政策，并对联邦储备银行各区域性分行、会员银行和商业银行的活动及业务有广泛的监督和管理职责。

由于美国奉行的是自由主义经济模式，企业为了在激烈的市场竞争中占据优势地位，必须通过多渠道融资扩大经营规模，保持竞争力。1933年，美国通过《格拉斯—斯蒂格尔法案》(Glass-Steagall Act)，禁止商业银行从事投资银行业务，同时，银行的跨区域经营和存款利率也受到严格限制。这样，在企业大量的资金需求下，资本市场迅速发展，而银行机构遭遇了挑战和危机。虽然1999年美国颁布了《金融服务现代化法案》，金融业又重新回到混业经营模式，但此时市场主导型的金融体系已经形成，品种丰富的债券市场和多层次的股票市场构成了美国的资本市场。2008年金融危机后，混业经营进一步成为美国金融业的主流。债券品种包括美国政府债券、地方性政府债券、政府机构债券和企业债券等众多品种。股票市场法规健全，管理严密而透明，政府对股票市场没有约束，通过发行股票和企业债券等手段进行直接融资成为企业的主要融资手段，金融期货、期权和其他金融衍生品成为重要的市场。多样化的资本市场为投资者提供了多种选择，大多数居民手中都握有公司的股票债券，居民在承担投资风险和责任的同时，也获得丰厚的分红收益。

美国资本市场规模大、体系复杂，主要包括三个层次：一是主板市场，以纽约证券交易所为核心的全国性证券交易市场，对上市公司的要求比较高，在该交易所上市的企业一般是知名度高的企业；二是以纳斯达克为核心的二板市场，主要注重公司的成长性和长期盈利性，该市场的上市公司具有高科技、高风险、高回报、规模小的特征；三是遍布各地区的全国性和区域性市场及场外交易市场。美国证券交易所是全国性的交易所，但该交易所上市的企业门槛比纽约证券交易所低，该交易所挂牌交易的企业发展到一定程度可转到纽交所上市。目前美国的区域性证券交易所有11家，主要分布在全国各大中心城市，是美国的三板市场(OTC市场)(赵鹏程，2017)。

(三) 两类市场的差异比较

两类金融体系的比较如表1-1所示。

表 1－1　两类金融体系的比较

金融体系	美国	德国
商业银行	商业银行提供企业基本贷款，但以投资银行业务为主，银行可以从事投资	全能银行，主要从事存贷、保险、证券承销和投资等业务
储贷机构	以传统抵押贷款和消费贷为主，很多是互助性质，对象多为股东	兼顾公共利益，面对大量散户和企业的不确定需求
资本市场	非常发达，市场融资渠道丰富，是企业重要的融资渠道	虽然也有资本市场，但主要是为金融机构服务，非金融企业主要通过银行获得资金
衍生品市场	衍生品市场发达，交易量大	不发达且交易量小
保险公司	生命保险主要提供储蓄手段，投资工具仅仅是副产品，互助为主	主要提供保险功能，储蓄方面受到严格限制
养老基金	涵盖所有员工，替代率较低	涵盖所有员工，替代率高

总体来看，两种金融体系都有各自的优势，都有成功的代表性国家，无论从理论研究还是从历史事实来看，很难得出哪种模式的金融体系更先进的结论。不管是市场主导还是银行主导，只要能够高效率地实现为实体经济服务的功能，就是一个好的金融体系，这样的金融体系能适应不同风险、信息和资源配置以及公司治理的需要。无论金融体系的模式怎样不同，怎样发展变化，有一点是不变的，那就是金融体系在经济发展过程中的作用越来越突出，已经影响经济的发展进程。随着现代金融内涵和外延的发展，目前这两种金融体系的结构已逐渐趋于相似，但低收入和高收入国家之间的金融结构仍差异显著，因此，仍需要根据中国实际情况研究中国金融制度安排的比例和相对构成（林毅夫等，2009）。

三、现代化金融体系的主要研究与论述

党的十九大报告明确提出要建立现代化经济体系，金融作为现代经济的血液，是国家重要的核心竞争力之一，正如习近平总书记指出的，“金融活，经济活；金融稳，经济稳”①，要保持经济平稳健康发展，就要把金融搞好，在建设现代化经济体系过程中，完善投融资体系，建设现代化的金融体系，真正让金融的活水，浇灌实体

① 2017 年 4 月 25 日习近平总书记在中共中央政治局第四十次集体学习时的讲话（新华社）。

经济之树。因此，建立现代化经济体系离不开现代化金融体系的建设。

党中央很早就开始关注现代金融体系的建设，早在2007年党的第十七次全国代表大会上，胡锦涛同志就指出，要“推进金融体制改革，发展各类金融市场，形成多种所有制和多种经营形式、结构合理、功能完善、高效安全的现代金融体系”。特别是2008年全球金融危机以后，中国金融体系建设面临“货币供给与杠杆率的问题、金融业快速发展与金融服务实体经济的能力问题、现代金融发展趋势与有效监管问题”（陈雨露，2016）三大问题，随着以“互联网＋”、大数据、区块链、云计算、人工智能为代表的金融科技的发展，金融体系的发展和完善过程将面临一系列新的问题和挑战。因此，十八大以来，以习近平同志为核心的党中央对现代金融体系的建设给予了高度重视，先后对金融支持创新、发展普惠金融、发展绿色金融、服务实体经济、去杠杆和防范金融风险等问题上做出了一系列重要指示。在2017年全国金融工作会议上，习近平总书记再一次强调“金融制度是经济社会发展中重要的基础性制度”。在党的十九大报告中，金融体制改革及相关体系建设是社会主义市场经济体制建设的重要内容之一被再一次提出。

党的十九大报告明确提出，在建立现代化经济体系中，建立现代金融体系是其中重要组成部分，因此，研究者们对新时代现代金融体系的相关问题展开了一系列研究。如彭俞超（2017）从习近平金融治理思想中得出三项启示，即要使金融回归本源，服从服务于经济社会发展；要在加强金融监管的同时，坚持市场导向；要遵循金融发展规律，实现金融与经济的协调健康发展。王兰军（2017）对习近平总书记的金融思想进行了研究，认为金融的本质是服务业，金融的本源是实体经济，金融的本业是为实体经济发展提供服务，金融的根本是确保不发生系统性金融风险。张家源（2017）从金融工作的重要性、金融与实体经济的关系、防范系统性金融风险、现代金融监管框架、全球经济金融治理和党对金融工作的领导等视角对新时代金融思想进行阐释。类似的研究还有吴应宁（2018）等。邹新月等（2018）从战略性、本源性、安全性及创新性四个层面对习近平金融思想进行了阐释。董竹和周悦（2019）从金融效率、金融结构、金融规模三个维度共九个指标来评价金融体系。徐忠（2018）认为金融体系需考虑规模和质量，以及金融功能和金融治理等，认为在新时代背景下，金融体系要从关注“规模”转向关注“质量”，金融功能要由传统的“动员储蓄、便利交易、资源配置”拓展为“公司治理、信息揭示、风险管理”，金融治理则要与国家治理体系的其他治理更加密切地融合，包括财政与金融的关系、去杠杆与完善公司治理的关系、金融风险防范与治理机制完善的关系、人口老龄化及养老金可持续与资本市场的关系等。要依据金融市场发展的一般规律建设我国现代金融体系。

2012年以来，习近平总书记高度重视金融工作。据统计，习近平总书记公开发表关于金融方面的重要论述共计 25 次(邹新月等,2018)。在这些论述中,习近平总书记反复从现代经济的核心,金融服务实体经济的能力,防范系统性金融风险的底线,维护金融安全和稳定,深化金融改革,完善金融体系、金融市场、金融监管和调控体系,推动金融双向开放等方面围绕三大核心功能进行了全面阐释和深化,并在中国共产党第十九次全国代表大会报告的第五部分中明确了“贯彻新发展理念,建设现代化经济体系”,着力加快建设现代金融的思路。

(一) 新时代习近平总书记关于金融可及性功能问题的阐述

习近平总书记非常关注金融对实体经济的服务功能,关心实体经济发展过程中的融资问题。习近平总书记反复强调,金融是实体经济的血脉,为实体经济服务是金融的天职,是金融的宗旨,也是防范金融风险的根本举措。因此,“我们国家要强大,要靠实体经济,不能泡沫化”(习近平,2016),金融业属于服务业,通过服务实体经济来获得自身的发展,才是强基固本之道,要把“政策基点放在企业特别是实体经济企业上,高度重视实体经济健康发展,增强实体经济赢利能力”。

在 2013 年 9 月 5 日的 20 国集团领导人峰会上习近平总书记再一次指出:“要继续加强国际金融市场监管,使金融体系真正依靠、服务、促进实体经济发展。”2015 年 7 月习近平总书记强调了要发展普惠金融,“疏通金融进入实体经济特别是中小企业、小微企业的管道”。2015 年 11 月 9 日,习近平总书记在中央全面深化改革领导小组第十八次会议上再一次指出,要发展普惠金融,目的就是要提升金融服务的覆盖率、可得性、满意度,满足人民群众日益增长的金融需求,特别是要让农民、小微企业、城镇低收入人群、贫困人群和残疾人、老年人等及时获取价格合理、便捷安全的金融服务。这一论断为随后我国正式发布《推进普惠金融发展规划(2016—2020 年)》提供了重要的指导。

2016 年,面对我国经济运行中存在的结构性供需失衡、金融和实体经济失衡、房地产和实体经济失衡“三大失衡”问题,习近平总书记强调在去产能、去库存、去杠杆、降成本、补短板的过程中,非金融部门杠杆水平的变动将影响资产价格,进而影响金融部门的发展,而金融机构的行为也会传导到其他经济部门,影响经济部门的杠杆与风险水平。因此,习近平要求金融服务实体经济要与“供给侧结构性改革”“经济结构战略性调整”相结合,通过金融发展促进产业结构转型升级,助力经济结构战略调整,“深化价格、财税、金融、社保等领域基础性改革,为推动供给侧结构性改革创造条件”。2016 年 8 月 30 日,习近平主持召开中央全面深化改革领导小组第二十七次会议,再一次强调,要发展绿色金融,利用绿色信贷、绿色债券、绿色股票指数、绿色发展基金、绿色保险等工具和政策为绿色发展服务。2016 年 12

月中央经济工作会议再一次强调了服务实体经济的重要性，提出“不论经济发展到什么时候，实体经济都是我国经济发展、我们在国际经济竞争中赢得主动的根基。我国经济是靠实体经济起家的，也要靠实体经济走向未来”“振兴实体经济是供给侧结构性改革的主要任务，供给侧结构性改革要向振兴实体经济发力、聚力”。

进入 2017 年，随着全球各类金融风险增大，服务实体经济、防范金融风险受到党中央的高度重视。2017 年 2 月 21 日，习近平总书记在十八届中共中央政治局第三十九次集体学习时强调指出：“要坚持精准扶贫，加强金融扶贫，扶贫小额信贷、扶贫再贷款等政策要突出精准。”在 2017 年 7 月第五次全国金融工作会议上，习近平总书记再一次指出“金融要把为实体经济服务作为出发点和落脚点，全面提升服务效率和水平，把更多金融资源配置到经济社会发展的重点领域和薄弱环节，更好满足人民群众和实体经济多样化的金融需求”。在 2017 年 10 月的十九大报告中，习近平总书记再次从建设现代化经济体系的高度指出，“必须把发展经济的着力点放在实体经济上，把提高供给体系质量作为主攻方向，显著增强我国经济质量优势”“着力加快建设实体经济、科技创新、现代金融、人力资源协同发展的产业体系”。同时，要“构建市场导向的绿色技术创新体系，发展绿色金融，壮大节能环保产业、清洁生产产业、清洁能源产业”。2017 年 12 月 12 日，他在江苏徐州调研时又指出：“必须始终高度重视发展壮大实体经济，抓实体经济一定要抓好制造业。”

（二）新时代习近平总书记关于金融效率功能问题的阐述

经济的发展就是要提高资源尤其是稀缺资源的配置效率，以尽可能少的资源投入生产尽可能多的产品，获得尽可能大的效益。十九大报告中建立“现代化经济体系”的思路就是要提高全要素生产率，“构建市场机制有效、微观主体有活力、宏观调控有度的经济体制”。因此，构建更高效的金融效率体系是现代化金融体系的重要内容之一。习近平总书记在这方面也有许多深入的论述。

早在 2014 年中央财经领导小组第七次会议上，习近平总书记就明确指出，当前金融效率的问题是金融体系中经济杠杆的扭曲，因此“要消除价格、利率、汇率等经济杠杆的扭曲，强化风险投资机制，发展资本市场”。2015 年，他又指出金融效率不高的原因在于“大量资金流向虚拟经济，使资产泡沫膨胀，金融风险逐步显现，社会再生产中的生产、流通、分配、消费整体循环不畅”。因此，习近平总书记认为，要提高金融效率，就要坚持金融深化改革和市场导向，要坚持深化金融改革，必须优化金融机构体系，完善国有金融资本管理，完善外汇市场体制机制；完善现代金融企业制度，完善公司法人治理结构，优化股权结构，建立有效的激励约束机制，强化风险内控机制建设，加强外部市场约束。显然，深化金融改革是和市场导向紧密联系在一起的。习近平承诺:“中国将按照市场化、法治化方向稳步推进金融改革,培育公开透明和长期稳定健康发展的资本市场,完善风险管理,稳定市场预期,放宽民间资本进入金融领域的限制,更好支持实体经济发展。”

综合 2017 年十九大报告,习近平总书记提升金融效率的具体举措可以概括为以下四个方面。

一是构建高效、稳定和可及的金融市场和金融基础设施体系研究。十九大报告明确提出,要“提高直接融资比重,促进多层次资本市场健康发展”。围绕供给侧结构性改革的中心任务,加强金融市场体系建设,健全多层次、多元化、互补型、功能齐全和富有弹性的金融市场,提高直接融资特别是股权融资的比重,降低杠杆率,发挥金融资源市场化配置在去产能、去库存进程当中实现经济增长动力转换的积极作用。

二是构建高效、稳定和可及的金融机构和金融产品创新体系研究。明确提出要“深化金融体制改革,增强金融服务实体经济能力”。推进金融创新,降低实体经济融资的成本,培育经济发展新动力,切实增强金融服务实体经济的能力和水平。建设科技金融体系、绿色金融体系、普惠型农村金融体系和特惠型扶贫金融体系,补齐金融发展的短板。

三是构建高效、稳定和可及的金融监管体系研究。十九大报告明确提出,要“健全货币政策和宏观审慎政策双支柱调控框架,深化利率和汇率市场化改革。健全金融监管体系,守住不发生系统性金融风险的底线”。随着金融市场化、国际化和信息化融合发展,中央银行的职责、调控体系和工具的组合都进入了一个新的时代。对于我国而言,在推动货币政策框架从数量型调控为主,向价格型调控为主逐步转型的同时,稳步构建目标利率和利率走廊机制,建立健全宏观审慎管理制度,完善中央银行沟通机制,实现经济金融良性互动,本币、外币稳定运行,创新与风险有效平衡,市场机制与宏观调控有机结合的根本目标。同时,要建立更加有力、有效的国家金融安全网,建立符合现代金融特点、统筹协调的现代金融监管框架,切实有效防范金融风险。

四是要构建高效、稳定和可及的金融开放体系研究。开放一直是我国的基本国策之一,因此,习近平总书记也一再强调金融的对外开放,要扩大金融业双向开放、服务全方位开放的新格局,以开放促进改革、促发展、促创新,构建一批具有国际竞争力的金融机构,实现境内外金融市场的有机融合,高效配置境内、境外两种资源。同时,积极参与国际经济金融治理体系的改革,提高中国在全球经济金融治理当中的制度性的话语权和国际影响力。如在上海合作组织成员国元首理事会第 13 次会议上,习近平总书记就提出要加强上海合作组织 6 个成员国和 5 个观察员国在金融领域的合作,推动建立上海合作组织开发银行,为本组织基础设施建设和经贸合作项目提供融资保障和结算平台；同时，尽快设立上海合作组织专门账户，为本组织框架内项目研究和交流培训提供资金支持。2013 年 10 月在印度尼西亚国会的演讲中，习近平总书记指出：中国倡议筹建亚洲基础设施投资银行，愿支持本地区发展中国家包括东盟国家开展基础设施互联互通建设，中国愿同东盟国家加强海上合作，使用好中国政府设立的中国—东盟海上合作基金，发展好海洋合作伙伴关系，共同建设 21 世纪“海上丝绸之路”。2015 年 6 月 29 日，习近平会见出席《亚洲基础设施投资银行协定》签署仪式的各国代表团团长时再一次明确指出：“中国提出筹建亚洲基础设施投资银行，目的是推动亚洲地区基础设施建设和互联互通，深化区域合作，实现共同发展。”

（三）新时代习近平总书记关于金融稳定性功能问题的阐述

习近平总书记一直将金融稳定问题作为经济社会发展的基础问题予以高度重视，他一再强调：“金融安全是国家安全的重要组成部分，是经济平稳健康发展的重要基础。维护金融安全，是关系我国经济社会发展全局的一件带有战略性、根本性的大事。金融活，经济活；金融稳，经济稳。必须充分认识金融在经济发展和社会生活中的重要地位和作用，切实把维护金融安全作为治国理政的一件大事，扎扎实实把金融工作做好。”

习近平总书记深刻认识到金融风险产生的根源。早在 2014 年中央经济工作会议上，习近平总书记就指出“脱实向虚”是我国经济面临的最主要的金融风险，即“伴随着经济增速下调，各类隐性风险逐步显性化，地方政府性债务、影子银行、房地产等领域的风险正在显露，就业也存在结构性风险”。2015 年在第七十届联合国大会一般性辩论时，习近平总书记指出，2008 年爆发的国际经济金融危机告诉人们放任资本逐利，其结果将是引发新一轮危机。2016 年中央财经领导小组第十三次会议上，习近平总书记又再一次指出，“从全球看，世界经济复苏乏力，美国、欧洲、日本等主要经济体推出多轮量化宽松货币政策，但世界经济尚未从国际金融危机阴影中走出来。究其原因，就是没有对症下药，对复杂的结构问题仅仅使用解决总量问题的药方，原有矛盾没解决，又产生了不少新风险”。

同时，习近平也从不同视角提出了解决金融风险的思路。

一是要根据金融发展的特征，健全现代金融监管体系。早在 2015 年 11 月 3 日，习近平在《关于〈中共中央关于制定国民经济和社会发展第十三个五年规划的建议〉的说明》中就指出：“我国金融业发展明显加快，特别是综合经营趋势明显，这对现行的分业监管体制带来重大挑战，现行监管框架存在着不适应我国金融业发展的体制性矛盾。”要“加快建立符合现代金融特点、统筹协调监管、有力有效的现代金融监管框架”。在2017年全国金融工作会议上，习近平总书记再一次指出：“要加强金融监管协调、补齐监管短板。设立国务院金融稳定发展委员会，强化人民银行宏观审慎管理和系统性风险防范职责。地方政府要在坚持金融管理主要是中央事权的前提下，按照中央统一规则，强化属地风险处置责任。金融管理部门要努力培育恪尽职守、敢于监管、精于监管、严格问责的监管精神，形成有风险没有及时发现就是失职、发现风险没有及时提示和处置就是渎职的严肃监管氛围。要健全风险监测预警和早期干预机制，加强金融基础设施的统筹监管和互联互通，推进金融业综合统计和监管信息共享。”在十九大报告中，习近平总书记又强调了“健全金融监管体系，守住不发生系统性金融风险的底线”的重要性，提出通过健全货币政策和宏观审慎政策双支柱防控金融风险。

二是要加强党的领导。习近平总书记高度重视党的领导在国家经济和金融工作中的作用，一再强调“中国特色社会主义有很多特点和特征，但最本质的特征是坚持中国共产党领导”，因此，要加强党对经济工作的领导，这“是我们政治制度的优势”。2017年4月25日，习近平在主持十八届中共中央政治局第四十次集体学习时强调要“加强党对金融工作的领导，坚持党中央集中统一领导，完善党领导金融工作的体制机制”。在2017年全国金融工作会议上，他再次强调：“做好新形势下金融工作，要坚持党中央对金融工作集中统一领导，要扎扎实实抓好企业党的建设，加强党性教育，加强党风廉政建设。”

三是强调建立全球金融治理的联动机制，建立全球共同防范金融风险的全球治理体系。2013年4月7日，习近平在博鳌亚洲论坛开幕大会上就明确指出：“要稳步推进国际经济金融体系改革，完善全球治理机制。”2016年9月3日，习近平在二十国集团工商峰会开幕式的演讲中再次指出：“全球经济治理重点要共同构建公正高效的全球金融治理格局，维护世界经济稳定大局。”

四、现代化金融体系的新时代特征

金融作为现代经济的血液，是国家重要的核心竞争力之一，正如习近平总书记指出的，“金融活，经济活；金融稳，经济稳”[①]，要保持经济平稳健康发展，就要把金融搞好，在建设现代化经济体系过程中，完善投融资体系，建设现代化的金融体系，真正让金融的活水，浇灌实体经济之树。因此，从上述研究特别是习近平总书记关于金融的相关论述中我们可以提炼出现代化金融体系的新时代特征。

---

① 2017年4月25日习近平在中共中央政治局第四十次集体学习时的讲话（新华社）。

（一）现代化金融体系是继承与发展的金融体系

“不忘本来、吸收外来、面向未来。”在金融思想方面，党和国家领导人在金融理论基础上进行了突破与发展。改革开放之初，邓小平就强调“金融改革的步子要迈大一些，要把银行真正办成银行”“要把银行作为发展经济、革新技术的杠杆”，这些论述对当时的金融改革有着非常强的指导意义。同时，也一直重视金融风险防范的底线意识，他早在1986年就指出，要防范风险，要“把工作的基点放在比较大的风险上，准备好对策。这样，即使出现了大的风险，天也不会塌下来”。习近平面对新时代经济金融发展的新情况，将金融与防控风险、深化改革和产业结构的调整结合起来，将金融的本源归结为服务实体经济，从而对金融的功能和本质做了进一步提升，将金融服务实体经济能力上升到国家战略的高度。并从战略高度强调经济风险的问题，根据我国金融业发展的现状和经济结构调整的现实，更加强调对风险的全方面防控，强调风险的底线思维，强调要通过货币政策和宏观审慎政策等多管齐下综合性防范金融风险的重要性。

（二）现代化金融体系是现代金融理论与中国金融实践相结合的体系

习近平指出，建设现代化金融体系，需要扎实管用的政策举措和行动。新时代金融思想需要学习和借鉴外国经验，但不能照抄照搬西方思想，不能将现代金融简单地进行国际对标，机械地理解为发达经济体的金融模式就是现代化金融模式，而是要博采众家之长，批判性地借鉴西方经济金融思想，并结合中国实际加以取舍，实现新超越。事实上，西方经济金融思想主要立足于资本主义私有制的经济基础，甚至可以说在一定程度上是为西方发达国家的经济金融霸权服务的。因此，西方的金融思想或金融体系未必适合正在快速推进现代化的发展中经济体，我们需要仔细甄别，选择性接受，消化性借鉴，“不能脱离特定社会政治条件和历史文化传统来抽象评判，不能定于一尊，不能生搬硬套外国政治制度模式”。一方面要积极借鉴西方金融理论中一些适合中国经济社会特征的基本原理和基本做法，如稳健的货币政策、普惠金融、服务实体经济、“穿透式”金融监管、提高金融机构信息透明度等先进经验和做法，同时要避免西方发达国家金融体系中的重大弊端，避免金融体系的异化，偏离金融为生产性投资机会提供融资并以此促进经济增长的根本职能，避免金融的过度衍生以及由此带来的日益加剧的贫富分化等经济与社会问题。

(三) 现代化金融体系是金融与五大发展理念融合的体系

党的十九大报告明确提出:"发展是解决我国一切问题的基础和关键,发展必须是科学发展,必须坚定不移贯彻创新、协调、绿色、开放、共享的发展理念。"现代金融体系也应该围绕着上述五大发展理念展开,即金融要为创新保驾护航,要"着力加快建设实体经济、科技创新、现代金融、人力资源协同发展的产业体系",因此,金融要紧紧围绕促进科技创新服务。金融要为协调发展的供给侧结构性改革提供资金支持,即必须"着力提高发展的协调性和平衡性","要城乡协调、地区协调";要"实现经济发展和人口、资源、环境相协调";要"实现工业化和资源、环境、生态的协调发展"。金融要为绿色发展服务,同时,金融还要融入开放发展当中,要建立服务共享发展金融体系。

(四) 现代化金融体系是金融服务与"四个全面"的统一

"四个全面"的思想,即协调推进全面建成小康社会、全面深化改革、全面推进依法治国、全面从严治党。这四个全面有机联系、相辅相成,以全面小康凝聚力量,以深化改革激发活力,以依法治国规范秩序,以党的建设提供保证,体现了我党在治国理政方略上的与时俱进,是对马克思主义与中国实践相结合的飞跃与发展。在中国的金融体系建设中,要围绕金融效率的提高深化改革。十九大报告明确指出,要"深化投融资体制改革,发挥投资对优化供给结构的关键性作用",要改革金融体制防范和化解金融风险;改革投融资体制扩大有效投资补短板,要"深化金融体制改革,增强金融服务实体经济能力,提高直接融资比重,促进多层次资本市场健康发展。健全货币政策和宏观审慎政策双支柱调控框架,深化利率和汇率市场化改革"。同时,要紧紧围绕依法治国提高金融法治水平,并严格在党的领导下落实。

(五) 现代化金融体系是政府和市场的统一

在党的十九大报告中,明确提出要"坚持解放和发展社会生产力,坚持社会主义市场经济改革方向,推动经济持续健康发展",这是党的十八大以来一直明确的思想。早在十八届三中全会通过的《中共中央关于全面深化改革若干重大问题的决定》中就明确提出,经济体制改革的核心问题就是要处理好政府和市场的关系,使市场在资源配置中起决定性作用和更好发挥政府作用。2013 年 11 月习近平总书记在山东临沂考察时表示,市场要在资源配置中起决定性作用。但是,发挥市场的决定性作用并不是政府退出、不作为，而是政府和市场各就其位，政府的职责和作用主要是保持宏观经济稳定，加强和优化公共服务，保障公平竞争，加强市场监管，维护市场秩序，推动可持续发展，促进共同富裕，弥补市场失灵。在市场作用和政府作用的问题上，要讲辩证法、两点论，“看不见的手”和“看得见的手”都要用好，努力形成市场作用和政府作用有机统一、相互补充、相互协调、相互促进的格局，推动经济社会持续健康发展。因此，要“着力构建市场机制有效、微观主体有活力、宏观调控有度的经济体制”，“加快完善社会主义市场经济体制”。

(六) 现代化金融体系需处理好金融效率与公平之间的关系

金融体系要满足现代经济体系提高经济效率的需求，早在 2017 年 2 月 21 日，习近平在十八届中共中央政治局第三十九次集体学习时强调指出：“要坚持精准扶贫，加强金融扶贫，扶贫小额信贷、扶贫再贷款等政策要突出精准。”在十九大报告中，他又提出要“激发全社会创造力和发展活力，努力实现更高质量、更有效率、更加公平、更可持续的发展”，要通过“全面实施市场准入负面清单制度，清理废除妨碍统一市场和公平竞争的各种规定和做法，支持民营企业发展，激发各类市场主体活力”，金融业要“坚持按劳分配原则，完善按要素分配的体制机制，促进收入分配更合理、更有序”。

(七) 现代化金融体系是金融与实体经济良性互动的统一

习近平总书记指出，在建设现代化经济体系过程中，完善投融资体系，建设现代化的金融体系，真正让金融的活水，浇灌实体经济之树。因此，现代化金融体系的建设离不开金融对实体经济的有力支持，包括支持科技金融的发展。在 2017 年 7 月的第五次全国金融工作会议上，习近平总书记强调“金融是国家重要的核心竞争力”，因此要“遵循金融发展规律，紧紧围绕服务实体经济”，并强调“金融要回归本源，服从服务于经济社会发展”和“促进融资便利化、降低实体经济成本”①。随后的十九大报告也明确指出，要“加快建设实体经济、科技创新、现代金融、人力资源协同发展的产业体系”，要“引导金融机构加强和改善对企业技术创新的金融服务，加大资本市场对科技型企业的支持力度”。因此，金融创新要围绕着科技创新展开，要大力推动普惠金融。2015 年 7 月和 11 月习近平总书记先后两次强调了要

① 具体内容参考《习近平在全国金融工作会议上强调服务实体经济防控金融风险深化金融改革促进经济和金融良性循环健康发展》(人民日报，2017 年 7 月 16 日)。

发展普惠金融，“疏通金融进入实体经济特别是中小企业、小微企业的管道”①。习近平总书记在 2015 年多次提出要“放宽民间资本进入金融领域的限制，更好支持实体经济发展”，要“发展一批民间资本控股的商业银行，降低准入门槛，实现民营银行设立常态化”。2016 年 8 月 30 日，习近平主持召开中央全面深化改革领导小组第二十七次会议，强调要发展绿色金融，利用绿色信贷、绿色债券、绿色股票指数、绿色发展基金、绿色保险等工具和政策为绿色发展服务。十九大报告再次提出要“构建市场导向的绿色技术创新体系，发展绿色金融，壮大节能环保产业、清洁生产产业、清洁能源产业”。

（八）现代化金融体系是金融创新与金融法治和金融监管的统一

在十九大报告中，习近平总书记既提出了金融要围绕效率的提升进行金融体制改革和金融创新的问题，提出要“深化金融体制改革，增强金融服务实体经济能力，提高直接融资比重，促进多层次资本市场健康发展”的金融改革方向，同时也强调防范金融风险的重要性，提出要“健全货币政策和宏观审慎政策双支柱调控框架，深化利率和汇率市场化改革。健全金融监管体系，守住不发生系统性金融风险的底线”。

（九）现代化金融体系是金融竞争与金融协同的统一

党的十八大以来，以习近平同志为核心的党中央就统筹内外、着眼全局，提出建设“一带一路”倡议和京津冀协同发展、长江经济带发展战略等一系列推动区域协同发展的战略，形成东西南北纵横联动发展新格局。党的十九大进一步提出在营造公平竞争的环境下，建设统一、开放市场体系的设想。十九大报告明确指出，“现代化经济体系的核心机制是现代化的市场体系，市场体系是包含要素市场以及由要素市场衍生而来的各类市场的有机统一体”，因此，针对我国当前存在的“诸如市场秩序不规范，生产要素市场发展滞后，市场规则不统一，市场竞争不充分等问题”，“必须加快建设统一开放、竞争有序的市场体系，使市场在资源配置中起决定性作用”，要“加快要素价格市场化改革，清除市场壁垒，提高资源配置效率和公平性，实现市场准入畅通、市场开放有序、市场竞争充分、市场秩序规范，加快形成企业自主经营公平竞争、消费者自由选择自主消费、商品和要素自由流动平等交换的

---

① 2015 年 7 月 17 日下午，习近平总书记在长春召开部分省区党委主要负责同志座谈会上的讲话内容（人民网：http://finance.people.com.cn/money/n/2015/0729/c42877-27375705.html）。

现代市场体系”。

(十) 现代化金融体系是金融稳定与对外开放的统一

开放带来进步，封闭导致落后。开放发展是国家繁荣发展的必由之路，中国的经济已经与世界经济紧紧融合在一起，因此，建设现代化的金融体系也离不开国际金融市场。因此，十九大报告明确指出：“中国坚持对外开放的基本国策，坚持打开国门搞建设，积极促进‘一带一路’国际合作，努力实现政策沟通、设施联通、贸易畅通、资金融通、民心相通，打造国际合作新平台，增添共同发展新动力。”实际上，早在2013年中央经济工作会议上，习近平总书记就明确提出“要全面深化经济体制改革，坚定不移扩大开放”。而在2013年的上海合作组织成员国元首理事会第13次会议和在印度尼西亚国会的演讲中，习近平总书记一再强调了加强与周边国家的金融合作的主张，并推动了亚洲基础设施投资银行、中国—东盟海上合作基金等一系列跨国金融机构的建立。目前，中国的金融开放正围绕着“一带一路”建设、自贸区的实行高水平的贸易和投资自由化、面向全球的投融资体系建设等内容稳步展开。

第二章 战略性新兴产业发展中的金融集聚、创新集聚及其对区域经济增长的影响

自20世纪90年代以来，创新成为促进经济增长的主要推动力。大量的研究显示，创新与GDP增长率之间呈正相关关系，高水平的创新能促进生产率和产出的提高，而持续的经济增长也可能促进创新的高涨。随着创新在经济运行与经济发展中的作用越来越重要，一些经济学家甚至认为21世纪经济将由“管理型经济”向“企业家经济”转变(Audretsch & Thurik, 2000)。因此，当前有关创新的研究领域正在急速扩张，从最初大部分集中在单个企业或企业家个人层面扩大到企业过程或企业事件，即企业家与背景的互动层面上，企业家从“全能而孤独的狼”转变为成功企业家的“关系经理人”(Gartner, 1989; Thornton, 1999; Appold, 2001; Feldman, 2001; Davidsson, 2002; Nijkamp, 2003)。

自20世纪90年代初以来，在贸易自由化、放松管制和技术进步的推动下，研究者们发现，经济活动的空间集聚和经济增长是相伴而生的，经济活动的空间分布也已经成为政策制定者关注的核心问题之一(Fujita & Thisse 2002, Baldwin et al., 2003)。Krugman(1991)、Vernables(1996)、Krugman & Vernable(1995)、Fujita et al. (1999)创立的新经济地理学，使得空间经济分析成为经济学的一个重要领域。他们将主流经济学长期忽视的空间因素纳入一般均衡的分析框架中，研究经济活动的空间分布规律，解释现实中存在的不同规模、不同形式的生产集聚机制，并通过这种机制的分析探讨区域经济增长的规律与途径。Martin & Ottaviano (1999, 2001)、Baldwin, Martin & Ottavinano(2001)将内生经济增长理论与Krugman & Vernable(1995)提出的空间经济学模型结合起来，解释了集聚和长期经济增长之间的内在联系机制。他们认为，由于贸易成本和递增规模报酬的相互作用，工业部门将会向拥有较多的最终需求和创新更多的地区，也就是增长更快的地区集聚，因而经济集聚会随着经济增长而不断增加。此外，经济集聚会降低那些经济活动较为集中的地区的创新成本，因而也会加快这些地区的创新能力，促进更快的经济增长。类似的，Baldwin & Forslid(2000)和 Fujita & Thisse(2002)在假定区域间劳动力自由流动的前提下，分别提出了结合内生经济增长理论的新经济地理学核心模型。他们也得到了相似的结论：集聚对于整体的经济增长是有利的，地理位置也会影响经济增长①。

于是，在研究过程中将这两种理论结合起来就成为当前创新研究的趋势之一。研究者们普遍认识到，创新与环境之间存在一种必然的互动关系，环境是创新孵化、强化的一个重要条件，对企业家活动产生巨大的影响，是决定创新的重要因素。同时，企业家并非只是被动地适应环境，也可以通过特定的活动来影响和选择环境(Bernier, 2001)。因此，对创新问题的研究要关注创新与区域经济增长之间的相互关系，既要解释公司形成和成长的空间模式，又要理解其形成的内在机制及可能受到的空间单位(地点、地域和国家)影响(Oort et al., 2006)。这种空间的地理分布问题在某种程度上也意味着创新与经济集聚之间存在着共生、互促互进、相辅相成的关系。

战略性新兴产业发展也就意味着创新发展②，也存在创新集聚的现象，为此，本章的目的主要是通过分析空间区域内影响创新的因素，阐述空间地理集聚对创新影响的内在机制，从而描绘出集聚对创新影响的示意图，并在 Romer(1990)、John(1995)以及 Ace et al. (2005)模型的基础上分别使用与集聚有关的资本密度、技术密度、人口密度、企业密集度、私营企业投资者的密度和市场密集度等指标对技术变迁的影响进行检验，发现创新以及不同类型的资源集聚对技术变迁存在正向影响，从而证明了集聚对区域经济增长有着正向影响。

一、创新集聚、金融集聚与经济增长——文献综述

目前，对创新集聚影响因素的研究主要从以下几个方面展开。

(一) 金融集聚直接影响创新资源的集聚

处于创业阶段的企业通常在技术、产品设计、管理经验等各方面都面临着极度不稳定的状况，而高科技行业的产生过程依然非常复杂，而且“基本上是不可预测

① 事实上，大量的研究如范剑勇和张涛(2003)、章元和刘修岩(2008)、张学良(2012)等已经表明，在我国经济的集聚确实导致了经济的增长。

② 正如绪论中所言，当前大量的战略性新兴产业处于创新期，而非成熟期，因此，其属于创新发展阶段的创新需求最明显。

的”(Garnsey & Lawton Smith，1998)，一些新兴部门中的先锋企业家们往往要经过一个关键性的孵化过程，以渡过企业初创时的危险期。所以，在一些相对容易调动资源的地方就会不断出现许多新的企业而产生“孵化器”的功能。而这种孵化过程又由于大城市的核心地区有着有利于这一孵化的密集的基础设施，能提供大量商用租赁场地以及多种多样的服务等有利条件而更多地出现在这些产业密集区域，因此，在产业集聚的核心地区新企业才最有可能发展起来(Hoover & Vernon，1959；Leone & Struyk，1976)。

金融支持或资源的可获得性成为决定产业创新集聚的重要因素之一。由于缺乏获取资源的途径可能是阻碍公司活动(如公司的成长和存活)的最主要的因素，因此，获得“最大注意力的因素”(Zahra，1993)就是资源的可获得性问题。最初的研究是从公司或企业的角度出发(如 Covin & Slevin，1986)，着重于企业对自身独特资源进行创造、获取、组织和利用而获得竞争优势这一现象(Barney，1991)。然而，资源的可获得性问题不得不最终延伸到企业外部资源的可获得性研究，因此，企业获取资源的途径也很重要(Kouriloff & Michail，2000)，这取决于企业的关键性资源在多大程度上存在于环境当中以及企业通过环境调动资源的能力(Brown & Kirchhoff，1997)

而在这些资源当中，金融资源的不足往往会严重制约公司的潜在发展，因此，关于企业创新精神的文献大多关注获取资源尤其是金融资本方面(Kouriloff & Michail，2000)。Holcombe(1998)将企业的可获得资源分为可见资源、不可见资源和生态资源三种形式，可见资源包括工厂、设备、技术等，不可见资源包括企业家的经验和洞察力等，而生态资源则包括资本、有经验的劳动力的可获得性和金融市场的完善程度等方面的内容。他发现企业可获得资源的外界环境是企业家成功的首要因素，因此，企业针对环境可获得性资源的策略行为和决策将非常关键。Kouriloff & Michail(2000)发现创业动机往往决定了企业家规避金融风险的态度：机会拉动型企业家获取资金的方式是其实现目标的手段，其进行融资决策的关键是“为抓住现有机会而产生的资金需求与企业家个人所能提供资金之间的缺口”，若前者大于后者，机会拉动型企业家就会选择合伙形式以克服资金障碍；反之，则选择独资形式。而贫穷推动型企业家更倾向于采取独资方式进行创业。Christian Keuschnigg & Soren Bo Nielsen(2004)提出了具有双重道德风险的融资模型，发现企业家有想法和技术竞争力，但是缺乏自我资源和商业经验，而风险投资者则可以提供启动资金和管理支持，这两种代理商的类型将共同促使公司的成功，因此，风险资本对于创新的启动具有非常重要的作用。Isabel Grilo & Jesus-Maria Irigoyen(2006)采用了来自 15 个欧盟成员国和美国的调查数据，探讨企业家创新精神的两个方面：潜在和实际的企业家创新精神及其对经济增长和生产力增长的影响，发现经济体中的企业家创新精神是经济增长和生产力增长的关键性因素，其中企业家对行政联合体的看法、对可用金融支持的认识和对风险的容忍度对实际的企业家创新精神有显著影响。Jarunee Wonglimpiyarat（2007）描述和分析了泰国中小企业发展银行的风险资本管理案例，发现风险资本对企业的革新特别是对高潜力和高风险商业贸易初期作投资方面非常重要。

（二）集聚带来的产业创新成本的降低

Hoover & Vernon（1959）、Leone & Struyk（1976）认为企业在城市调动资源会相对容易，“希望进行小规模生产的人发现在市中心受到的高成本的制约要小于在郊区受到的制约”，这样，集聚使得具有创新能力的人能获得市中心可出租的生产地（地价可能很高，但是财产费用相对较低）、输入、劳动力和其他服务，而且供应风险较低，与顾客和供应商易于沟通，因此，地域的集聚导致创新的增强，从而进一步促进集聚及地域经济的增长。Sorenson & Audia（2000）对 1940—1989 年美国制鞋业的地理集中状况以及由此导致的企业家行为的社会结构特征进行了实证分析，得出了创新的形成需要有与之相关的知识、社会关系和自我意识，这些都与区域的分布有关。Feldman（1999，2001）、Audretsch & Keilbach（2006）则从企业家创业所需的社会资本集聚出发，认为在一个结构不稳定的脆弱环境里，私下的人际关系网在帮助企业家调配资源方面起到了关键的作用，这深刻反映了以个人信用形式出现的社会资本的重要性，这种社会资本成了进入企业家世界的资源，因此，很多冒险成立的新公司往往出现在这些社会资源充足的地方。Shapero A.（1984）认为地区能鼓励企业创新精神，具有创新精神的城市可以从恢复力、创造力、主动性和多元化四种品质与其他城市区分开来，这四种品质可以通过政策、研究基金、支持新商业的系统方法、新公司的孵化器和风险资本予以实现（Cooke，2002）。Toby Stuart & Olav Sorenson（2003）发现在新的合资设立的高科技工业公司中，相似的商业企业聚集在同样的物质空间，这是由于企业家发现当他们远离这些资源时，通过利用社会必要关系调动必要资源是很困难的，因此，高科技创新反射出了必不可少的对资源的需求。同样的因素使高科技创新成为可能，然而这并不是促进公司成果的必要因素。Scott（2006）认为地域的生产活动和相关的社会关系，形成了企业家创新精神的模式和在新经济中的创新模式，创造领域有很多的层次，但城市和区域层面特别有趣也特别重要，它们对企业行为的影响包括新公司组成、企业技术和组织的变化以及企业文化及经营结果等。

(三) 知识外溢性造成的产业创新集聚需求

内生增长理论认为知识外溢在决定技术进步率中扮演了基础性的角色，而创新的差异和经济行为的空间结构能够潜在地成为知识外溢效率差异的根源，并最终成为经济增长的源泉。知识外溢可以通过以下渠道产生效应：模仿学习、研究人才的跳槽、技术领域的合作、研究投资的外包等。

Granovetter(1973)提出了在知识外溢过程中的弱联系和强联系的理论，他认为处于强联系网络中的企业家可以和处于同一网络中的其他人进行高层次的支持性互动，但是互动的内容可能只是相对狭小领域的信息，因为同一团队中的个体之间的强联系会不断加强现有的各种想法；而处于弱联系中的企业家会收到较弱的不连续的信号，但是这些信号通常会包含更为广泛的信息。对于企业家或任何其他形式的创新者来说，理想的网络环境应该是强弱联系的平衡综合体，这样个人可以接收到丰富多样的刺激信息。Mansfield(1991)研究了 1975—1985 年美国产业创新领先的 76 家公司发现，它们的大部分创新成果直接来源于 15 年前的大学基础学科研究成果。

Vernon (1966), Krugman (1979), Segerstrom、Anant & Dinopoulos (1990), Grossman & Helpman (1991), Barro、Martin & Mankiw(1995) 受到新贸易理论的启发，提出了通过知识的扩散和外溢产生北方研发、南方模仿和生产的企业研发创新和生产创新集聚的企业家模型，并探讨了一个南北方之间通过创新、模仿和贸易共同增长的理论。Romer (1994) 等用模型分析了产业集群的机理、知识的外溢效应带来的集聚效应以及导致的经济分布不均衡问题，知识、信息在单一产业内部的扩散、当地化，被称为马歇尔-阿罗-罗默效应。其结果是，创新在行业之间、城市和农村之间存在明显的差异。例如，Saxenian(1994)通过分析中国和印度高科技产业的区域分布状况，发现集体性的学习和专业人员之间的集体调整极大地调动了区域内的创新。Bednarzik(2000)证明了 20 世纪 90 年代美国商业、人力资源服务和计算机服务是最具有创业精神的行业。Fischer et al. (2001)从创新的吸收能力和知识外溢出发证明了创新的空间邻近的重要性，并从生产部门、科研部门、生产服务部门和公共机构部门四个方面建立了一套大都市的创新体系指标，分析了欧洲三个都市区(维也纳、巴塞罗那和斯德哥尔摩)的创新状况。Audretsch et al. (2002)认为创新在很大程度上是一种区域性现象，在不同国家之间对经济绩效做出贡献的创业行为存在巨大的区域差异，由于知识扩散和人力资本存在地域差异，区域条件在创新的培育方面起着一定的作用。Khan, Jamshed, Ghani, Jawaid(2004)则通过分析纺织行业的集聚与企业家创新精神之间的关系，发现集聚不仅能够带来新技术的快速扩散，而且能够抵御使用新技术的风险，提高企业家的信心，并减少政策风险，因此，产业集聚促进了创新的发展。Cooke et al.(2004)建立了一套衡量区域创新的体系，该体系建立的理论基础就是创新不仅由企业创造，而且地理上相互分工与关联的企业、研究机构和高等教育机构等构成的区域性组织系统也在推动创新，因此，创新是在一定区域范围内的经济系统共同支持下产生的，他们把创新体系分为创新的主体（企业、科研机构、大学、科研中介和政府）、创新的客体（创新的对象，如体制、产品、技术等）和创新的环境因素（如金融、基础设施、社会文化心理等）三个部分分别进行研究。Etzkowitz & Klofsten(2005)则从研究型大学与企业之间的关系出发，分析了创新型企业集聚问题，发现关键性的事件是大学与企业之间合作关系的建立，这些大学主动和政府及行业联合在一起为公司的形成和区域的发展创造了支持型的架构。Acs & Varga(2005)则认为"新的知识并不会自动地或神奇地从一个组织外溢到另一个组织，比如从大学实验室到当地的公司。这里需要的是透过知识过滤器，这是一个半浸透性的障碍，限制了新知识有效地转化成经济知识"，"新的企业和公司的子公司都可以把新知识转化成在经济上有用的知识，这主要是通过在相对短距离中默认的知识迁移"。

(四) 市场集中对产业创新集聚的需求

企业家不仅是一个追求个人梦想的孤独的人，也是一个置身于更广阔的生产系统中的社会媒介，而生产系统可以表述为在有组织性的地域空间中存在着实际和潜在互动的体系。该体系的组成部分是或多或少密集发展起来的商业联系，同时还有各种社会关系，通过这些关系可以源源不断地获得关于商业机遇、可用资源和劳动力市场条件之类的重要信息。因此，这个体系也是社会资本的一个单元，也就是说，这是一个所有的企业家都可以集体受益的资源(Cook, 2002)，因此，知识和市场的地理区域分布对创新的地理分布非常重要(Kirzner, 2000; Andersson, 2005)。

二、集聚影响战略性新兴产业创新的理论分析

从上面的分析我们可以看出，产业空间集聚的因素往往会促进某一地区创新的增长，具有创新精神的企业家发现产业区域上的集聚将带来成本的下降和市场的增长，知识的外溢会带来企业产出的增加，社会资本的丰裕和具有开创性的文化背景等会加速这一区域内创新的培育。即使首先进入该区域的先锋企业是随机的，但是一旦该企业开始发展并成为成熟的核心企业，则随后进入同一区域的企业

将通过技术外溢效应不断获得成功并变得非常适合同一地区，这样将会产生两种效果。首先，企业在水平和垂直面抽资成立新公司，这是区域经济体系扩张时的常见现象，比如硅谷的半导体产业。其次，企业家也倾向于在自己居住过的地方建立公司，而且在厂商密集的地区建立新公司的比例特别高（Cooper & Folta，2000；Sorenson & Audia，2000）。这样将形成区域内企业家的创新网络，并由此促进区域经济的发展。这一过程我们可以通过图 2－1 来进行描绘。

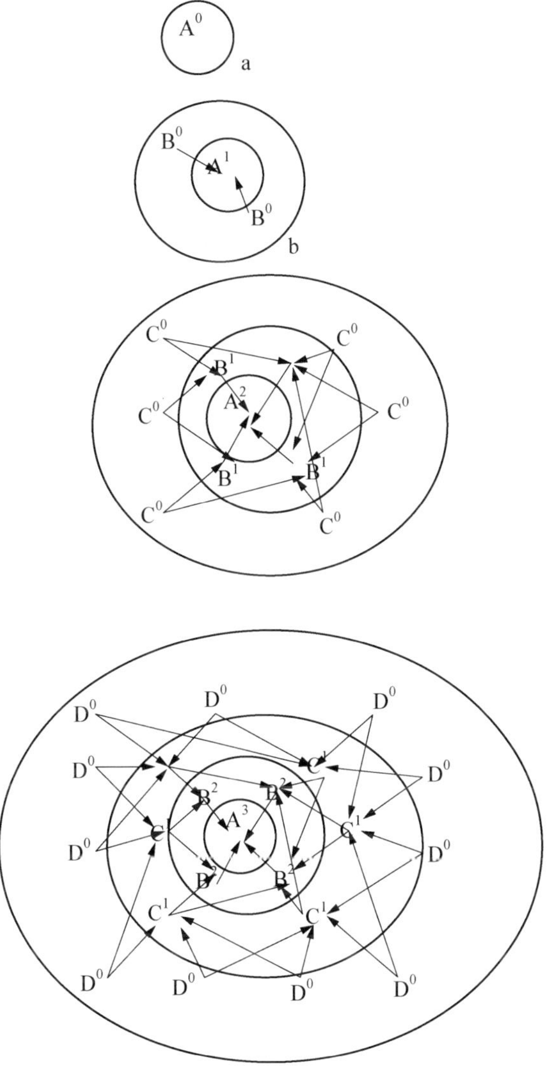

图 2－1　企业家创新集聚示意图(原图来自 Allen J. Scott，2006)

在该图中，图 a 表示的是新企业的建立，如果该企业的产品需求量停滞或非常有限，那么它仍然只是一个孤立体，但是，如果需求量不断增加，就可能产生以下结果中的一种：①原来的企业通过简单扩大规模满足消费需求的增长；②在内在经济体规模有限的情况下，其他人将会建立企业来利用同一水平面日益扩大的生产机遇；③在内部经济有限的情况下，由于社会劳动力领域的机会增多产生了垂直面的瓦解，从而由原企业分化出另外一些企业。因此，随着需求不断增加，网络的水平面和垂直面会越来越膨胀。当这种情况发生时，所有的企业都在一个单一的网络中保持直接或间接的联系。相应的，如图 2-1 所示，网络将经历一系列程式化的阶段，在这些阶段，每一代的标志就会是①在早就存在的领域中企业数量增加，和②在一个新的垂直瓦解的部门或次部门中的信息总量增加。这个不断发展的网络通常会成为后续增长的规模经济或范围经济效应发挥作用的起点(Krugman，1991)，从而在系统范围内产生竞争优势，这成为一种推动产业创新和产生新企业的新模式，这种过程正像 Scott(2006)所描述的，即失败企业被取代，新的组织或职位填充进来，从而导致整个网络从量变向质变转化。在这一过程中，企业通过发展中的工业系统的潜能激发了新企业的产生。

因此，在该网络中的企业，无论其处于何种发展阶段，都可能被强有力地聚集在一起。聚集在一起的发展特别有趣，也特别重要，因为联合是交易密集型生产系统的重要特征(见图 2-1)，这也极可能发生在组成新经济体的很多部门中。在这种体制下，制造商通常都希望聚集在一起，这样可以将实际的和潜在的规模和范畴经济转内生为一种更密集的联合体经济。

类似的，即使第一个企业家在这个体系中选择的位置完全是随机性的，但由于体系发展和运行的缘故(Krugman，1991)，他的选择也可能变成一个完整的体系，并形成某个新产业的集聚。即所谓撒下第一颗种子会引发一系列后续结果，围绕一个企业会慢慢形成生产网络，并通过规模经济和范围经济形成体系的自我膨胀。在新体系内，由于信息传播迅速，一旦企业的新的机遇浮出水面就会被立即抓住，从而推动企业进一步创新和产业向前发展。

三、资源集聚影响战略性新兴产业创新发展的实证分析

从前面的分析我们知道，知识拥有者和潜在用户的空间接近度之间存在非常重要的关系，研究所、企业和生产服务体系的聚集是技术变迁的重要因素，可以促进知识溢出。大量的研究文献也证明了这点。比如 Glaeser et al. (1992)的研究显示，美国城市的经济增长直接与当地的行业内知识流动相关。另外，美国(Acs &

Audretsch, 2001)和欧洲(Fischer et al., 2001)都有有力证据表明在一个相对较窄的地理范围内会有大量的知识流动。虽然一些行业存在差距(比如对微电子行业的革新,接近生物技术的研究设备比接近化学或机械行业的新技术发展更重要),但是空间接近是企业创新的重要因素这一假设已经被大量研究支持。

内生经济增长模型发现,将知识转化到经济应用中的效率是解释宏观经济增长的关键性因素。目前,对集聚与宏观经济增长的实证研究仍相对较少(如 Ciccone & Hall, 1996; Ciccone, 2002),而关于企业家创新、集聚和经济增长之间关系的研究基本上按照以下逻辑展开:集聚作用促进知识溢出(根据新经济地理学)和知识溢出决定人均 GDP 增长(根据内生增长理论)①,所以,空间经济结构影响宏观经济增长(Fujita & Thisse 2002; Baldwin et al., 2003; Acs Zoltan & Varga Attila, 2005)。

因此,为了检验经济集聚对区域内战略性新兴产业的创新以及经济增长的影响,我们使用了基于 Romer(1990)模型的知识产出模型 Jones(1995)。该模型将经济意义下有用的科学技术知识分为两种类型,一种为无竞争的显性知识,它被视为一种公共商品,指发表于书籍、科学报刊或专利证明的成文知识,获取途径不受空间距离所限制,不论用户实际处于哪个地方,图书馆或者互联网可以促进知识向感兴趣的用户流动,这类知识可以同时被很多因素使用并可以被利用很多次,具有非竞争性。但它也可能是部分显性的,这是因为应用一个技术生产某种商品的权利可以被专利权保证,同时因为其他人可以研究专利证书,同一技术可以扩展到更进一步的潜在经济应用上。另一种为竞争外露的知识,这类知识未完全发展或太实际以至于只能被传输,当知识被实际应用其流动只能由私人的交互作用来促进,这类知识包括个人化的(法定)知识,如特定经历、被研究者自身发展和拥有的洞察力等。

上述两种不同类型的知识在对新技术或新知识的产出方面的贡献可以建立如下模型②:

$$\dot{A}=\delta H_A^{\lambda}A^{\varphi}K^{\alpha} \tag{2-1}$$

其中,H 表示致力于商业领域知识产出即第二种知识工作的研究者的数量,表示研发的劳动力支出,以科技人员的人数来表示。A 表示某时刻可用的技术知识即第一类知识总和的技术储备,以该地区的专利拥有量进行度量。$\dot{A}$ 是私人努力投资研发所引起的技术知识变革,表示在技术知识研发方面的结果,Acs et al.(2005)以专利活动作为判断标准,因此,我们以某一地区新增的专利授权数进行度

① 在这里,根据 Acs 的定义,知识溢出实际上就是指区域内的创新成果的溢出。

② 该模型参考了 Acs Zoltan & Varga Attila(2005)的模型,笔者做了一些改进。

量。K 表示研发支出的情况，δ、λ 和 φ 是参数①。式(2-1)中的知识产出的特殊函数形式可以由 Romer 的假设解释：知识产出的效率被历史上发展过的科学技术知识的综合所提升，即如果 A 随时间增加，即使是同等数量的研究者也会提高产出率。然而，Jones(1995)的调整模型显示，从成文知识的总和的溢出可能不是完全的，因此聚集成文知识的溢出参量值 φ 应该在 0 到 1 之间。此外，不只成文的而且未成文的，默许的知识也可以像前述部分一样溢出，因此，式(2-1)中 λ 的值反映默许知识在研究领域的溢出程度，我们假设这些溢出被研究者的聚集效应极大影响，就像被企业创新活动的水平影响一样。根据 Rome(1990)和 Jones(1995)模型，我们认为，稳定状态下的增长途径是技术进步的结果，因此式(2-1)在经济增长解释中扮演中心角色，人均 GDP 增长率就等同于技术变革率($\dot{A}/A$)(Ace，2005)。

为了实证调查创新和聚集作用对知识溢出的影响程度，我们在模型中加入了式(2-1)中的参量 λ。

两边同时取对数，我们得到：

$$\text{Ln}\dot{A} = \delta + \lambda \text{Ln}H_A + \varphi \text{Ln}A + \alpha \text{Ln}K \tag{2-2}$$

$$\lambda = \beta_1 + \beta_2 \text{Ln}Entre + \beta_3 \text{Ln}AGGL \tag{2-3}$$

其中，$Entre$ 是创新，以我们在第四章计算的综合指标进行检验，$AGGL$ 是表示集聚程度的指标②，我们分别使用单位面积的资本密度($AGGLK$，一个区域内的金融资源的密度)、技术密度($AGGLT$)、人口密度($AGGLP$)、企业密集度(分为全部企业密度 $AGGLC$ 和非公有企业密度 $AGGLPC$)、私营企业投资者的密度($AGGLI$)和市场密集度($AGGLM$)等指标度量区域内不同方面的集聚现象。

将式(2-3)代入式(2-2)得：

$$\text{Ln}\dot{A} = \delta + \beta_1 \text{Ln}H_A + \beta_2 \text{Ln}H_A \text{Ln}Entre + \beta_3 \text{Ln}H_A \text{Ln}AGGL + \varphi \text{Ln}A + \alpha \text{Ln}K \tag{2-4}$$

参量 β_2 和 β_3 的估计值刻画了研究与创新和集聚效应的交互作用在知识创新中的作用。

表 2-1 是使用相关数据进行回归的结果。

---

① Acs Zoltan & Varga Attila(2005)的模型中，$\dot{A}$ 也是以专利应用的数量衡量，A 由国家内所有部门 20 年中颁发给发明者的专利总数进行度量，$AGGL$ 以劳动力密度度量。

② 对于集聚的度量方法，可以参照张卉(2007)的博士论文。为了简便起见，很多研究(Ciccoin & Hall，1996)都使用单位面积的人口或劳动力的数量或就业密度来衡量。

表 2-1　按照式(2-4)回归的结果

	(1)	(2)	(3-1)	(3-2)	(4-1)	(4-2)	(4-3)	(5)	(6)
Constant	−3.803 2 (−7.25)***	−3.756 5 (−7.29)***	1.694 8 (1.31)	−4.425 0 (−9.3)***	1.745 0 (1.25)	−3.240 7 (−7.53)***	−4.012 9 (−12.3)***	−3.834 2 (−7.86)***	−3.762 5 (−7.76)***
Ln*H*	0.118 9 (2.03)**	0.165 1 (2.99)***	−0.412 0 (3.03)***	0.169 1 (3.02)***	−0.465 7 (−3.28)***	0.088 6 (1.80)*	0.164 6 (4.01)***	0.168 0 (3.07)***	0.190 5 (3.5)***
Ln*H* • Ln*Entre*	0.011 7 (2.37)**	0.010 0 (1.99)**	−0.029 6 (−2.44)**	0.018 6 (4.34)***	−0.024 5 (−1.68)	−0.013 5 (−2.71)***		0.015 4 (3.63)***	0.009 3 (1.99)**
Ln*A*	1.136 8 (30.6)***	1.088 1 (27.3)***	1.125 3 (13)***	1.135 0 (30.3)***	1.112 2 (11.9)***	1.123 8 (34.5)***	1.128 7 (34.4)***	1.101 9 (29.4)***	1.088 8 (28.8)***
Ln*K*	−0.301 8 (−4.99)***	−0.294 7 (−4.88)***	0.257 6 (−1.71)	−0.326 (−5.38)***	0.244 8 (−1.51)	−0.092 (−1.59)	−0.216 1 (−6.04)***	−0.307 5 (−5.2)***	−0.302 4 (−5.14)***
Ln*H* • Ln*AGGLK*	0.004 0 (2.68)***								
Ln*H* • Ln*AGGLT*		0.004 7 (3.12)***							
Ln*H* • Ln*AGGLL*			0.007 5 (1.99)*						
Ln*H* • AGGLC					0.004 8 (0.976)				
LnH • *AGGLPC*						0.027 7 (9.58)***	0.022 5 (10.3)***		
Ln*H* • Ln*AGGLP*								0.006 2 (3.93)***	
Ln*H* • Ln*AGGLM*									0.007 1 (4.39)***
F	1 758***	1 775***	133.8**	2 148***	115.8**	2 305***	2 815***	1 812***	1 837***
No	279	279	279	279	279	279	279	279	279
R^2	0.969 9	0.970 2	0.972 4	0.969 1	0.968 2	0.976 9	0.976 2	0.970 7	0.971 1

注：括号中的数据为标准误，***、**、*分别表示 1%、5%、10%的显著性水平。

从回归的结果我们可以发现，在考虑资本、技术、人口和市场等集聚因素时，创新对于区域创新能力的影响都是为正且显著的。同时，资本（金融资源）、技术、私营企业投资者、人口和市场等的集聚对于区域知识的创新能力的影响都为正且显著，这说明集聚和创新确实都促进了区域整体技术水平的提高。但是，我们在考虑私营企业投资者密度时（式 2－1），发现创新对知识创新的影响为负且显著，这与创新和私营企业投资者数目之间存在较高的线性相关性有关，因为当我们去掉 $\mathrm{Ln}H \cdot \mathrm{Ln}AGGLT$ 项后，发现 $\mathrm{Ln}H \cdot \mathrm{Ln}Entre$ 显著为正，系数为 0.018 6，T 值为 4.34（式 2－2）。而我们在考虑全部企业密度时（式 2－1），发现创新指标为负，全部企业密度并不显著，这说明仅仅考虑企业密度并不能解释集聚对于知识创新的促进作用。但当我们只考虑非公有制企业的密度时（式 2－2），则发现非公有制企业的密度对于知识创新的系数为正且显著，这说明非公有制企业的集聚对于区域知识创新有着显著的正向影响，但创新指标为负，这也与创新和非公有企业之间存在线性相关性有关（式 2－3 去掉创新项后，非公有制企业密度仍然显著为正）。

同时，我们也发现，区域技术变迁很大程度上来源于该地区既有技术的积累（$\mathrm{Ln}A$ 项回归的结果均显著为正，且系数值非常大），这说明区域内既有知识存量对于区域经济增长的影响非常重要。

四、结论

经济因素的集聚和创新的区域分布特征对区域技术进步和经济增长存在正向显著的影响。这也证明了知识外溢在决定技术进步率中扮演了基础性的角色，即将知识转化到经济应用中的效率成为解释宏观经济增长的关键性因素，国家间创新的差异和经济行为的空间结构能够潜在地成为造成知识外溢效率差异的根源，并最终成为经济增长的源泉。

同时，我们也发现，技术的积累对区域技术变迁有很大影响，某一区域内既有知识的增长主要来自两个途径，即自我知识或技术的创新和积累，或对外来新知识的学习和引进。前者的增长速度由于受知识创新自身的路径依赖特征的影响将比较缓慢，而后者则需要一个学习和引进外来技术和知识的软硬件环境。因此，仅仅依靠区域创新的自我调节和发展机制的内部挖潜，欠发达地区本身知识和技术积累的不足可能会导致该地区经济增长缓慢，要解决这一问题，则需要一个开放学习的环境为区域经济的发展提供持续的动力。

第三章 金融体系的跨区域协同发展战略研究

科学技术是第一生产力，而金融是现代经济的核心，因此，以金融推动产业创新发展，是我国科技兴国战略的重要内容之一。在《国家创新驱动发展战略纲要》《国家中长期科学和技术发展规划纲要（2006—2020年）》和《"十三五"国家科技创新规划》中都明确提出要促进"科技与金融结合更加紧密""实施促进创新创业的金融政策"等思路，提出要推动金融政策与科技政策、产业、财税等经济政策间的相互协调和紧密结合。与此同时，随着国家一系列跨区域协同发展战略的陆续出台，围绕着跨区域产业协同发展的跨区域金融协同发展越来越重要。2016年9月，中央批复的《长江经济带发展规划纲要》正式印发，该纲要将创新驱动产业转型作为主要任务，推动劳动力、资本、技术等要素跨区域流动和优化配置，建立务实、高效的区域标准化协作机制，从而加快完善投融资体制。目前而言，跨区域协同发展对长江流域经济带全要素生产率中的技术进步有显著的促进作用，也存在区域的差异性，但是金融市场跨区域协同发展的空间溢出效应，尤其体现在银行业和保险业，却有助于弥补区域经济发展的良莠不齐，从而提升区域产业创新发展的能力。基于此，作为国家重要跨区域协同发展战略之一的长江流域经济带间金融与产业创新发展的跨区域协同具有重要的战略意义和实践价值。

一、金融跨区域促进产业创新发展的理论和机制分析

已有的研究表明，金融作为推动产业和技术创新的重要因素之一，在推动区域经济发展的过程中，能通过资本供给、信息和风险配置中的甄别、激励与约束以及阶段性跨越和区域性跨越效应等功能来促进产业技术创新。（见图3-1）

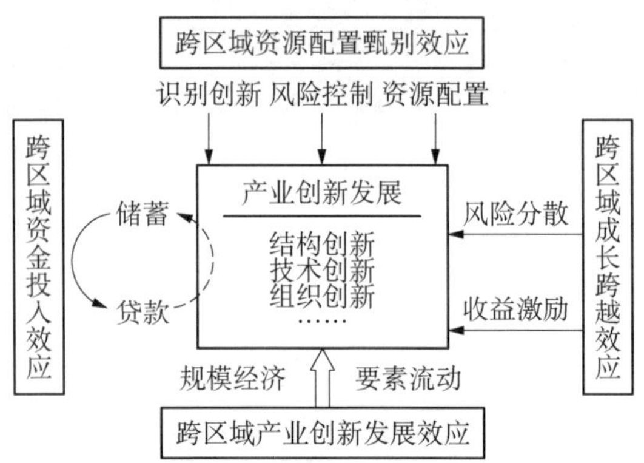

图3-1 金融跨区域促进产业创新发展的理论和机制

(一) 跨区域资金投入效应

金融约束的存在是抑制科技创新开展的重要因素之一,而完善有效的金融支持体系则是高新技术产业快速成长的必要条件。事实上,良好的金融体系能够为技术创新体系提供创新所需要的大规模长效性投入融资,并形成长效的激励功能、风险分散功能和市场共享机会,从而促进技术创新行为的长期化、稳定化和持续化。科技型企业在成长过程中面临"融资难"的问题,一家高新技术企业在成长过程中如果没有大量资本的投入和相关融资制度的支持,企业技术创新和生产组织变革都难以实现。高新技术产业往往具有高风险、高投入、强时效和高收益等特征,高新技术企业为尽快拓展市场,获得先发优势和超额市场利润,必须尽可能地缩短从初期项目培育到产品成形至产业化的时间周期,这些都离不开研发和创新发展过程中的金融支持。现实中的情况也如此,创新程度较高的企业对融资的需求程度也更高,它们会通过各种社会关系寻求资金来源,中等创新程度的企业主要依赖银行贷款或信用贷款等传统融资模式,而低创新程度的企业更多依靠自我积累。因此,金融行业往往承担着聚集储蓄并对其进行分配以形成产业化能力的功能。

(二) 跨区域资源配置甄别效应

由于技术创新和产业创新本身蕴含着很高的不确定风险,因此,如何将有限的资金配置到效率最高的产业当中就显得非常重要。而一个良好的金融体系能够以较低的成本获得企业信息,并且通过系统识别,寻找产品创新和过程创新以甄别最可能成功的企业和企业家。此外,金融在降低资本市场的交易成本的同时,还能够提供更准确的信息和更好的治理控制，从而提高资金的配置效率。由于复杂的金融网络以及构成该网络节点的各种金融机构可能形成复杂的“紧耦合”结构，该结构导致的风险传递性大大加强了蝴蝶效应，一些好的银行可以通过甄别并提供资金给那些最具有新产品开发和生产能力的企业，以达到促进科技创新和产业创新发展的目标。因此，往往金融中介越发达的地区，资源配置效率越高，金融对经济增长的贡献也越显著；金融创新水平越高，金融筛选效率越高，企业家创新成功的概率越大，产业的技术水平也就越高，一个地区的人均 GDP 也就越高，且技术领先者多倾向于直接融资，技术追赶者倾向于间接融资。此外，金融创新决定了一个地区的产业规模构成及产业集中度，并对该地区的产业结构调整起到了重要的推动作用。

（三）跨区域成长跨越效应

企业成长不同阶段的创新与其不可分割的投资和技术创新有关，正如麦金农指出，企业创新和成长中“事实上不可分割（投资）问题如此重要，（是因为）资金融通上孤立无援的企业家很容易陷入一个低水平的均衡陷阱，除了极小部分很富裕的人外，（而在这个均衡陷阱中），技术创新在这里将受到完全的限制”，而金融的介入，是通过一系列资金在风险和收益上的不同匹配关系和创新，通过引入新的资本市场和新型金融中介机构，创造出一系列新的金融工具和金融产品，对企业成长中的风险进行分散和重新组合，并引导资金进入这些大规模的无法分割的投资项目，从而改善资源配置效率，推动企业进一步技术创新，并实现跨越式发展。而在具体的金融促进产业创新发展过程中，由于不同经济区域的经济发展水平、金融深化度、投资者理念及行为选择等因素的影响，会导致不同地区的金融体系存在结构性的差异，这种结构性差异必然会导致技术创新结果和创新效率在不同地区间存在差异。当一个经济体中金融市场效率较低时，企业只会选择发展期短的技术，而长期的技术创新只存在于金融市场效率高的经济中。一个金融风险分散功能和激励功能不足的体系只能产生不太尖端的技术，技术体系只能维持在一个低水平均衡状态。

（四）跨区域产业创新发展效应

金融跨区域协同促进区域产业创新发展主要体现在两个方面。一方面是跨区域经营能够通过增加资金来源渠道降低成本，增加新的投资机会提高收入，降低区域经营风险，从而形成规模经济，提高金融机构自身的经营效率；另一方面，实体经济的发展需要增加了对金融产品服务多样化与个性化的需求，由于不同地区的金融生态存在一定的差异性，因此，不同区域的金融机构往往存在资本形成机制、资金导向和投融资机制、信用催化机制和风险管理机制上的差异性，而这种跨区域的金融协调能够让产业资本在更大的空间内实现流动、配置与组合，带动不同空间范围内各内生产要素和资源的跨区域转移，推动产业结构的升级和区域经济的快速增长。

上述研究虽然对金融跨区域促进产业创新发展展开了较为深入的研究，但是由于长江流域经济带的提出刚刚起步，围绕长江流域经济带的金融协同和功能布局尚未完善，有关长江流域经济带内金融协同发展的研究还比较少，因此，本章的目的就是从研究长江流域经济带促进产业创新发展的跨区域金融协同现状入手，分析推动长江流域经济带金融协同发展，从而提升产业创新效率的有效途径。

二、长江流域经济带金融资源及金融中心协同发展现状

已有的研究表明，企业间的跨区域合作和业务转移可以获得持续增长的盈利空间，降低成本，获得承接地区的优惠政策等，而跨区域的金融协同与合作无论是对金融企业自身发展还是承接地区的产业创新发展都有相同的促进作用。目前，长江流域经济带内的金融跨区域协同刚刚起步，但发展迅速，这主要体现在金融资源跨区域推动产业发展和区域金融中心建设层级化发展两个方面[①]。

(一) 长江流域经济带金融资源跨区域推动产业发展现状

目前，长江流域经济带金融体系内的跨区域推动产业合作创新发展主要围绕金融市场、金融机构和金融工具三个层面展开，具体包括以下几个方面。

一是围绕上海资本市场开展市场对接服务及相关合作。如上海期货交易所在除上海以外的长江流域经济带部分省市围绕期货交易的相关产品设立了一系列制定交割仓库，其中江苏 3 个(苏州 1 个，无锡 2 个)、浙江 4 个(杭州 1 个、宁波 2 个、诸暨 1 个)、江西 1 个(鹰潭)和云南 1 个(昆明)[②]，从而使期货交易产品向长三角及长江中上游地区拓展。此外，上海各类金融机构还不定期地向各地相关金融机构提供业务指导服务等。

---

① 该部分数据未作说明均来自各省市统计年鉴(历年)或作者根据各省市统计年鉴计算得出的结果。

② 数据来源：上海期货交易所网站。

二是金融机构通过在其他地区设立分支机构或合作开展金融业务。如以总部在上海的交通银行为例，作为全国性的金融机构，交通银行在长江流域经济带中除上海以外的地区共有分支机构 1 000 多家，其中仅在云南昆明就有 35 家支行，在曲靖也有 5 家支行。而随着国家金融监管当局对城市商业银行设立分支机构相关规定的放宽，一些地区性的股份制银行或城市商业银行也纷纷在其他地区设立分支机构，如上海浦东发展银行的营业网点已经遍布全国，其中在江苏就设立了 103 家分支机构，在云南也设立了 21 家分支机构，贵州设立了 9 家分支机构。上海银行也在南京、苏州、杭州、宁波等地开设了分支机构。徽商银行在南京设立了分行，杭州银行、宁波银行、南京银行等一些规模稍大的城市商业银行也在上海、浙江、江苏和安徽等地设立了一系列如分行或营运中心类的分支机构[①]。中上游地区的商业银行如汉口银行还在重庆设立分行，在上海设立运营中心，从而将上下游连接起来。这些银行分支机构的设立，将金融机构所在地的资金业务与长江流域经济带内其他地区的资金业务连接起来，在为当地企业提供相关资金服务的同时，也加强了区域间的产业联动，推动了产业间的创新协作与发展。

三是通过金融产业链上的金融服务外包加强区域间的合作。长江流域已经初步形成了特点鲜明、各具优势的四类外包城市。第一类是以上海为代表的外包战略中心城市，以金融服务中心、高端咨询和研究为主。第二类是生产工厂型城市，包括杭州、南京，由于同上海相邻，主要承担基础框架生产的工作，成为国内外包产业的生产工厂。第三类是具有国际地缘优势的外包业务中心，包括宁波等（目前国内以深圳、大连为主要代表，长江流域尚未形成）。第四类是成本优势外包中心，包括武汉、成都等，主要以二线城市为主。

四是通过参与政府主导的产业投资基金实现金融资本与产业的跨区域对接。如 2015 年湖北省成立了湖北长江流域经济带产业基金，该产业投资基金总规模为 2 000 亿元，由湖北省财政出资 400 亿元，同时向金融机构、大型国有企业、知名投资机构等定向筹集 1 600 亿元，主要目的就是支持湖北省的战略性新兴产业发展。在其公布的 40 家股东名单中，除湖北省本地企业以外，其中也包括上海的 8 家金融机构。重庆市也在 2015 年成立了战略性新兴产业投资基金，重点扶持十大战略性新兴产业，基金总规模约 800 亿元，其中交通银行和浦发银行等上海金融机构均参与了该基金的投资。

五是基于特定项目的，如 2016 年 4 月 15 日，华谊集团与国开行上海市分行签

---

① 如南京银行在除江苏以外的上海、北京、杭州等地设立分行，宁波银行在除浙江以外的上海、南京、苏州、无锡等地开设了分行，杭州银行在除浙江以外的上海、南京、合肥等地开设分行，温州银行在上海开设分行。

署开发性金融合作协议。双方基于华谊集团能源化工、绿色轮胎、新材料、精细化工及化工服务业五大主营业务，达成5年200亿元融资总量的合作意向。根据合作协议，双方还将在贷款、专项基金、投资、投行、融资租赁等方面展开广泛合作。

（二）长江流域经济带区域金融中心建设层级化发展现状

近年来，长江流域经济带内各省市的金融产业发展迅速，金融实力进一步增强。从金融产业的产业增加值来看，2010—2015年，长江经济带的增加值从9 803亿元增加到19 407亿元，增长了近一倍，明显高于同期GDP的增速。长江经济带中金融产业占GDP的比重也从5.54%上升到6.82%。随着金融服务在推动产业创新发展中发挥越来越重要的作用，一些经济比较发达、金融资源相对集中的城市纷纷提出构建区域金融中心的设想，如上海提出建设国际金融中心，南京提出建设长三角区域金融中心，杭州提出建设长三角南翼区域金融中心，重庆则提出建设西部金融中心的设想。此外，苏州、无锡、武汉、长沙、南昌、成都等城市也相继提出建设区域金融中心的设想。这使得区域之间金融发展缺乏整体规划，有限的金融资源难以协调，各地区金融中心之间的竞争日益加剧，这有可能影响整个长江流域经济带的产业创新和经济长期发展。为此，长江流域经济带各城市之间要根据自身金融资源和金融产业的特点，以及区域产业功能的布局，全面统筹和规划彼此间的金融功能，从而形成合力，共同促进长江流域经济带金融产业以及实体经济的良性发展。但是，各地区之间的金融资源和产业发展也呈现出典型的层级化趋势，大致可以分为四类不同情况①。

1. 国际金融中心：上海

以上海为代表的具有国际影响力的金融中心城市，金融产业在上海快速发展，占上海GDP的比重从2010年的11%上升到2015年的15%左右，已经成为长江经济带乃至全国金融资源最集中的地区之一。上海的资金充裕度远高于流域内其他地区，人均存款额达到42万元。同时，这里金融机构集聚，长江经济带内全部45家公募基金中有44家在上海，超过一半的私募基金、80%以上的期货公司和60%以上的证券公司分布在上海。上海已经成为长江流域内无可争议的金融中心，且正在努力成为具有全球影响力的国际金融中心之一。早在2009年4月，国务院发布的《关于推进上海加快发展现代服务业和先进制造业建设国际金融中心和国际航运中心的意见》(国发〔2009〕19号)中就明确提出，到2020年要基本建成与我国经济实力以及人民币国际地位相适应的国际金融中心。上海作为我国最重要的金

① 金融中心层级的划分参照了“中国金融中心指数”中的三级体系的划分方法。

融中心城市和金融改革与发展的桥头堡，国家赋予其“国际金融中心”的历史使命，这不仅要求上海要建成以长三角城市群和长江流域经济带为依托，具有全国性金融影响力和辐射力的金融中心。同时要在推动我国资本市场对外开放，提升全球金融资源的配置功能，增强上海金融的全球影响力方面形成突破。上海国际金融中心的功能和使命是长江流域其他地区不能替代的。

2. 核心区域(跨省级层面)金融中心：杭州、南京、武汉、重庆、成都

具有较强区域影响力的核心金融城市。如长江下游地区的杭州和南京等城市，长江中游的武汉以及长江上游的重庆和成都等城市。由于金融资源较为丰富，因此，这些城市的金融体系不仅在本地区具有较强的影响力和辐射力，而且会对周边地区的金融及产业发展产生示范和带动作用。这些金融中心区域的金融体系在主要服务于自身产业创新发展的同时，也能在一定程度上服务周边地区的产业创新发展。其中杭州的GDP、人均存贷款额及其他金融总量指标都已在区域内达到了较高水平，在接受上海国际金融中心辐射的同时，实现与上海的错位发展。而南京作为上海北翼经济强省江苏的省会城市，也能够协助上海实现对长三角周边的辐射。长江中游地区的武汉与长沙、南昌相比，在金融资源和创新资源等方面都具有明显优势，因此可以按照核心区域金融中心的构想来对武汉未来的金融功能进行定位。长江上游的重庆在金融资源的丰裕度上明显优于其他地区，而处于同一区域的成都金融资源与重庆虽有差距，但仍然相对较多，所以可以考虑重庆—成都双中心的模式。

3. 次级区域(或省级层次)金融中心：宁波—舟山、苏州—无锡—常州、合肥、南昌、长沙、贵阳、昆明

这些金融中心主要立足于省内或某一领域开展金融服务与金融创新。如宁波—舟山主要围绕港口和航运产业发展的金融需求，大力发展航运金融服务。苏锡常围绕全球有影响力的产业创新中心的目标，大力发展产业金融，支持产业创新和实体经济发展。其他五个省会城市则主要围绕推动本省的产业发展和科技创新的金融服务展开，不仅要为省会城市提供资金支持，还要为省内其他城市产业发展提供资金支持。

4. 一般金融功能区：其他城市

主要是利用城市在本地区带来的资金集聚，为当地产业发展提供必要的资金支持。

(三) 长江流域经济带金融跨区域推动产业协同发展的问题

一是目前金融体系的垂直管理体系导致的区域分割难以让金融机构跨区域开展相关金融业务，如银行要进入某一地区开展投融资业务目前只能以分行(或支

行)的方式,需获得当地金融监管部门的许可才能进行,而有些地方往往从地方保护主义和防止当地资金外流的视角出发予以阻碍,这导致一些实力较弱的地方性城市商业银行难以跨区域开展投融资业务,也难以配合当地企业跨区域开展相关的产业创新。

二是资本的跨区域流动受到的阻碍仍然较多。事实上,资金越充裕的地方,往往资金成本越低。如 2015 年全年,长江流域经济带中各省市资金成本最低的是上海,即使是在当年银根紧张的情况下,上海金融机构贷款中下浮的比例仍然高达 38.6%,中游资金相对充裕的湖北下浮比例也达到 22.4%,而上游总体资金成本明显高于中游特别是下游地区。但是这些低成本的资金并没有对周边区域形成较好的辐射作用,也没有降低周边地区的融资成本,如上海周边的苏浙两省的融资成本仍然较高(上浮比例分别为 72.8%和 79.5%,浙江的融资成本在长江流域经济带九省二市中是最高的)。

三是金融服务机构特别是金融中介服务机构跨区域开展相关业务仍然受到较多限制。金融中介服务机构对于资金的有效配置起到非常重要的作用,它有助于"提高投资和储蓄水平,并在可供选择的投资项目中最佳地配置稀缺的储蓄"。虽然早在 2005 年 8 月,国务院颁布的《关于鼓励支持和引导个体私营等非公有制经济发展的若干意见》(又称"36 条")中就提出"符合条件的非公有制企业可以发起设立金融中介服务机构",2010 年 5 月,国务院又发布了《关于鼓励和引导民间资本投资健康发展的若干意见》(又称"新 36 条"),再次提出要"鼓励民间资本发起设立金融中介服务机构",但现实中的金融中介服务机构却是我国金融组织体系的一块短板,与我国快速发展的核心金融产业(尤其是银行业)极不协调。由于我国的金融服务中介服务机构多为民营企业,因此管理层对其的市场进入是实行严格限制的,更遑论跨区域经营了。

四是中上游地区金融创新支持产业创新发展的力度明显不足,难以满足不同成长阶段的创新型产业对金融的要求。如创业投资往往对一个地区新兴产业的发展起着非常重要的作用,苏浙沪以及湖北、四川的科技创新能力较强,很大程度上得益于创业投资的增长。而在长江流域经济带全部九省二市中,长三角苏浙沪三地的天使投资案例和金额、创业投资案例和金额以及 PE 投资的金额均占总额的 80%以上。长江下游金融创新活跃的同时也反映出长江中上游的相对落后。

三、长江流域经济带金融跨区域协同发展的主要思路

根据区域金融合作理论,地理位置相邻或相近的两个或多个地区,为获得金融

资源中心集聚效应和空间溢出效应，实现地区间差异互补和经济互动，不同金融行为主体跨区域合作、交流和互利，依赖于区域产业的协同发展，同时也为区域产业的创新发展服务。因此，充分发挥长江流域经济带金融对产业创新发展的作用，需要有金融跨区域协同发展的思路，基于上述不同地域金融资源的协同发展和金融中心的功能布局，长江流域经济带内各省市之间的金融协同可以考虑从以下三个方面展开。

（一）围绕金融市场建设推动跨区域的金融市场合作

一是坐落在上海的全国性金融市场要借助国家金融扶贫带来的产品创新契机，积极开展金融业务和工具创新，大力开发和推出适合长江中上游贫困地区的金融产品，实现“精准扶贫”的目标。并在丰富自身业务框架的同时，加强与中上游地区的合作与协同，并推动当地产业的创新发展。

二是推动地区性金融市场之间的跨区域合作。特别是要推动各省市产权市场、股权交易市场、技术（专利等）交易市场等之间的对接与合作，各地市场可以在共同挂牌、共同发布市场信息、交易规则设计及标准、投资人信息共享等方面展开全方位合作，在拓展市场渠道的同时，也为扩大市场影响力、提升市场的投融资能力奠定基础。在条件成熟的情况下，积极推动建立一个统一的信息发布、市场撮合的综合性平台，形成长江流域经济带共同金融市场平台体系。

三是推动地区性金融市场与全国性金融市场之间的合作，推动地区性市场与全国性市场之间的对接。包括地区性金融市场参照成熟的全国性市场交易和信息发布规则对区域性金融市场交易的金融产品进行运作和风险监控，以实现地区性金融市场和全国性金融市场之间的转板和对接。同时，地区性金融市场可以对全国性金融产品的设计与发行做一些前期性的对接和准备性基础工作，从而既方便本地区产业发展的融资，同时又能借助全国性金融市场获得资金。如地区性股权交易中心可以考虑针对本地区挂牌的中小企业股权和经营状况，与全国性的银行间市场相结合共同发行中小企业集合债券，与证券市场相结合合作发行中小企业私募债等产品。在实现各个层次资本市场之间分工明确的同时，又能实现市场间的互补性、递进性，从而拓展产业创新发展过程中的融资渠道和融资方式。

（二）围绕创新链和产业链打造跨区域的金融产品链

一是借助金融产业混业经营和投贷联动的契机，推动金融机构间的跨区域重组和项目合作。金融体系内的混业经营已成为当前国内金融机构的大势所趋，金融机构正通过一系列新的并购和重组开展商业银行、证券（投行）、保险、信托、基金等一系列金融业务的融合。混业经营为企业和居民投融资带来了便利，为金融机构跨区域的创新协作创造了机会，也为跨区域的产业创新发展提供了新的资金注入的机会。与此同时，随着商业银行体系改革的深入，国务院在2016年底发布了《关于支持银行业金融机构加大创新力度开展科创企业投贷联动试点的指导意见》，银行等金融机构间的投贷联动案例将会越来越多，围绕项目投资的金融机构间的跨区域跨机构间的项目合作也将日趋频繁。在国务院最早批复的十家银行机构中，总部位于长江流域经济带的银行有上海银行、汉口银行、上海华瑞银行、浦发硅谷银行四家，此外国家开发银行、中国银行是全国性银行，因此通过投贷联动，借助发达地区（长江下游）低廉的资金为落后地区（长江中上游地区）的经济与产业创新发展提供源源不断的新鲜血液是未来长江流域需要考虑的重要方向之一。

二是围绕产业成长周期和长江流域经济带的产业功能布局，成立跨区域合作的新型金融机构。针对产业成长过程中研发期、种子期、创业期、成长期、成熟期、饱和期和衰退期不同阶段的投融资需求特征，围绕产业发展和项目特征，成立跨区域的科技银行、投资银行、产业投资基金和风险投资基金等，鼓励新型金融机构开展跨区域的投融资服务。可以考虑在以下四方面开展合作。

首先，成立跨区域的长江流域经济带联合科技银行，在开展流域内银行信贷业务的同时，成立专门业务部门，为企业提供跨区域的贴现、证券、结算、投资、担保、租赁、财务代理、投资咨询、项目评估等多方面服务，并逐渐形成在某一特定领域的特色服务和优势项目。

其次，积极推动投资银行间的跨区域合并，鼓励证券服务机构通过换股或相互持股的方式形成更紧密的业务合作模式，鼓励投资银行参与跨区域的企业股票发行与上市、股份制改造、企业的资产重组和兼并收购策划、企业产权转让等业务，为高新技术企业的上市、收购兼并和做大做强提供一揽子的解决方案。

再次，鼓励成立长江流域产业发展共同基金，由长江流域的地方政府和主要金融机构以股份募集的方式，重点参与尚处于发展阶段的成长性高新技术产业，推动各地的高新技术产业创新发展。

最后，打破行政壁垒，积极引入高品质的风险投资机构。风险投资与高新技术产业之间具有共同的风险偏好特征，因此，风险投资对高新技术产业的发展至关重要，是高新技术产业创新发展的必备条件之一。由于长江下游的许多风险投资管理机构起步较早，投资和风险管理的经验丰富，可以考虑通过政府引导基金的方式，通过政府设立LP（有限合伙人）的方式，引导高品质的风险投资机构以GP（一般合伙人）身份进入中上游地区开展业务，实现资本驱动产业创新发展的目标。

三是围绕促进产业创新发展的资金需求开展跨区域的金融产品创新。首先，积极推动跨区域的知识产权质押贷款业务创新。高新技术产业在成长初期往往可供抵押的实物资产较少，更多的是专利技术、著作权等知识产权类资产。知识产权质押贷款能够解决科技创新企业发展中的问题。但是知识产权质押贷款的前提是需要一个资质良好的中介机构，而长江中上游地区由于这方面业务和人才较少往往难以形成规模效应，需要积极通过开放中介服务市场，引入知识产权方面的专业评估机构、信用评级机构、法律事务所等中介机构，充分发挥这些专业机构的优势，为金融机构的放贷决策提供客观、独立的第三方依据。

其次，积极推动金融机构的资产证券化服务。资产证券化能够进一步盘活金融机构的资产构成，化解金融机构的金融风险，同时也能扩大金融机构的信用规模，为当地产业创新发展募集更多的资金支持。金融机构资产证券化必须借助全国性的成熟市场（特别是上海的金融市场）开展相关业务，因此，需要加强上海市场与其他地方性金融市场之间的互动。

此外，围绕产业创新发展还可以考虑在充分控制风险的前提下，开展跨区域的金融期权、金融租赁、互联网金融、产业链金融、供应链金融、绿色金融等金融业务的创新。

（三）优化金融跨区域合作环境，推动金融与产业创新发展互动政策的落地

一是在加强风险监管力度的同时，降低金融机构进入当地开展相关投融资业务的门槛，打破金融服务中介进入的行业壁垒，允许专业的金融服务中介如会计、法务、保理、担保、租赁、财务代理、投资咨询、项目评估等中介服务机构到当地开展相关业务，以帮助当地企业更加规范地运营和获得更广阔渠道的资金支持。

二是在完善地方性金融法规建设的同时，加强对跨区域金融风险的防范力度。长江流域可以考虑针对长江区域内产业创新发展的金融支持需求情况，共同制定一系列促进金融合作、支持产业发展的共同规则，培育公平经营环境的统一的专项法规及在知识产权保护、科技企业产权转让、管理层持股等方面的共同法律法规。从而让长江流域经济带内的企业在投融资过程中能够有共同遵循的法律法规体系。

三是建立统一的金融服务体系平台。如在共同建设一些技术孵化器的同时引入金融资源，举办各种跨地域的金融与技术的对接会，建立面向高新技术产业的融资情报网络和数据库等。

四是共同建立推动长江流域产业创新的政策性金融体系。如可以考虑共同出资建立长江流域科技创新基金，在充分发挥各地金融和科技主管部门间组织协调优势的同时，利用市场竞争和遴选机制，通过市场化的风险补偿，加强跨区域的科技与金融的结合。

第二篇　战略性新兴产业初创企业金融支持体系背景分析

金融是经济运行的血液和重要支撑，金融和实体经济应该互为依托、相互促进、相辅相成，金融活，经济活，金融稳，经济稳。因此，金融促进实体经济的发展，就是要促进金融成为一池活水，能够灌溉实体经济之树。

金融产业的发展和金融体系的建设离不开它所处的制度框架和国际国内的经济背景，处于不同经济发展阶段的国家具有不同的要素禀赋结构，这决定了其实体经济的产业结构具有系统性差异，而不同的产业具有不同的风险特性、融资需求和信息特征。因此，处于不同经济发展阶段的实体经济对于金融服务的需求存在显著差异，即存在最优金融结构，如在现代的低收入国家，劳动密集型产业具有比较优势(林毅夫，2002)。中国关于战略性新兴产业的最优金融支持体系需要考虑中国的宏观经济背景和特定制度环境。

2015 年 11 月 10 日，中央财经领导小组在第十一次会议上明确提出了“加强供给侧结构性改革”的思想，提出今后的改革需要“着力提高供给体系质量和效率，增强经济持续增长动力，推动我国社会生产力水平实现整体跃升”，这是中财组首次提出加强供给侧结构性改革，显示出中央在经济判断和治理思路上从 2008 年以来的“扩大内需，刺激消费”，转向以优化经济结构和提高资源配置效率为重点，意味着未来我国宏观经济改革的思路将回到增长的本源即创新上来，通过制度创新、技术创新和模式创新等方式，破除增长困境，构建未来发展新体制，释放新的增长红利。为此，我们需要系统研究中国供给侧改革和上海全球城市建设的大背景，并在此基础上研究金融体系构造问题。

第四章 供给侧改革与需求侧管理

2015 年 11 月 10 日，中央财经领导小组在第十一次会议上明确提出了“加强供给侧结构性改革”的思想，研究者们对此有不同的认识，一些学者认为供给侧改革就是要放弃原来刺激需求的经济调控政策，转而使用扩大供给的政策。但我们认为，事实上的供给侧改革并不是放弃需求，恰恰相反，供给侧改革是在强化需求侧管理相关措施的同时提出来的，需求侧与供给侧相配合的政策叠加十分明显，即在适度扩大总需求的同时推动供给侧改革。

一、供给和需求政策的相互转化

纵观经济发展历史，供给与需求之间孰轻孰重的争论从来没有停止过。从物质产品尚匮乏的 19 世纪初期开始，古典经济学家们如穆勒(1997)和萨伊(1997)等就提出了“供给能够创造自己需求”的思想，这个思想的核心就是“产品一经产出，就在自己全部价值的限度内为另一个产品提供了市场”，因此，他们认为产品的生产数量是没有边界的，即使是在某一个小的范围内可能存在供给过剩或不足的问题，但在更大的市场中，这种情况仍然是不会发生的，因为这可以通过市场价格的调整来实现。也就是说，在经济人假设、完全信息和市场出清三大基本假设基础上的自由市场可以通过价格调整来解决供给和需求匹配的全部问题。

但随着西方工业革命带来社会生产力快速增长和财富积累，“短缺经济”逐渐成为过去时，长期的供过于求带来的产能过剩、失业率高企的情况发生得越来越频繁，西方也频频进入周期性经济危机，供给已难以通过上述市场出清的机制来创造自己的需求，理论上的突破势在必行。

随后的凯恩斯革命彻底否定了古典供给学派关于市场出清的三大假说，其理论基础则是“边际消费倾向递减”“资本边际回报率递减”和“流动性偏好”三个理论假设。他们发现由于存在信息不对称和激励不相容等问题，市场往往难以在短期内发挥出出清的作用，有效需求不足的情形完全有可能出现，这也就意味着，“供给自动创造需求”只能是一种理想的经济运行状态，而解决相对产能过剩或总需求不足的问题，就需要用政府“有形之手”，以扩张性的财政政策和货币政策来克服阶段性的需求不足。基于上述需求不足理论的凯恩斯主义经济理论迅速被各国政府所采用，并推动了第二次世界大战后西方发达国家的经济重建和随后近 30 年的经济发展。

但凯恩斯经济理论提出的政府干预经济思维也带来一系列负面的影响，对政策理性预期造成的政策失灵、企业家行为的短视以及创新活力减弱让西方经济逐渐丧失了活力，陷入了长期“滞胀”的泥潭。刺激供给侧的增长，形成长期可持续增长潜力成了新的经济理论重点。新供给学派应运而生[①]，他们认为，在长期经济增长过程中，供给应处于首要的决定地位，产出的增长最终取决于劳动力和资本等要素的供给和有效利用，为此，面对供给低端化、产出约束、生产抑制等问题，一些经济学家从新供给创造新需求的理论出发，提出了以减税、国企改革、放松市场管制、放松金融约束和抑制等为核心的宏观经济改革举措。这就是“新共给学派”，他们的理论先后被里根和撒切尔政府所采用，并推动英美等国重新走出危机，走向繁荣。

进入 2008 年后，由于全球金融危机的影响，各个国家又纷纷侧重于需求侧的政策干预，美国的量化宽松、欧洲的政府救市、日本的安倍经济学等，侧重点都在如何化解危机中的需求难题。当然，我们也看到，在他们进行需求管理的同时，积极推动制造业的回归和应对新产业革命，西方国家供给侧改革依然强劲，需求与供给“双轮驱动”的态势非常明显。

从上述经济理论和各国宏观经济政策的实践中可以看出，政府选择供给侧和需求侧的宏观经济政策，其关键是这个国家当时所处的宏观经济环境和现实需求，并依此相机抉择。当供大于求时，更多选择以需求拉动的需求侧管理；当供不应求时，则强调以供给推动经济增长。所以“单纯地放弃需求谈供给或放弃供给谈需求都是片面的”（刘亮，2015）。正如一枚硬币，放弃任何一面都没有价值。

---

① 参考吉尔德(1985)、保罗·克雷·罗伯茨(1987)、阿瑟·拉弗(2014)、布鲁斯·巴特利特(2011)等对美国经济的论述。

二、供给：增和减的矛盾

国内一批经济学家如周天勇(1997)、贾康(2011、2013)、滕泰(2013)、贾康和苏京春(2015)等先后提出了供给侧改革的问题，主要是基于中国在供给结构方面表现为"三组矛盾"。

一是在资金供给方面表现为民间资本充裕与实体经济(企业)资金短缺的矛盾。一方面我国民间资本充裕，由于在国内找不到好的投资领域而大量对外投资。2014年，中国对外直接投资创下1 231.2亿美元的历史新高，与中国吸引外资仅相差53.8亿美元[①]，双向投资首次接近平衡，中国进入对外投资元年。同时，中国的资本外流可能成为新常态，自2014年6月底中国外汇储备触及3.99万亿美元的史上峰值以后，一直呈现下降趋势。从国家外管局公布的数据来看，2015年第三季度中国资本账户逆差2 239亿美元，创1998年有记录以来单季最大流出。虽然10月份势头得到缓解，但外流趋势依旧未见明显改变，截至2015年10月底，中国外汇储备已经下降到3.53万亿美元，净下降了4 600亿美元。此外，已有的研究表明，原有FDI在中国的撤离呈加速趋势，2011—2014年四年间，原有FDI撤离速度高达47%，而此前2005—2008年四年间，该速度只有23%(罗长远，2011)。

但另一方面，国内企业却面临着严峻的融资困境，资金成本压力较大。如有学者估计，2014年中国中小企业资金成本为15%～18%。据统计，2014年2 735家上市公司以利息为主的财务费用达到3 677.41亿元，其中利息净支出3 939.8亿元，是上市公司利润总额的1.17倍，净利润的1.51倍，其中575家公司财务费用超过1亿元，财务费用大有吞噬净利润之势[②]。上市公司尚且如此，中小企业的困境就更难想象了。中国银保监会公布的《2014年中国银行行业研究报告》显示，2014年全国商业银行全年累计实现净利息收入3.3万亿元，商业银行利息收入居然占同期GDP增量的68.1%，这还不包括非银行非家庭的借贷利润和民间借贷等，如果算上这些非公开渠道的借贷支出，全社会的借贷利息支出有可能高于GDP的增量，这也就意味着全社会新增加的产值全部用于支付利息支出。面对这种国民经济金融化趋势，企业往往更多关注短期金融收益，而不再关注长期产品质量的提升和技术的升级，这进一步加剧了高端产品供给方面的不足。如据广东外语外贸大学国际贸易研究院对2015年的广东省外贸出口情况的调查，深圳厂房空

① 资料来源：商务部、国家统计局、国家外汇管理局.《2014年度中国对外直接投资统计公报》。

② 资料来源：Wind数据库。

置 2 500 万平方米，空置率达 30%～40%，珠三角是中国制造业的重要生产基地之一，如此高的空置率也说明了供给的困境。

二是人口结构老化以及量和质结构矛盾突出。2012 年，我国生育率已经降到了 1.5 以下，远低于 2.1 的国际公认更替生育率，这意味着接下来的一代人将比目前这一代人减少 30%，意味着我国即将进入人口长期负增长阶段。截至 2014 年底，我国 65 岁以上的老龄人口数量已经达到 1.38 亿，占全部人口的比例达到 10.1%，老年抚养比上升到 13.7%，我国已正式进入老龄型人口阶段[①]。而根据《中国老龄产业发展报告 2018》预计，到 2020 年，中国老龄人口将突破 2.5 亿，老龄化水平达到 17.2%，进入中度老龄化阶段。2053 年将达到顶峰，老年人口达到 4.87 亿，占全部人口比例超过 1/3(中国老龄科学研究中心，2014)。这意味着我们最后一点点人口红利、人才结构的优势也将在"未富先老"的人口结构下逐渐消失。在劳动力数量红利即将消失的同时，"质"上的短板却短期内难以改变，中国与欧美发达国家在高端人才方面的差距依然巨大。

三是产品高低端供给的结构性矛盾突出。目前中国面临突破"低端锁定"的难题，在低水平供给上严重过剩，但在高技术供给上严重短缺，一些关键领域和核心技术的对外依赖性特别强，技术进步成了困扰中国产业转型升级的最大难题。如中国的钢产能达 10 亿吨，占世界的 48%～50%(余永定，2015)，产能利用率长期低于 80%，却需要大量进口国外特种钢材，我国出口的钢材都是低端低价的粗钢，受国际市场影响较大，2014 年均价仅 755.21 美元/吨(2015 年进一步跌破 600 美元/吨)。同期进口国外特种钢材均价为 1 241.29 美元/吨，进口均价高近 2/3。中国每年生产圆珠笔近 400 亿支，却无法生产笔尖珠芯，近 90%要靠进口，我们生产的每支圆珠笔利润只有几厘钱，利润全部被国外拿走。此外，据统计，2014 年中国人购买的奢侈品总价值达到 1 060 亿美元，但本土市场仅能提供其中的 1/4(约 250 亿美元)，甚至远低于同期中国出境旅游境外购物消费的金额(约 632 亿美元)[②]。

上述三方面矛盾都是典型的供给侧问题，既包括要引导资金向实体经济流动以增加对实体企业的供给，培养高层次科技人才，增强企业技术研发水平和能力，加大科技成果转化强度以实现更高生产能力，激发各类创新主体(企业、科研人员等)的创新能力和活力等"增"的问题，也包括提升对国际资本流动特别是国际热钱的监管能力以减少资本外流，降低企业的融资杠杆(去杠杆)，减少产能过剩行业产能(去产能)，降低企业库存(去库存)等"减"的问题。这些问题都是目前在供给方

---

① 根据美国人口普查局 1971 年发布的《人口学方法与资料》中的划分标准，65 岁以上人口在 5%以下称为年轻型人口阶段，超过 10%即称为老龄型人口阶段，因此，2014 年中国正式进入老龄型人口阶段。

② 资料来源：财富品质研究院.《中国奢侈品报告 2014》。

面从根本上影响中国经济长期增长动力的问题，供给侧改革就是要解决上述这些难题。

三、需求：扩和转的问题

但是，我们也应该看到，需求侧的压力同样严峻，且是目前较为急迫的现实问题，表现在以下四个方面①。

一是消费总体不振和高端消费过剩并存。近年来国家采取了一系列刺激消费的措施，但效果并不明显。2000 年消费占比达到 63.7%，而 2014 年底已经下降到 51.2%，15 年内下降 12.5%。在总消费不足的同时，需求还存在明显的结构问题，除了高端需求与中低端供给之间的矛盾之外，还存在政府消费对居民消费的挤占。2000 年，政府财政收入占 GDP 的比重只有 13.4%，2014 年已经上升到 21.9%，同期政府财政支出由 15.9%上升到 23.7%。由于价格刚性，一些消费品面临明显的"有效需求不足"，如在商品房的供给方面就非常明显。国家统计局在 2015 年 12 月发布的全国商品房的存量数据显示，截至 2015 年 10 月，全国共有商品房待售面积 68 632 万平方米，这还不包括已建但未竣工、未开工的潜在库存及小产权房和一些没有纳入统计口径的房子，空置房面积按人均 35 平方米计算可供 2 000 万人居住，库存压力巨大，但另一方面，由于房地产市场牵一发而动全局，在很多地方降价减库存往往难以实施。

二是地方政府和企业投资动力不足。由于受到资金成本、产能过剩和投资风险增大等问题的影响，国内企业的投资需求明显下降。2012 年以前全国固定资产投资增速都保持在 20%以上，但随后逐年下降，2015 年前 10 个月已经下降到只有 10.2%左右，与此同时，民间投资也由 24%下降到 10.2%左右。这从反映未来投资需求预期的制造业经理人（PMI）指数上也可见一斑，截至 2015 年 10 月，中国的 PMI 指数已经连续 13 个月下降，非制造业经理人指数连续 9 个月下跌。

企业投资需求的下降本来可以通过政府投资需求拉动来加以弥补，但是地方政府由于地方债还本付息压力和融资渠道收窄等问题，其投资能力急速下降。由于中国特殊的中央和地方财政分权关系，地方政府财政严重入不敷出，如 2014 年全年地方政府财政收入仅 7.59 亿元，占全部财政收入的 54.1%，但却承担了全国 85.1%的财政支出，达到 12.91 亿元，地方政府的财政赤字率达到 42%。此外，地方政府以负债方式解决资金问题推动当地经济发展的路径被进一步收窄，随着地

① 数据未做说明均来自国家统计局网站或作者根据国家统计局相关数据计算。

方政府负债总额快速增长，新增负债的能力减弱。中国社科院根据《中国国家资产负债表2015》估算，中国地方政府总负债已超过30万亿元，达到30.28万亿元，其中2012—2014年复合增长率为22.9%，超过了同期GDP的年均增长8.5%的水平，且地方政府杠杆率已经达到了42.7%。虽然从该报告中可以看出，地方政府掌握的资产仍然足以支持负债，但由于国家收紧融资平台和地方融资渠道，导致地方政府的资金链难以为继。

三是对外贸易增速下降趋势短期难以逆转。由于中国出口在世界出口中的比例已经超过12%，进一步增长的余地有限，同时由于受发达国家"制造业回归"和一些新兴国家在传统产业上逐渐形成对中国的竞争态势，中国出口不振已是不争的事实。一方面货物进出口总额增速自2012年以来持续下降，连续三年个位数增长（分别为6.2%、7.6%和2.3%），2015年前三季度甚至同比下降了7.9%。另一方面，由于国际贸易保护主义升温和中国商品低端竞争的属性，贸易摩擦案件逐年增多。2014年全年，总共有22个国家和地区对中国出口的产品发起了贸易救济调查，共计97起。事实上，中国已经连续19年成为遭遇贸易摩擦最多的国家，且呈现出向高科技产品和更大产业范围扩大的趋势（2015年上半年已经发生37起）[①]。此外，中国商品的质量问题迟迟未能解决，在很多地区，"中国制造"成了低端商品的代名词。

四是商品价格带来的企业产品销售压力持续增加。截至2016年3月，由于受全球原材料价格下降的影响，工业生产者购进价格指数从2012年5月开始持续45个月负增长，且呈现加速下降的态势。如2016年3月，工业生产者出厂价格同比下降了4.9%，环比下降0.3%，2014年同期这一比例仅是−4.6%和−5.9%。同时，由于供给侧的产能过剩，从2014年9月至2015年8月全国居民消费价格指数（CPI）持续16个月在2%以下徘徊[②]，商品零售价格指数自从2013年3月至2015年8月连续34个月低于2%。价格的低迷也在很大程度上影响了消费和需求。

从上述情况上来看，中国需求侧实际上面临的问题也不少。既表现为要扩大当前不振的"有效需求"、以投资需求替代消费需求，以及提高产品的国际竞争力等"扩"的问题，也包括引导中低端消费高端化、投资差异化和出口"内外市场"良性互动等"转"的问题。在这些问题中，实际上前面的"扩"的问题最急迫，必须尽快解决，"转"则是长期问题，需与供给侧改革相配合。

① 资料来源：商务部公开数据，www.mofcom.gov.cn。

② 2016年3月CPI指数达到2.3%，但这一指数的可持续性还需进一步确认。

四、未来改革趋势的政策展望

从当前的宏观经济形势看，由于中国面临的“三期叠加”问题的复杂性和特殊性，在产能严重过剩或有效需求严重不足、经济增速明显下降的情况下，政府确实应该推行扩张性的财政和货币政策以刺激需求。但由于中国的问题并非简单的有效需求不足问题，产能过剩在很大程度上是结构性的，“去产能”的同时必须以产业转型升级的供给侧改革为目标，否则很有可能进入一种“低水平重复”的恶性循环。因此，需要以需求侧管理来为长期供给侧改革保驾护航，通过在需求端创造宽松的宏观环境，引导市场中的创新力量去推动解决高端供给不足的结构难题，并实现供求之间在短期和长期的双向动态均衡。围绕这一目标，一些既能快速拉动需求，又能激发供给侧活力的改革措施的出台成为必然。

（一）破除垄断，以提升投资效能优化供给质量的政策

已有的研究表明很多看似利润丰厚的行业如能源、医疗、教育、金融、交通、通信等诸多领域，其实是某些垄断企业和特权部门从中获取超出正常水平的稀缺性溢价，这种由垄断导致的“供给短缺”是低效率的，而且这些垄断行业通过提价还可能造成充分竞争行业如制造业和小微企业的利润向这些行业转移，进一步降低了充分竞争行业的利润水平。所以要推动市场化改革，打破部分行业中的国有企业的垄断格局，进一步降低市场进入门槛。

首先要加大混合所有制改革力度，推动国有企业的改革。包括扩大民间资本进入的行业和领域，降低民间资本进入的投资门槛，允许民间资本公开、公平、公正地进行投资与经营，完善“以‘共赢’为特征的社会主义市场经济”体系。其次是推动行业准入的负面清单管理制度建设，根据“法无禁止即可为”的原则，鼓励民间资本进行技术、产业、业态、模式的“四新”创新。事实上，也只有放开民间资本投资领域，才能真正丰富产品供给，满足高端消费需求，实现经济转型升级，并从根本上解决供给的结构问题。最后是进一步完善普惠金融体系建设，要在加强行业监管的同时，鼓励和推动普惠金融体系建设，推动广大中小微企业的“自举融资”，切实降低企业的融资成本。

（二）“大众创业、万众创新”的供给侧激励创造新需求

2006 年诺贝尔经济学奖获得者埃德蒙德·菲尔普斯曾经说过：“如果没有属

于中国自己的经典创新，那么中国这么大的经济体量，很难通过全球经济发展来带动或者仅仅依靠中国自己庞大的市场来推动经济的发展，中等收入陷阱将无可避免。”在信息浪潮涌动以及移动时代大幕拉开的背景下，中国要“走创新型国家之路和大力鼓励创业”，让新兴产业的企业肩负起“推动新技术、新产业、新业态蓬勃发展”“实现发展动力转换”(贾康，2015)等艰巨而远大的使命。

鼓励创新，首先就是要激发创新主体的活力，要明确创新的主体是广大的企业家和技术研发人员，因此，要从社会环境的优化和服务手段的提升等方面为他们提供更加优越的创新环境。其次是要提高市场对创新行为的引导和甄别能力，要在科技成果资本化、科技成果产业化、科技成果的市场化建设等方面进一步完善相关机制的设计，从而更有利于市场引导创新过程。再次是“新供给创造出新需求”，借助“互联网＋”带来的技术革命的契机，在供给与需求之间建立起“产品生产—需求反馈—个性化生产”的良性互动关系，从而解决产品个性化、服务人性化等问题，增强产品的竞争力和产业附加值。最后政府还要通过营造大众创业、万众创新的社会环境，增强金融对创新的支持能力，增加民间资本的投资机会，把产业结构与市场需求结构真正匹配起来。

(三) 差别化减税降负推动企业和居民的供求两侧积极性

我国政府收入不仅包括财政预算内税收和收费，而且还包括土地出让金、人社部门社保费收入和其他预算外收入等。有研究者估计，中国目前的宏观税负约为34％，高于大部分发展中国家，几乎和发达国家接近。在总体税负较高的同时，税收结构的问题也显得非常突出，目前我国的税种主要是向生产经营环节征收，而直接向消费端征收的税种并不多，这直接影响到初创期企业，特别是广大小微企业和制造业企业，所以，目前的税收体制直接影响了供给侧的创新和创业。因此，降税既能够起到降低企业生产成本，调动企业生产积极性的作用，同时也能够通过将收入向民间倾斜增加人们整体收入水平，拉动消费增长。

降税体现在供给端首先是对广大中小微企业特别是初创企业的减税。事实上，这些初创小微企业对我国整体税收的影响并不大，如我们曾对上海2013年全市年纳税额低于1万元的46.5万户小微企业纳税总额进行过统计，发现这些占上海47％纳税户数的企业全年纳税总额仅9亿元，占全市税收总额的0.11％，所以对这类企业减税甚至免税，对全国税收的影响微乎其微，反而能够降低国家的税收成本，激发这批企业的活力和竞争力。

其次是强化税收的再分配功能和作用。包括基于综合税制的个人所得税改革，切实落实包括房地产税、遗产税和赠予税等税种的执行，这样通过税收结构的调整实现既增加中低收入人群收入，又能够让高收入人群承担更多社会责任的目的。

最后是更加科学地研究税收体制，如需要加强对新的“财权和事权相匹配”机制下财税分权制度改革，解决现有水平下增值税和营业税税率水平问题等。

（四）建民生、优供给、创需求

中国居民的储蓄率全球最高，其中很大一部分原因就是未来的不确定性太强，消费者缺乏基本的消费安全感，所以不敢消费。以医疗为例，中国个人的医疗支出占全部医疗费用的比例高达32%以上①。此外，居民养老、子女教育、住房保障等方面都面临非常大的不确定需求，这些因素都造成消费者储蓄意识过强，消费意识过弱。因此，需要通过加强民生建设，为广大人民群众提供优质的公共服务，才能不断地去创造新的需求。

首先要借助新型城镇化建设的契机，增加对农村和落后地区优质公共服务资源的供给。对于农村，要积极借助“新农村建设”和“美丽乡村建设”的契机，增加政府对农村的一些公共基础设施如医疗、卫生、养老、教育和文化娱乐等的投入。同时，要积极落实《国务院关于深入推进新型城镇化建设的若干意见》中提出的思路要求，积极引导民间资本投资农村公共服务基础设施建设。

其次是政府要做好对民生的基本保障工作，加大对贫困人群的扶持力度，在“保基本”方面加大力度，切实提高社会保障水平和服务能力，从而做好消费者的坚强后盾，让他们真正做到敢消费、愿消费、消费好。

最后是提高城市居民的生活品质、优化城乡环境等惠民生的举措都将是未来政策落实的重点。

（五）简政放权，为市场营造公开公平公正的环境

供给侧改革的目的就是要让市场在资源配置过程中发挥主导作用，从而激发企业活力。从政府的角度来说，首先要减少政府对市场的过度干预，通过实施权力清单和责任清单，简政放权，从而完成政府职能由过去的“重管理，轻服务”向“服务与管理并重”转变，降低市场管理成本，避免政府乱作为、不作为等情况的发生。

其次要加强社会诚信体系的建设，为此政府要带好头，按照依法治国的原则依

---

① 根据《中国卫生统计年鉴》计算，2014年中国政府卫生支出为10 579.23亿元，占全部医疗卫生支出的比重是30%。个人卫生支出已达11 295.41亿元，占32%。

规执政，并加强对知识产权的保护力度，加大对假冒伪劣商品的打击力度，从而营造出社会鼓励创新、敢于创新、热爱创新和投身创新的氛围，并由此提高消费品生产能力。加强法制建设，坚持按照依法行政、依法经营的原则推动经济社会全面转型升级。

最后要重视服务体系建设，要借助“互联网＋”带来的新一代信息化革命的契机，加强信息技术对传统产业的改造和提升。同时，重视市场对企业发展方向的引导并营造公平的发展环境，激发市场的活力。

第五章 供给侧改革与上海全球城市建设

推进供给侧结构性改革，是我国适应和引领经济发展新常态的重要战略举措，也是解决我国经济与社会发展过程中深层次矛盾的必然要求。对上海来说，供给侧结构性改革既有在党中央、国务院的统一决策部署下的共性，同时由于自身发展阶段性特征与国内其他地区之间的差异性，因此在供给侧结构性改革中又具有其特殊性。上海需要紧紧围绕全球城市的功能布局，推动创新驱动发展、经济转型升级等方面的供给侧结构性改革，培育经济增长新动能。

一、金融危机后全球城市功能由需求向供给转变

(一) 金融危机后全球经济再平衡的核心是发达国家由需求转向供给

自 2008 年全球金融危机爆发后，欧美发达国家开始积极推动全球经济再平衡战略。在新产业革命的带动下，欧美为改变金融危机前的贸易逆差，推出一系列调整本国需求结构、鼓励本国产业发展、推动产业创新、鼓励制造业回归、重构全球贸易新格局的重要举措。从欧美全球经济再平衡的措施来看，主要有以下几个方面的内容。

一是去杠杆，即挤压金融危机前的资产泡沫，清理和偿还政府赤字和各类金融机构的债务，从而降低金融虚拟经济的比重，恢复金融对实体经济的支持，增强实体经济的活力及盈利能力。

二是为增加供给，调整消费、储蓄和投资三者之间的关系，压缩消费增加储蓄，提高投资水平和比重。

三是鼓励创新，借助以互联网、新能源和智能制造为主要特征的新产业革命带

来的契机，欧美发达国家积极谋划新兴产业发展，力争在新技术和新产业布局中占据先发优势，谋求制造业新的竞争优势。

从以上这些举措我们可以看出，金融危机后发达国家的再平衡战略“制造业回归”的核心就是改变原来的发展中国家生产产品、发达国家进行消费的全球分工模式，转而开始在本国推动以高端制造业生产为核心的供给侧改革。

(二) 全球城市建设的功能正从为需求服务转向为供给服务

围绕着全球经济再平衡中的“制造业回归”，发达国家的全球城市建设功能也正在发生一系列根本性的转变。这些全球重要结点城市正通过发挥其在科技、金融和高端制造业生产方面的引导和示范效应，成为推动和激发全球经济发展的原动力和西方由需求向供给侧转变的核心载体。这主要体现在以下几个方面。

一是全球城市与科技创新的耦合互动越发紧密，以技术创新提高生产和供给能力的趋势越来越明显。随着西方发达国家积极推动科技革命和新产业革命，科技创新正在成为全球城市功能的核心载体。一些发达国家的经济中心城市正在充分利用其科技人才、科技成果和雄厚的技术研发和应用实力，积极把握和推动新的技术发展与新兴产业在城市周边区域的集聚和发展，培育新兴经济的增长点，通过产业创新保持国际引领、导向和控制地位。全球科技创新中心城市正成为这些城市的“新名片”，全球经济创新和增长的新的动力源泉正围绕着全球城市建设展开。

二是全球城市作为全球枢纽的作用更加突出，以全球资源配置和功能整合提升供给效率的趋势越来越明显。全球化的进一步发展正在为现代国家的含义及其要素(领土、民族、主权、政府等)赋予新的特征，正在推动全球经济由资源配置向全球功能整合转变。原有的城市发展中的资源全球配置、生产全球布局、服务全球外包、知识全球流动等功能，从全球贸易网络、全球生产网络走向全球创新网络，对城市的经济能力、创新引领能力、区位上的枢纽功能、功能上的全球配置能力都提出了新的要求，从而在顶级全球城市层面上更体现为对上述资源功能整合的综合竞争力、控制力和全球影响力，成为全球重要的网络枢纽城市。因此，全球经济的竞争正越来越趋向于围绕着全球城市之间的竞争展开。

三是全球城市推动全球经济结构重组，以结构重组提升服务供给能力的作用日益突出。全球化与信息化对城市产生了深刻的影响，一方面，全球化使城市的资源配置功能越发突出，另一方面，信息化给城市带来了更大的流动空间。城市通过信息网络被吸纳进世界城市体系之中，而全球城市则成为世界城市体系的重要节点，通过关键产品的生产发挥出更大的跨地理边界的强大影响和支配能力，从而在重构全球资源要素的同时，对全球研发构成、产业结构和消费结构甚至文化结构进行全方位的重构(马海倩和杨波,2014)。

全球城市建设正围绕着服务与全球经济再平衡后发达国家的由需求向供给功能的转变发生着一系列新的变化,需要我们重新认识在供给侧改革背景下的全球城市建设的内涵与实质。

二、上海的供给侧结构性改革与全球城市建设之间的关系

在上海未来经济和社会发展过程中,特别是“十三五”期间,供给侧改革和全球城市建设都将是未来上海需要面临的两个重要方面的内容,二者之间存在着非常密切的关系。

(一)上海供给侧改革需要依托全球城市建设的载体展开

目前,上海正面临着一系列发展中的深层次矛盾和问题,需要通过供给侧结构性改革予以解决。

一是低端产业存在产能过剩压力的同时高端产业产能不足的结构性问题仍然存在。虽然总体上上海“去产能”的压力不大,但仍然面临低端产业“去产能”的问题。“十二五”期间上海已经淘汰了4 200项落后产能,但产业能级低、环境污染重、低附加值企业仍有不少,上海的制造业总体仍处于全球价值链中低端,产品附加值较低,企业未完全摆脱粗放经营的模式,在核心技术和营销网络上与跨国公司存在较大差距,在关键环节上仍受制于人。一般性加工制造和服务业比重过高,国际经济、金融、贸易和航运中心功能建设滞后。此外,高端产业和环节竞争力不强,作为经济增长新引擎的高端现代服务业和战略性新兴产业发展难以满足人们日益丰富的消费需求。这就需要上海围绕全球科技创新产业中心城市的建设,围绕长江三角洲全球影响力的世界级城市群建设,利用创新资源和创新成果,加强在长三角区域内的产业统筹规划,合理布局,推动分工协作,培育发展新兴产业,推动城市群各城市间的产业协同发展,将产业布局重构与上海城市空间布局及功能布局重构结合起来。

二是房地产结构性“去库存”的压力仍然存在。虽然近年来上海房地产市场火爆,房地产价格持续上升,但是房地产市场的结构性库存压力仍然存在,这主要体现在商品房价格快速上涨的同时,商业地产库存的持续上升。数据显示,2018年1—7月,上海商场、商铺等商业地产(不包括办公楼)平均月度供应量约18.8万平方米,平均月度销售量只有约10.3万平方米,供求仍失衡,加上前期累积的库存,

上海商业地产库存已逼近 850 万平方米。由于上海新增商业地产主要集中在郊区,缺乏相应的人口导入和配套的发展政策,招商难度大,同质化竞争激烈,中心城区传统商业街竞争力削弱的同时,新的商业地产发展面临困难。因此,需要围绕全球城市整体功能的定位,融入互联网思维,思变调整,打破传统商业地产的时空界限,促使商业地产长足健康发展。

三是非金融产业杠杆率不高的同时,金融市场高杠杆的风险仍然存在,且金融对实体经济的支持力度仍然不够。总体而言,上海实体经济的杠杆率并不高,截至 2015 年底,上海的存款额达到 103 760.60 亿元,贷款额为 53 387.21 亿元,存贷比只有 51.5%,且实体经济的资产负债比例只有 50.29%,远低于国内的平均水平。2015 年,上海贷款利率下浮的比例达到 25.5%,也远高于全国平均水平(7%左右)。但上海金融市场和投资品市场内存在高杠杆积聚的风险,如房地产市场、证券市场等的杠杆率越来越高。此外,互联网金融带来的融资风险也逐渐增加,网贷之家公布的截至 2016 年 9 月的 1 465 家问题平台中,上海有 118 家,其中跑路的问题平台就有 86 家之多。上海金融支持实体经济发展的能力还有待提高,如 2015 年,上海非金融机构固定资产投资中来自金融机构的资金仅占 28.56%,其余均来自企业的自筹或其他资金,金融支持上海科技创新和高新技术产业发展的能力也远未能满足上海产业发展的资金需求。

四是基于全球城市的商务成本问题严重影响到上海的科技创新能力。作为中国最大城市面临土地资源短缺问题,导致上海的商务成本高企。中国房地产协会的数据显示,截至 2016 年 8 月底,上海的平均房价为 44 750 元/平方米,单位房价仅次于北京和深圳,是南京的 2 倍,杭州的 2.37 倍,苏州的 3.01 倍,无锡的 5.25 倍。房价的高企导致上海房租的平均价格是南京的 1.75 倍,杭州的 1.56 倍,苏州的 2.48 倍,无锡的 3.26 倍。除房价外,上海"五险一金"的比例也居全国第二,其中个人缴纳 10.5%,企业要缴纳 35%,这也加剧了企业的商务成本负担。商务成本的问题直接造成企业负担过重,在很大程度上影响到了上海的创新能力和初创企业的成长。

五是经济与社会发展中的短板问题日益突出。上海的短板一方面体现在科技创新能力不足。作为目前中国经济最发达的地区之一,上海正面临着由投资驱动向创新驱动和文化引领经济转型的新阶段,但目前上海创新驱动新动力的能力明显不足,特别是在科技创新方面与发达国家的重要经济中心和科技创新中心城市之间的差距明显。上海的创新模式还处于跟随式创新阶段,由于受到技术收敛和国外技术控制等因素的影响对经济增长的作用不但没有增强,反而越来越弱,但在主动式创新方面则明显能力不足,影响全国乃至全球科技和产业未来发展的重大科学发展、原创技术和高新科技产业还非常少。另一方面则体现为城市建设和城市管理方面与国际上有较大影响力的全球城市之间的差距还较大。目前，上海经济社会发展中的一系列重大问题如城乡差距问题、民生建设问题和社会治理问题都与上海的城市建设有密切联系。在城乡一体化发展方面，上海目前要解决的是中心城区与郊区之间的收入差距(2015 年上海城乡居民可支配收入比仍高达 2.15)，城乡居民在教育、就业、医疗、养老、保障性住房等方面的均等化问题。而在城市内部，上海也存在较为突出的二元矛盾，给经济社会发展带来诸多风险和隐患。此外，城市建设中的粗放式、无节制的过度开发，新城新区、开发区和工业园区占地过大，城市生活垃圾和生态环保等问题也日益突出。这些问题的解决，都需要上海围绕全球科技创新中心城市的建设，在服务国家参与全球经济科技合作与竞争中发挥枢纽作用，并积极推动科技创新由跟随者向全球创新网络的重要枢纽和重要策源地转变。

上海的供给侧改革需要围绕着全球城市建设和科技创新中心城市建设展开，因此，上海的全球城市建设是上海供给侧改革的重要载体。

(二) 上海全球城市的建设离不开供给侧结构性改革的支持

上海的全球城市建设离不开上海供给侧改革提供的物质和技术支持，这体现在以下几个方面。

一是上海的全球城市功能定位需要从为需求服务向为供给服务转变。作为全国最大的城市，上海城市建设的功能定位与国内其他城市完全不同，上海需要引领中国城市的未来发展方向和参与全球城市的竞争。但是，相对于顶级全球城市发展新趋势而言，上海的差距非常明显。上海目前作为全球枢纽的地位并不强，与纽约、东京、伦敦等全球城市相比，城市国际竞争力和国际化程度不够，落户上海的世界 500 强企业总部仅为纽约的 10%，外国人口占常住人口比重仅 0.9%。而对全球经济功能的整合能力则更弱，上海缺乏具有全球影响力、竞争力和控制力的企业和企业家，缺乏具有全球影响力的重大科技创新成果和产业或行业标准。此外，城市内部的功能整合也不足，由于公共资源过度向市中心集中，人口过度向中心城区集聚，交通拥堵、环境恶化、城市运营成本过高等城市综合治理问题也日益突出。

二是在上海“智慧城市”建设中，需要由供给侧改革提供新技术和新应用的技术和物质支持。全球城市的建设需要有全球化的信息和城市管理水平和能力，因此，上海需要围绕全球城市的建设加大与智慧城市建设有关的新技术和新应用的投入，要实现高速网络普遍全覆盖，并形成覆盖全区域、辐射周边、服务全国、联系亚太、面向世界的信息化基础设施，并引领长三角智慧城市群的信息化建设和应用。同时，推动电子政务平台跨部门跨城市横向对接和数据共享，实现基于互联网大数据、云计算和物联网应用的信息化智慧城市网络安全管理体系，并形成影响全球的城市管理信息化制度网络体系。

三是上海全球城市建设需要借力于供给侧改革的制度创新和制度供给。上海的全球城市建设需要放眼全球，接轨世界，深度融入全球经济体系，全面提升上海的国际化水平和全球资源配置能力。这就需要上海通过供给侧改革为全球城市建设提供新的制度创新的源泉，包括在利用外资方面，要在引进外资的同时提高外资的质量和水平，围绕技术创新和模式创新鼓励外资更多地投向先进制造、高新技术、节能环保、现代服务业等新兴产业和技术创新环节。同时，扩大外资投资领域，推动服务业特别是生产性服务业的对外开放，并对接国际规则，完善法治化、国际化、便利化营商环境。围绕国际化人才的培养、引进和服务，塑造开放包容、多元融合的全球化的城市氛围。

三、上海基于全球城市建设的供给侧结构性改革对策建议

从上述的分析中我们可以看出，全球城市建设是上海积极推动供给侧结构性改革的核心平台和重要抓手，因此，上海需要积极借助自贸试验区建设、全球科技创新中心建设、司法体制改革、高校综合改革、群团组织改革这五大国家体制改革战略在上海试点的契机，以全球的视野，围绕全球城市建设的内涵与实质，积极推动供给侧结构性改革中各项工作的展开。

（一）确定以全球城市建设为核心的供给侧结构性改革的发展主线

上海在供给侧结构性改革中，要以全球城市建设为核心抓手，用创新、协调、绿色、开放、共享的新发展理念，以全球有影响力的科技创新中心建设为支撑，加快推动科技进步、产业升级、城乡统筹，培育新的发展动能，提升在全球城市建设中的竞争力、影响力和控制力，提升对全球资源的配置能力和全球产业链、价值链和创新连中的整合能力，进一步优化城乡功能布局和产业布局，以自贸区建设为契机，推动制度创新，建立健全包容共享的体制机制，构建网络化、开放型、一体化发展格局，将上海打造成为极具经济活力的全球资源配置中心、科技创新中心和全球重要的枢纽城市，成为引领全国新一轮改革开放的排头兵和推动全国创新转型的策源地。

(二) 确定以全球城市建设为核心的供给侧结构性改革的发展目标

上海要根据全球城市建设的未来发展趋势确定未来供给侧结构性改革的发展目标，必要时可以考虑调整原有的“四个中心”定位，重新定位“四个中心”的内涵。

(1) 在全球产业链和价值链整合功能的目标方面，上海要围绕国际经济、金融、贸易、航运中心建设和中国(上海)自由贸易试验区建设，成为资源配置效率高、辐射带动能力强、国际化、市场化、法制化制度体系完善的资源配置和功能整合中心。

(2) 在全球创新发展和产业竞争中，打造具有全球影响力的科技创新中心。瞄准世界科技前沿领域和顶级水平，建立健全符合科技进步规律的体制机制和政策法规，最大限度激发创新主体、创业人才的动力、活力和能力，成为全球创新网络的重要枢纽，以及国际性重大科学发展、原创技术发明和高新科技产业培育的重要策源地。

(3) 打造引领全球的现代服务业和先进制造业创新中心。加快推进产业跨界融合，重点发展高附加值产业、高增值环节和总部经济，加快培育以技术、品牌、质量、服务为核心的竞争新优势，打造若干规模和水平居国际前列的先进制造产业集群，形成服务经济主导、智能制造支撑的现代服务业和先进制造业创新中心。

(4) 打造全球城市治理和文化创新中心。一方面要借助自贸试验区建设的契机，吸收国外先进管理经验的同时，加快制度创新的步伐，并积极参与国际标准和规则的制定，推进简政放权、放管结合、优化服务改革，统筹综合配套改革试点和开放平台建设，形成政府职能转变、要素市场一体化建设、公共服务和社会事业合作、扩大服务业对外开放、自由贸易港区、体制机制创新等方面先行先试的“中国上海经验”和“中国上海规则”。另一方面，加速上海文化创新和文化“走出去”的步伐，提升上海文化对全球文化创新的竞争力和影响力。

(三) 确定以全球城市建设为核心的供给侧结构性改革的重点方向

围绕全球城市建设，上海的供给侧结构性改革需要在以下三个重点方向进行突破。

一是以全球有影响力的科技创新中心建设打造基于全球城市建设的供给侧结构性增长新动力。要以科技创新中心建设为核心，围绕企业作为创新主体的作用发挥破解科技创新成果向现实生产力转化的制度瓶颈问题，推动经济增长由要素驱动向创新驱动转换，推进劳动力、资本、技术要素升级，增强上海经济持续增长动力。一方面要依托全球科技创新中心建设的张江综合性国家科学中心打造重大科技创新平台，瞄准世界科技前沿和顶尖水平，打造高度集聚的重大科技基础设施集群，汇聚全球一流的科研机构和团队，力争在关键核心技术领域取得大的突破，并在创新生态培育、科研制度改革等方面率先探索，为全国提供基础科技和跨领域协同创新供给。另一方面是要紧紧围绕"四新经济"和专精特新企业的发展，鼓励企业创建和提升自主品牌，不断提高品牌质量、产品附加值和生产效率，提高资本对科技创新供给的支持效率，强化金融对实体经济特别是高新技术产业发展的支撑作用，提升上海在全球科技创新和产业创新中的影响力和控制力。

二是以自贸区建设为契机打造基于全球城市建设的供给侧结构性改革支持的新制度。制度创新是解决结构性问题的关键。要通过深化重点领域改革，矫正资源配置扭曲，消除供给约束和供给抑制，释放微观主体活力，提升供给质量与效率。一方面要积极借助自贸试验区改革推进新一轮制度创新，加快建立健全与国际投资贸易规则相衔接、与现代市场经济相适应的制度规范，形成开放型经济新优势，并在更高层次上引领全国改革开放，重点在自贸区现有四大制度框架的基础上对接国际投资贸易规则新变化，更高层次和更广领域扩大开放，自贸试验区战略与其他战略联动。另一方面要积极加强政府自身改革，既做"减法"，加大简政放权的力度，也做"加法"，加强高效监管和公共服务能力。同时，要在完善产权保护制度，营造公平竞争的良好环境，最大限度激发企业活力的基础上深化企业改革，打破束缚企业发展的制度障碍，发挥企业家在创新中的作用。

三是以长江三角洲世界级城市群建设为契机，打造基于全球城市建设的供给侧结构性改革新结构。要从上海实际出发，推进供给侧改革要处理好增量、存量与减量的关系，把增强高端供给优势放在突出位置，促进产业转型升级和产品创新提质，构建符合全球产业趋势、占据价值链高端的新型产业体系，提升产品供给质量与品质，使供给结构更好地适应需求变化。一方面要强化增量带动和高端优质供给，积极发展新兴产业和业态，培育服务业优质供给，扩大高端制造业供给，同时，改造提升传统优势制造业。另一方面，积极推进区域结构调整优化，通过区域结构调整，促进创新和资本要素的集聚，增强创新外部性和规模经济效应，提升整体供给质量和水平。并在进一步完善民生制度安排，使市民有更多获得感，获得更多高质量的公共服务供给的基础上深化社会领域的改革。

四、上海基于全球城市建设的供给侧结构性改革的政策支持

为了进一步加快全球城市建设，推动供给侧结构性改革的步伐，上海需要从以下几个方面加大政策支持的力度。

(一) 积极落实企业“降成本”的政策

一是要积极通过政府职能的转变降低企业的制度性交易成本。一方面要积极推广浦东新区“证照分离”的先进经验，取消一批审批事项和相关评估评审。另一方面要创新政府服务管理方式，加快建设政府服务“单一窗口”。部门审批事项全部接入市级网上政务大厅，新增一批网上办事和服务事项，基本建成区县网上政务大厅。

二是降低企业税费负担。按照国家部署，落实“营改增”试点扩围等税收政策，加大结构性减税力度，并进一步落实税收优惠政策，降低小微企业税费负担。深化涉企收费、清理行政事业性收费、调整优化社保费率、降低能源资源成本等举措，按国家规定的下限执行。同时对本地政府定价、政府指导价管理的行政事业性收费项目，进行全面清理和整合，并将更新后的涉企行政事业性收费、政府性基金等目录清单向社会公布。

三是降低企业融资成本。在清理不合理金融服务收费的同时，拓宽企业融资渠道。促进私募股权和创投基金发展，扩大政府天使投资引导基金规模，成立中小微企业政策性融资担保基金。鼓励商业银行对中小微企业贷款给予优惠利率。

四是进一步探索降低企业社保成本的有效途径。在降低工伤和生育保险费率的基础上，进一步精简归并“五险一金”，降低整体社会保险缴费率，并对企业的缴费期限进行调整。

五是降低电力和物流成本。继续推进电力价格改革，降低物流成本，清理规范物流园区、口岸、港口码头、公铁水运等环节及进出口环节、海关监管区服务收费，取消不合理收费。

(二) 积极落实金融“去杠杆”的政策，防范和消除金融风险

目前，虽然上海自身金融风险不突出，但由于金融体系的系统性，需关注外部风险输入的可能性。尤其是作为国际金融中心，上海集聚了我国主要的金融市场，要防止市场大幅波动引发的风险。就自身而言，当前要重点防范以下风险。

一是大力发展科技金融服务，提升金融服务实体经济的能力。一方面要加大政府引导传统金融机构加快金融创新的力度，通过额外的补贴、定向担保、产业扶持基金等措施缓解科技型小微企业融资难的问题，提升对实体经济的支持力度。另一方面，要积极引入民间资本，建立新型金融机构，如扩大政府天使投资引导基金规模，支持保险机构开展科技保险产品创新，探索研究科技企业创业保险，支持商业银行设立全资控股的投资管理公司，强化对创新成果在种子期、初创期的投

入，引导社会资本加大投入力度和风险分担机制。此外，要依托上海股权托管交易中心加快上海多层次资本市场体系建设，支持中小型科技创新创业企业利用多层次资本市场体系解决融资问题。在进一步规范互联网金融体系建设的同时，积极引导互联网金融平台为实体经济服务。

二是化解地下金融和影子银行风险。一方面要把防范和处置非法集资作为重点，加强"一行三会"与金融办的协作沟通；完善立体监测预警体系，充分利用互联网、大数据等技术加强监测，发挥网格化管理和基层群众作用，及早发现问题；聚焦P2P网络借贷、投资理财、房产抵押融资等高发领域，遏制案件高发态势，加大追赃挽损力度。同时，加强银行理财产品、信托、民间融资等领域的风险监管。督促商业银行建立单独的理财业务组织和监管体系，代客理财资金与自有资金分开使用。信托公司不得开展非标准化理财资金池等具有影子银行特征的业务。规范小贷公司、典当行等融资行为。强化影子银行的信息统计，降低信息不对称。

三是防范房地产市场风险。密切加强监测，积极引导市场预期，继续实施住房限购政策，同时扩大住宅供给，在增加商品住房用地供应的同时，提高中小套型住房供应比例，使更多的家庭能够购买到中小套型住房。加强对房地产金融领域资金流动的监测，打击违规做杠杆配资抬高房价行为。建立健全购租并举的住房体系，完善租房群体获得基本公共服务的配套政策，鼓励市民通过租赁方式满足居住需求。

（三）以城市功能的完善积极落实"补短板"的各项政策

围绕上海全球城市功能的完善，积极寻找上海城市建设中的短板问题，在政策上形成重点突破。

一是围绕城市功能提升，积极弥补民生建设的短板。居民的储蓄率全球最高，其中很大一部分原因就在于消费者缺乏安全感，对未来的不确定性太强。以医疗为例，上海个人的医疗支出占全部医疗费用的比例高达50%以上，对风险的分担能力弱，让消费者不敢消费。因此，一方面要在增加医院、养老院、农村地区的卫生、教育和文化设施等方面民生基础设施投资的同时，提高上述领域对民间资本的开放程度。另一方面需要政府提高公共服务的能力和保障水平，释放消费者消费的意愿，要让消费者的心里有定心丸，这样消费者才能多消费少储蓄。同时，增加对贫困人群的扶持力度，加强对城乡环境的整治等都是未来政策落实的重点。

二是围绕城市环境的优化弥补环境与交通的短板。包括加强重点区域环境整治。强化成片整治和综合执法，消除违法排污、违法用地、违法建筑、违法经营、违法居住问题，完成一批环境污染严重的重点区域生态环境综合治理。加强交通拥堵治理。在优化机动车牌照拍卖环节的同时，着重提高保有环节成本，借鉴日本有车位方能购车和伦敦道路拥挤收费等做法，研究出台调控政策，并视情延长外牌车辆限行时间和路段。

三是要营造大众创业、万众创新的供给侧激励政策。2014 年 9 月，在夏季达沃斯论坛上，李克强总理提出了“大众创业、万众创新”的设想，希望在我国 960 万平方千米土地上掀起“大众创业”“草根创业”的新浪潮，形成“万众创新”“人人创新”的新势态。此后，众创成为 2015 年中国《政府工作报告》的关键词之一。2015 年 6 月，国务院以国发[2015]32 号文印发了《关于大力推进大众创业万众创新若干政策措施的意见》，进一步改革完善相关体制机制，构建普惠性政策扶持体系，推动资金链引导的创新链、产业链和就业链发展。与此相配套国务院建立了由国家发改委牵头的推进大众创业、万众创新部际联席会议制度，作为推进众创的常设机制。2018 年 9 月，国务院再次下发《关于推进创新创业高质量发展，打造“双创”升级版的意见》，进一步加大支持“双创”的力度。中央和各省市纷纷通过简政放权、放管结合，强化服务等方式，为“双创”清障搭台，释放经济增长的新活力。要在解放创新者，明确企业家、研究者在科技成果研发和转化中的主体地位的前提下，通过完善市场机制，加快科技成果向产业化、市场化转化的步伐加强消费市场对创新行为的引导，形成创新供给与市场需求的良性互动。

(四) 加快各类改革举措的推进，为供给侧改革创造优良的社会生态环境

一是破除垄断以刺激投资需求提升供给效率的政策。首先是要推动国有企业改革，在加大混合所有制改革的力度的同时，进一步放宽民间资本投资领域，要允许民间资本进入这些垄断产业进行投资与经营。其次是负面清单管理，即借助上海自贸区改革的契机，推动“法无禁止即可为”，让民间资本进入更广阔的投融资领域。要围绕投融资体制改革，推动投资主体多元化，让社会资本进入一些具有自然垄断性质，过去以政府资金和国企投资为主导的领域，如铁路、港口、交通等基础设施新一代信息基础设施，重大水电风电光伏发电等工程，鼓励和吸收社会资本以合资、独资、特许经营等方式参与建设与运营。再次是推动和完善普惠制金融体系的建设，切实降低广大中小微企业的融资成本。这既可以丰富产品的供给类型，更能够拉动投资需求的增长，从而有效支持实体经济和产业的转型升级。

二是差别化减税降负提升企业和居民生产和消费的积极性。我国政府收入不仅包括财政预算内税收和收费，而且还包括土地出让金、人社部门社保费收入和其他预算外收入等。有研究者估计，中国目前的宏观税负约为 34%，高于大部分发展中国家，几乎和发达国家接近。而上海各类税费负担率在全国位居前列。且目

前税收结构不合理，大量是间接税、流转税，主要是向生产经营环节征税，直接征收的税很少，这样会影响创业，特别是影响小微企业和制造业，对创业、增加就业都不利。因此，降税既能够起到降低企业生产成本、调动企业生产积极性的作用，同时也能够通过将收入向民间倾斜提高人们整体收入水平，拉动消费增长。降税首选目标主体就是对广大中小微企业的减税，要进一步扩大中小微企业税收优惠范围，加大减免税的力度。其次是强化税收制度的收入调节功能，包括改革个人所得税，开征房地产税、遗产和赠予税等，在提高中低收入人群整体收入水平的同时，提高高收入人群的税负比重。再次是研究税率整体性下调的可能性，如在现有水平下能否降低增值税和营业税的税率水平等。最后，与新的“财权和事权相匹配”的财政分权制度改革相匹配的税收体制改革也将同步进行。

三是要简政放权，为市场营造公开公平公正的环境。首先要减少政府的过度干预，简政放权，要通过实施权力清单和责任清单，完成政府职能从“重管理，轻服务”向“服务与管理并重”转变，避免政府乱作为、不作为等事情的发生。其次是要加强社会诚信建设，加大对假冒伪劣商品的打击力度，加大对知识产权的保护力度，提升高端消费品的供给生产和国内消费能力。再次是重视服务体系建设，重视市场对企业发展方向的引导并营造公平的发展环境，激发市场的活力。最后要加强法制建设，坚持按照依法行政、依法经营的原则推动经济社会全面转型升级。

第三篇　战略性新兴产业初创企业成长规律及融资需求研究

在2016年12月19日国务院发布的《"十三五"国家战略性新兴产业发展规划》中，明确提出到2020年，以新一代信息技术、高端制造、生物、绿色低碳、数字创意等为代表的战略性新兴产业增加值占国内生产总值比重要达到15%，上述5个产业产值规模要达到10万亿元，成为未来经济增长的新支柱。金融对上述战略性新兴产业发展的支撑体现在一方面要提高企业直接融资比重，在进一步完善多层次资本市场体系外，大力发展创业投资和天使投资，还包括债券融资（如小微企业增信集合债券和中小企业集合票据），保险公司、社会保险基金和其他机构投资者参与战略性新兴产业创业投资、股权投资基金和投贷联动等。另一方面，也提出要加强金融产品和服务创新，包括战略性新兴产业投融资信息服务平台、知识产权质押融资、股权质押融资、供应链融资、科技保险等①。

要推动金融创新，首先就要了解产业特征，研究不同战略性新兴产业的发展规律和成长特征，为此，本部分的研究选取战略性新兴产业中的两个重要产业——生物医药产业和数字创意产业展开相关问题研究，并提出相关对策建议。

① 上述内容来自《"十三五"国家战略性新兴产业发展规划》。

第六章 金融支持初创企业发展思路研究

初创企业往往以中小企业为主，而中小企业又是中国经济发展和社会稳定的重要力量之一。以上海为例，2010—2016 年，上海法人中小企业户数从 34.29 万户增加到 45 万户，占全市企业数量的近 99%；从业人数从 822.48 万人增加到 910 多万人，占全市企业就业人数的 75.21%；实收资本从 25 707.9 亿元增加到 38 901.87 亿元，营业收入从 63 863.5 亿元增加到 101 276.27 亿元，占全市企业营业收入的 61.30%；中小企业进出口总额从 2 174 亿美元增加到 2 807 亿美元，其中出口从 906 亿美元增加到 1 169 亿美元，占全市进出口总额的 63.6%。非公领域中小企业（指非国有、集体中小企业）已占到全市中小企业总数的 96%，占到非公领域企业总数的 99%以上。上海中小企业纳税总额达 4 923 亿元，占全市纳税总额的 45%[①]。但是，融资问题一直是中小企业发展面临的主要问题之一，如 2017 年阿里研究院对国内 3 000 多家中小企业的调研显示，缺乏专门针对中小企业的金融税收政策是中小企业发展过程中最主要的瓶颈问题（56.5%），其次才是宏观经济（45.3%）、人才（35.7%）和技术（29.8%）等问题[②]。因此，金融支持实体经济的发展，首先需要解决的就是金融对初创期中小企业等的普惠性金融支持问题。

一、绪论与文献综述

自 2003 年时任联合国秘书长安南提出支持中小企业发展的普惠金融以来，解

---

① 资料来源：上海市经济信息化委员会编.《上海中小企业发展报告(2017)》。

② 资料来源：阿里研究院 http://www.aliresearch.com/。

决中小企业的资金难题一直是党中央高度关心的问题之一。2015 年 7 月和 11 月，习近平总书记先后两次强调了发展普惠金融，疏通金融进入实体经济特别是中小企业、小微企业的管道。周小川曾提出普惠金融的四个目标，即家庭和企业以合理的成本获取较广泛的金融服务，金融机构稳健，金融业实现可持续发展和增强金融服务的竞争性。

有关中小企业的理论研究也非常多，如陈志和陈柳(2000)通过对中小企业融资渠道、融资效益的分析发现当前中小企业融资改革着力点在于融资体系的发展完善上，因此解决中小企业融资问题的关键还是在于不断进行金融创新实现融资。李伟等(2004)认为中小企业融资难主要是难在从国有商业银行和资本市场上融资困难，原因是资本市场上较严格的信息披露机制。徐洪水(2001)认为中小企业融资难的问题主要源于中小企业信用短缺、政府信息不对称、银行收益和激励的不对称以及资金的过度需求。此外，王朝弟(2003)、辛树人和向珂(2004)、林毅夫和孙希芳(2005)等都有过系统分析。

研究者纷纷为解决中小企业融资问题提供新的思路，如林毅夫和李永军(2001)认为不同的金融机构给不同规模的企业提供金融服务的成本和效率是不一样的，因此，大力发展和完善中小金融机构是解决我国中小企业融资难问题的根本出路。提出类似建议的还有姚耀军和董钢锋(2015)、刘畅等(2017)。郭斌和刘曼路(2001)以温州为例对中小企业发展与民间金融互动关系问题进行了实证分析，发现中小企业特别是规模居中的中小企业对民间金融有着较为明显的需求，因此，政府需要建立多元化的中小企业融资服务体系，引导民间金融组织规范化运作，才能从根本上解决中小企业的融资问题。虞群娥和李爱喜(2007)在分析杭州民间融资时也有类似意见。林毅夫和孙希芳(2005)从信息的角度入手，认为由于中小企业信息不透明，且难以提供充分的担保或抵押，所以很难从正规金融机构获得资金，而非正规金融则在收集关于中小企业的“软信息”方面具有优势。这种信息优势是非正规金融广泛存在的根本性原因。宋华和卢强(2017)发现中小企业在供应链网络中的强连接和弱连接对于提高其能力和融资绩效具有重要作用，特别是弱连接更利于供应链融资的实现，因此他们提出中小企业要实现良好的供应链融资，或者需要具有较强的供应链整合能力，或者需要具有很好的创新能力。边文龙等(2017)发现金融市场竞争程度的提高有助于促进金融机构发放中小企业贷款。

在研究中小企业融资问题的过程中，研究者们发现融资与企业生命周期有着密切的关系，由于“高新技术企业在不同发展阶段，其风险完全不同，所以，高新技术企业在不同的发展阶段应该选择不同的对象，采取不同的方式进行融资”(钱海章，1999)。这方面的研究已经很多，如张捷和王霄(2002)对中美两国中小企业融资结构的比较验证了金融成长周期规律对中国中小企业的适用性。曹裕等(2009)的研究表明,长期负债率在成长期相对较高,短期负债率在成熟期相对于成长期与衰退期都较高,但与成长期的差别较小。黄宏斌等(2016)也发现成长期企业融资约束程度最大,但可以利用投资者情绪择时融资,而成长期企业更偏好利用股权融资缓解融资约束,成熟期企业更偏好利用债券融资缓解融资约束。而针对中小企业融资,中小银行起到了重要作用,正如 2013 年 11 月十八届三中全会《中共中央关于全面深化改革若干重大问题的决定》明确提出"在加强监管前提下,允许具备条件的民间资本依法发起设立中小型银行等金融机构"。此外,习近平总书记在 2015 年多次提出要"放宽民间资本进入金融领域的限制,更好支持实体经济发展",要"发展一批民间资本控股的商业银行,降低准入门槛,实现民营银行设立常态化"。因此,本章的目的就是基于生命周期理论讨论中小银行对中小企业融资的影响。

本章分为六个部分:第一部分是绪论与文献综述;第二部分分析了中国中小企业当前的融资状况,并对中小企业融资中融资缺口产生的原因进行了分析;第三部分建立了基于生命周期理论的中小企业融资理论框架;第四部分研究了民资银行解决中小企业融资的可行性问题;第五部分研究了民资银行设立过程中的发展模式、市场竞争、持牌等现实问题,并提出关于上述问题的对策建议。

二、目前中国中小企业融资现状分析

大多数中小企业在原始资本积累阶段,底子薄、自有资源少,民间融资渠道不畅通,往往很难获得发展中所需的资金。我国的中小企业最急需解决的就是融资难问题,因此,一般理论上都提出,民资中小银行的设立,其首要职能就是解决中小企业融资难的问题。

人民银行公布的数据显示,2017 年末,金融机构人民币各项贷款余额 120.1 万亿元,全年增加 13.5 万亿元。其中用丁人民币小微企业贷款余额 24.3 万亿元,比同期大型和中型企业贷款增速分别高 3.8 和 5.8 个百分点。小微企业贷款余额占企业贷款余额的 33%,全年小微企业贷款增加 3.4 万亿元,同比多增 3 967 亿元,增量占同期企业新增贷款的 39.9%(见表 6-1)。中小企业融资总额虽然增长迅速,但是融资缺口仍然巨大,如仅以深圳为例,其中小企业中约有 75%存在不同程度的融资需求难以解决,资金缺口约 6 000 亿元,缺口比例达 43%[①]。深圳是目

① 深圳中小企业融资缺口超 6 000 亿[N]. 南方日报,2013-06-19.

前国内金融市场最为发达，资金供给也相对最丰富的地区之一，国内其他地区中小企业的融资缺口可能更大，如果按照这一比例推广到全国，预计国内中小企业的融资缺口可能在10万亿元以上。

表6-1 全国金融机构中小企业贷款情况

	2012	2015	2016	2017
小微企业贷款余额(万亿元)	11.58	17.39	20.84	24.3
小微企业贷款余额占全部企业比重(%)	28.6	31.2	32.1	33
小微企业贷款余额增速(%)	16.6	13.9	16	16.4
新增贷款(万亿元)	1.64	2.11	3	3.4
新增贷款占企业新增比重(%)	34.6	38.1	49.1	39.9

资料来源：中国人民银行。《金融机构贷款投向统计报告》每年第四季度报告。

为什么在中小企业融资中会存在如此巨大的融资缺口，又该如何解决呢？当前有两种不同的观点和理论主张：一种认为，通过大力发展中小金融，特别是中小银行，可以解决中小企业的融资难题；另一种观点则正好相反，认为大银行方才具有对中小企业的融资优势。

具体来看，前者观点持有者的研究发现，美国独立社区银行家协会统计显示，目前全美有7 000多家社区金融机构拥有大约5万个营业网点，其中一半分布在农村地区，29%分布在城市的郊区，17%分布在城市，其中58.9%的资金规模在1亿～10亿美元之间，但却在中小企业贷款中占据着60%的市场份额，金融危机期间甚至一度达到70%。而后者观点的支持者认为，随着信息技术的发展以及金融体系竞争的加剧，中小银行在中小企业融资方面的优势正在丧失，他们从以下两方面进行了论述。

首先是从信息传输的距离进行研究，驳斥了中小银行解决中小企业融资的想法。如Meyer(1998)对银行分支机构的密度和距离进行了分析认为：虽然中小企业业务规模不大，但与银行业务来往比较频繁。一般而言，大银行在规模和分支机构方面占有优势，特别是在大城市，大银行的网点明显比小银行多。为了节约更多的交通成本和时间成本，中小企业会选择8公里之内的银行。但这种距离的分割正随着信息技术的进步而被改变，远距离的贷款人虽然可能无法拥有较多的关于借款人的“软”信息，但技术的进步使得贷款人能够更为便利地获取借款人贷款可行性的“硬”信息，从而可能为远距离提供贷款创造条件，从而弱化距离对信贷行为的影响(Petersen & Rajan, 1994)。

其次从银行信贷技术的角度，对中小银行解决中小企业融资难题提出了质疑。如 Jayaratne & Wolken(1999)的研究发现，在短期内某一地区较少的小银行数量与该地区小企业贷款难状况存在某种联系，但长期来看这种相关性不明显。Ongena & Smith(2000)也发现，许多金融交易通过自动化的、匿名的市场方式进行，关系型融资已经越来越不重要。Bassett & Brady(2001)的研究发现，小银行较大银行在负债上更为依赖于存款，小银行的竞争优势正在被削弱。程海波等(2005)运用资本结构理论、关系型贷款理论和商业信贷理论对上海非国有中小企业的资本结构和银行贷款模式进行了经验分析，发现中小企业与国内外上市公司在资本结构方面的差异并不显著，而中小企业融资成本高的原因是由于中小企业只有在应付款不足时才会利用短期借款，而短期借款往往表现出期限短、变化大和成本高的特点。且中小企业借款普遍与多家银行保持联系，如美国有 18%的企业从一家以上的银行贷款，这种借贷关系的不稳定性也导致其贷款利率升高(Petersen & Rajan，1994)。正因为中小企业融资成本高是由于上述原因造成的，因此引入中小银行等金融机构来解决中小企业融资困难是不可行的。翁舟杰和杨纮铸(2012)的研究也表明，至少在国内，大型商业银行在对中小企业贷款方面反而具有一定优势。朱建武和李华晶(2007)通过对我国 25 家中小银行与国际 25 家最大银行、国外 25 家中小银行经营绩效的比较分析，发现我国中小银行盈利性和安全性指标明显较低，且与国外同业的差距正在逐步加大，在国内的优势也正在逐步丧失。袁增霆和蔡真(2010)也有类似观点，认为在当前环境下，考虑贷款技术进步及市场竞争，大型金融机构天生不适合为中小企业服务的宿命论可能不相适宜。张晓玫和钟桢(2013)的研究结果也表明与大银行相比，小银行同上市中小企业的银企关系度更弱，因此，中小银行需要有选择地定位自己的服务对象。

三、中小银行解决中小企业融资的理论分析——企业生命周期的视角

根据企业成长的不同阶段，企业生命周期理论一般将企业分为初创期、成长期、成熟期和衰退期[①]。在不同成长阶段企业具有不同风险特征，因此也需要不同的融资方式与之相匹配(见图 6 - 1)。

---

① 钱海章(1999)认为初创期企业销售增速为 1%～2%，成长期企业销售增速为 8%～20%，成熟期企业销售增速为 4%～6%，衰退期企业销售增速为－10%～2%。

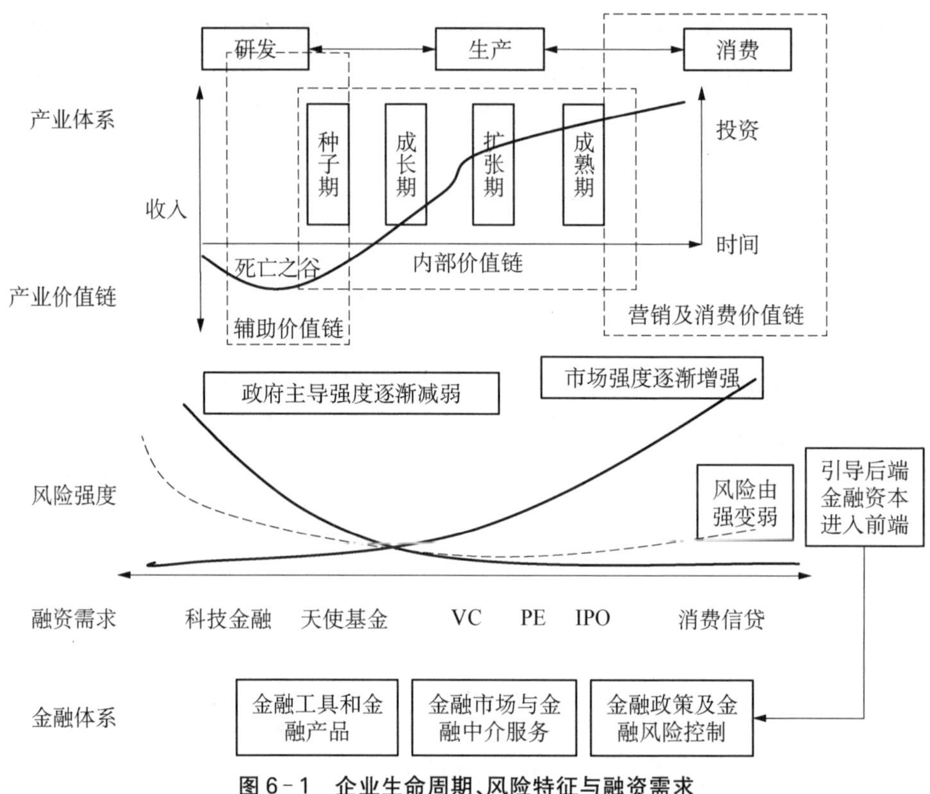

图6-1　企业生命周期、风险特征与融资需求

其中初创期的特征是此时企业需要用较长的时间和较多的资金向消费者推广产品，所以往往支出大于收益。这一阶段企业拥有的人财物等资源都比较匮乏，且由于其资产规模小，缺乏业务记录和财务审计，企业信息封闭等，因而外源融资获得性很低，企业主要依赖内源融资。

成长期企业由于产品获得消费者认可，其销售可能会快速增长，由于其是新产品，市场空间也较大。销售爆炸式的增长往往会带来高额利润，企业生产能力快速扩张，资金需求较大。此时的企业并无充足的现金流量，且处于一个强劲的上升和扩张时期，面临各种资源的紧张局面，需要较多的投资资金，因而利用债务融资成为必然。企业由于在社会上被广泛认知而使得举债的渠道相应增加，同时企业发展势头良好，盈利能力强也使得各类银行和金融机构愿意提供资金。

成熟期的企业销售增长缓慢，生产能力达到高峰，但行业可能出现过剩，价格和利润可能出现下滑趋势。企业此阶段的主要问题已不是生存，而是如何延长成熟期。企业通过前阶段的积累有了一定的权益资金，对外界举债筹集的资金依赖相对下降，同时销售额增速下降也是企业逐渐萎缩的征兆。因此处于成熟期的企业会选择适度负债和风险较小的融资方式。

衰退期的企业在供应、销售或服务上均可能出现下降趋势，市场占有率和利润率下降，财务状况开始恶化，负债增加等，种种不利的条件使企业筹资非常困难。不但如此，债权人甚至会因为担心企业破产清算而要求提前偿还债务。企业前期积累的资金大部分偿还债务以及维持企业的持续经营。此时企业负债可能会有所下降，同时企业可能进行资产重组以改善形势。

从上述对中小企业融资的现状分析中，我们知道，由于大部分中小企业处于初创期和成长期的早期，因此其面临较大的风险，需要引入天使基金、风险投资资金等能够承担更大风险的民间资本的参与。而中小型民资银行无疑是解决中小企业融资问题的另一条路径。

四、以民资中小银行解决中小企业融资的可行性分析

中小企业融资存在巨大的融资缺口，而以大力发展民资中小银行来解决中小企业的融资难题是一条较为现实可行的途径。

目前，随着金融改革的逐渐深化，民间资本参与金融体系建设特别是建立民资中小商业银行的步伐越来越快。在 2013 年 7 月国务院办公厅发布的“金融国十条”明确提出要尝试由民间资本发起设立自担风险的民资中小银行后，我国又先后在十八届三中全会的《中共中央关于全面深化改革若干重大问题的决定》中予以重申，中国人民银行和银保监会等金融监管机构推进民资中小商业银行的措施也在逐渐推出，民资银行的政策壁垒在逐渐清除。但在民资银行建立的过程中，还存在一些问题如市场定位、推进路径、业务范围和风险监控等需要我们做进一步的思考和研究。因此，本章力图总结和分析研究者们对民资中小银行建立过程的研究论点，结合中国当前中小企业融资现状和问题，对民间资本投资中小银行过程中的实际问题提出对策和建议。

(一) 以民资中小银行促进中小企业融资的可行性分析

(1) 从规模匹配视角来看，研究者们主要是从信息、成本、技术等视角出发来研究中小银行与中小企业融资之间的关系。如 Stiglitz & Weiss(1981)认为信息不对称会增加信贷成本，以覆盖和控制可能出现的道德风险和逆向选择风险，并直接导致信贷配给或融资缺口的出现，而小企业与大企业相比，由于没有标准化的财务报表，信息相对不够透明，搜寻成本相对较高，因此融资能力较低。Berger & Udell(2006)的研究也表明，大银行对小银行的吞并或大银行之间的合并倾向于减少对中小企业的贷款源于大型银行和中小银行的信息识别方法不同。Strahan &

Weston(1998)的研究表明小银行在合并之初会由于银行抗风险能力增强而向小企业提供更多贷款，但随着规模进一步扩大，对小企业的贷款比率会下降，银行对中小企业贷款与银行规模之间存在很强的负相关关系，而 Peek & Rosengren (1996)的研究则证明大银行对小银行的吞并或大银行之间的合并倾向于减少对中小企业的贷款。同时，在银行业比较集中的地区，中小企业即使能够顺利获得贷款也必须付出较高的代价(Meyer, 1998)。

此外，研究者也发现，美国资产规模小于1亿美元的小型银行对中小企业的贷款占其对全部工商企业贷款的96.7%和其总资产的8.9%，而资产规模大于50亿美元的大型银行的上述比率则分别为16.9%和2.9%，小银行比大银行更倾向于中小企业(Jayaratne & Wolken, 1999)。而造成这一结果的原因主要是由于中小金融机构在为中小企业提供服务方面拥有信息上的优势，这一方面是由于中小金融机构与中小企业长期互动，中小金融机构一般是地方性金融机构，专门为地方中小企业服务。通过长期的合作，中小金融机构对地方中小企业经营状况的了解程度逐渐增加。这就有助于解决存在于中小金融机构与中小企业之间的信息不对称问题；另一方面则是“共同监督”，即中小企业之间会实施自我监督，这种监督要比金融机构的监督更加有效(Banerjee et al., 1994)。

(2) 从关系型贷款的视角来看，众多的研究者发现，小企业与中小金融机构之间的关系显著影响其借贷成本，从而影响其融资数量(Petersen & Rajan, 1994)。Banerjee et al. (1994)在研究德国信用合作社案例时也发现信用合作社等地方中小金融机构对中小企业的支持更具有“长期互动”和“共同监督”的特征，这在很大程度上解决了信贷双方信息不对称的问题。在此基础上，Berger & Udell(1998)验证了小企业与中小银行之间的关系型借贷使中小银行在为小企业提供金融服务时，比大银行更具有信息优势，更倾向于向中小企业提供贷款，并由此提出了“小银行优势”假说。国内的一些研究也支持了同样的观点。张捷(2002)认为小银行由于其具有地域性和社区性特征，可以通过长期与中小企业保持密切的近距离接触，来获得各种非公开的“软”信息，因而在向信息不透明的中小企业发放关系型贷款上拥有优势。邹薇(2009)认为中小型金融机构在为中小企业提供金融服务方面具有的比较优势更多地体现在关系型贷款上，而由于中小企业的普遍不透明性，决定了绝大多数的中小企业只能通过这种关系型信贷获得融资支持。姚铮等(2013)通过泰隆银行的案例研究，也归纳出了与小微企业货款相关的社会网络关系特征。

(3) 从资源禀赋角度出发，林毅夫和李永军(2001)研究了我国中小金融机构在防范风险方面的信息优势之后也认为，不同的金融机构给不同规模的企业提供金融服务的成本和效率是不一样的。大型金融机构倾向于较少地为中小企业提供融资。李志赟(2002)发现中小企业的非匀质性、贷款抵押和交易成本是影响中小企业从银行获得信贷的三个主要因素，而中小金融机构的信息优势、数量和中小企业的融资总额之间存在着正向关系，因此引入中小金融机构将使中小企业得到的信贷增加。

(4) 从信贷市场分割的视角来看(邢哲和宋志清，2010)，中国中小银行的信贷成本低于大型商业银行，所以不能依靠大型银行解决中小企业融资难问题。田厚平和刘长贤(2010)认为在垄断性借贷市场中，可抵押资产存在一个临界阈值，低于该阈值的企业将面临信贷配给，而在竞争性借贷市场，银行会降低对于企业的抵押品要求，从而使中小企业融资难问题得到缓解。

(5) 从结构匹配方面来看，众多的研究者发现，小银行在组织结构上具有比较优势，由于相对于大银行而言，小银行结构比较简单，其贷款对象具有区域性，可以通过种种途径获得中小企业没有公开的相关信息，与中小企业保持长期的合作关系，因此在信息不对称的大背景下，比大银行更具有比较优势(Berger & Udell, 2006)。Cestone & White(2003)的研究也发现伴随银行竞争度的下降，银行没有动力为新借款者放贷，高集中度的银行业市场结构成为新企业生成的金融限制因素。Beck et al.(2006)利用54个国家的统计数据研究发现金融市场竞争程度的提高有利于中小企业的生成。同样，Cetorelli & Strahan(2006)则发现美国放松银行业地域管制后银行业竞争变得更为激烈，反而促进了中小企业的生成。Bertrand等(2007)在研究法国银行业放松管制的结果时也得出了同样的结论。

可见，金融结构与产业发展结构相匹配。国内的研究也有同样观点，如林毅夫等(2006)提出了“最优金融结构理论”，认为评价一国在一定发展阶段的金融结构是否有效的标准，不是该国金融结构与发达经济金融体系的差异，而是要在特定的经济环境中考察金融结构，本国金融结构需要与现阶段的要素禀赋结构所决定的实体经济结构相适应。袁增霆等(2010)对人民银行货币信贷管理处采集的31个省、直辖市和自治区调查问卷信息分析后也认为，小企业融资难问题的关键是金融结构导致的大企业对小企业的挤出效应，以及由此形成的小企业高不良率的路径依赖，并建议将小企业从“中小企业”范畴中分离出来予以单独对待。雷震和彭欣(2010)运用中国30个省市(区)1995—2006年的面板数据对银行业市场结构与中小企业生成之间的关系进行研究，也发现二者之间确实存在正向因果关系，即银行业的内在结构要很好地与所处的实体经济环境相匹配。

因此，解决中小企业融资问题就是要：鼓励中小银行的发展，提高中小银行在银行业中的比例，建立与经济结构相匹配的银行业市场结构。

(二) 中国具有以民资中小银行解决中小企业融资难题的现实条件

在目前我国金融资源短缺的背景下，中小银行的增加对于增加金融总量从而加大对中小企业融资的直接促进作用具有现实意义。

事实上，对中小企业资金上的支持是目前中国商业银行体系普遍认可的一个命题。2013 年 12 月 23 日中国银行业协会发布的《中国银行家调查报告(2013)》显示，87.3%的银行家将小微企业作为首选发展客户群，小微企业受银行家的关注大幅提升，超过大中型企业客户 50 余个百分点。从 2010—2013 年国内中小银行与大型银行的不良贷款比率对比来看(见表 6-2)，除农村商业银行外，其他银行都优于大型银行，而从经济效益上来看，中小银行与大型银行不存在太大差异。

表 6-2 不良贷款比率对比(%)

	2015	2016	2017	2018
大型银行	1.66	1.68	1.53	1.14
股份制银行	1.53	1.74	1.71	1.71
城市商业银行	1.40	1.48	1.52	1.79
农商行	2.48	2.49	3.16	3.96
外资银行	1.15	0.93	0.7	0.69

资料来源：银保监会网站。

从我国现有中小企业的融资效益上来看，不同融资渠道的金融供给对企业发展扩张和企业效益提升没有显著影响，因此，对中小企业而言，目前最重要的是要增加金融供给，完善中小企业金融服务体系(田秀娟，2009)。而从我国金融机构的资产结构来看(见图 6-2)，通过增加中小银行的数量能够更多地增加金融供给数量，从而解决中小企业的资金供给问题。

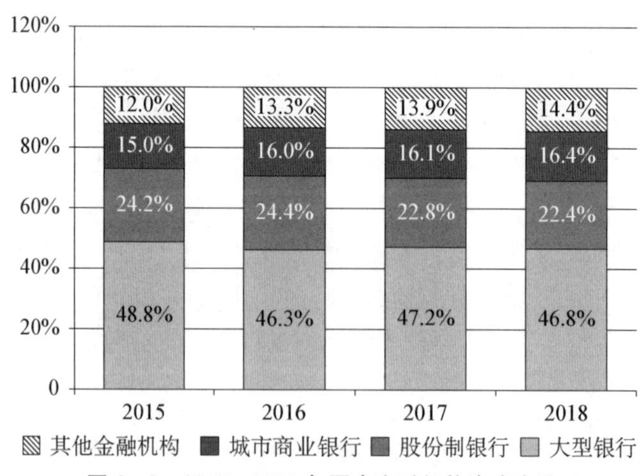

图 6-2 2015—2018 年国内金融机构资产占比

资料来源：银保监会网站。

要多渠道多层次发挥中小银行的优势，解决中小企业的融资问题。中小银行内生于现有制度安排，内生于民营经济不断发展，因此，它实际上具有六个方面的优势：经营效率优势、体制优势、草根优势、成本优势、金融创新优势和技术后发优势。而我国各地经济发展很不平衡，具有很强的区域性特征，因此发展以区域性服务为主的中小银行恰好适应了我国的这一客观情况，有利于促进各地经济发展，满足各地不同的金融需求，增强区域经济联合。此外，外部环境对民资银行发展具有重要作用，它体现在：民营经济发达，区域经济集群特征明显。民营经济发达地区一般拥有数量众多的中小企业，政府改革和转型到位，民间资本充足，投资欲望强烈。

据银保监会统计，截至 2013 年末，全国共组建农村商业银行 468 家、农村合作银行 122 家、农村信用社 1 803 家、村镇银行 1 071 家，民间资本在农村中小金融机构中的合计持股占比达 90%[①]。截至 2013 年末，全国共有小额贷款公司 7 839 家，实收资本 7 133.39 亿元，贷款余额 8 191 亿元，全年新增贷款 2 268 亿元[②]。

中小银行与大银行之间具有错位优势，因此，需要确立差异化的市场定位和差异化的金融产品。

事实上，从目前我国银行对中小微企业的整体支持力度和强度上看，中小银行与大型银行之间并不存在明显的差异性。而从财务指标上看，大型国有银行在不良贷款比率上明显高于中小银行，而净资产收益率整体上较中小银行稍高，但这种差异并不明显，且各银行在资产负债率和主营业务利润率方面并无差异（见表 6-3）。这与部分学者认为中小银行与大型银行之间有显著差异的研究结果存在一定差异。

表 6-3　上市银行中小微企业贷款比率和财务指标(%)

银行名称	贷款占比	净资产收益率	资产负债率	主营业务利润率	不良贷款率
建设银行	15.02[②]	16.95	93	60.3	0.99
中国银行	23.82[②]	13.52	93.21	52.94	0.95
农业银行	9.32[②]	16.68	94.32	50.71	1.33
工商银行	51[①]	16.69	93.41	59.71	0.85
民生银行	23.07[②]	25.24	94.08	52.33	0.76

① 资料来源：银监会.鼓励社会资本发起农村商业银行[N].新华日报，2014-02-06。

② 资料来源：中国人民银行.小额贷款公司分地区情况统计表，http://www.pbc.gov.cn。

（续表）

银行名称	贷款占比	净资产收益率	资产负债率	主营业务利润率	不良贷款率
招商银行	59.29①	15.36	93.38	53.41	0.61
兴业银行③		17.02	94.61	54.37	0.43
浦发银行	52.99①	15.23	94.48	53.96	0.58
华夏银行	30②	13.58	94.68	44.42	0.88
南京银行	28②	12.96	93.75	54.59	0.83
北京银行	51①	14.15	93.54	59.51	0.59
交通银行	46.60①	11.92	92.88	50.2	0.92
光大银行	30.65①	14.4	94.65	56.37	0.74
中信银行	12.76②	14.04	93.39	53.53	0.74
平安银行	11.28②	12.32	94.89	40.99	0.95
宁波银行		15.76	94.47	53.69	0.76

资料来源：根据各上市公司2012年年报计算得出。由于各银行公布的口径不同，因此，①表示公布的是中小企业贷款余额占比；②表示公布的是小微企业贷款余额占比；③表示兴业银行公布的是小企业新增贷款余额494.83亿元，因为没有其他数据，无法计算比率。

造成这一结果的原因，一方面是国家在宏观经济政策方面对中小企业融资问题的重视和引导，使得银行机构对中小企业的重视程度有所提升；另一方面则是由于在银行业垄断格局下，中小银行在市场定位及资产负债业务上与四大国有控股银行之间没有明显差异，银行间的资产配置、业务拓展方面竞争一直存在，在这个大背景下，中小银行对中小企业的竞争优势难以发挥。

更主要的是，中小银行自身的实力决定了它们应当把中小企业作为其重点发展客户。一方面是因为中小银行规模较小、资金实力弱，无力单独承担较大项目和满足较大企业的资金需求；另一方面也源于地方性中小银行与地方经济联系密切，容易获得地方政府的支持，同时具有管理层次较少、信息反馈灵活、金融交易成本低等特点，决定了其易于为地区中小企业提供服务。

因此，在我国新的银行体系构建中，中小银行应避免与大型银行进行正面竞争。美国的社区银行在业务范围上实行差异化经营，在大银行不愿介入的居民小额零星贷款、中小企业的短期融资及不动产贷款等方面发挥了主导作用，并从中受益。这是我们应当予以借鉴学习的地方。

五、民间资本建立中小银行模式和路径分析

(一) 民资银行的发展模式

在对民资银行发展模式的研究方面，目前主要有两个视角：一个是从规模经济的视角出发，认为银行跨区域扩张的动因之一是获取规模经济，以提高效率和增强竞争力；另一个认为中小银行努力提高管理水平、改善X效率才是银行管理者追求的目标。

Berger & Udell(2002)认为美国20世纪90年代初期的银行业规模经济主要来自同一金融机构不同地区相关产品的整合效应。加利福尼亚大学的Copeland et al.(2003)也认为银行通过扩张获得的规模经济能够提高管理效率。也有部分学者认为规模扩张能够削减银行成本、提高银行的运作效率并获得财务的协同效应，从而提高银行的整体效率。

但是，更多的研究并不认可银行规模扩张带来的所谓经济效益。Carnpello(2002)发现欧洲储蓄银行通过提高规模效率所能实现的成本节约仅为7%～8%，而通过X效率的改善提高的效率却高达22%。Allen & Liu(2007)也发现加拿大六大银行扩大规模所实现的成本节约只有6%，而通过科技进步、监督制度变化带来的成本节约为10%。因此，研究者们认为，努力提高管理水平、改善X效率才是银行管理者追求的目标。国内的研究也基本上支持了上述观点，如张希安(2006)认为中小银行与中小企业之间存在强烈的“软信息”关联，而这种关联具有地域性，一旦中小银行向大银行看齐，或成为地方政府的“二财政”机构则其系统性风险将不可逆转地上升。范香梅等(2010)、邱兆祥和范香梅(2009)的研究也表明大银行地域多元化有利于提高交易型业务的规模经济与降低风险，而中小银行因关系型业务的异质性不易产生规模经济，对其特有的地域集中与产品单一风险的分散作用也有限，且不利于关系型业务的开展。因此，大银行与小银行存在业务区分，其经营战略也要因地制宜，两者的业务应相互补充，而不是同质竞争关系。傅勇(2011)认为中小金融机构在规模、资金、技术、人才和业务等方面与四大国有商业银行都有明显的差距，因此，需要尽快走出与国有商业银行在传统业务领域竞争的误区，明确市场定位和长远制度规划，找到自己的分层提纯空间，应主要围绕服务地方经济、服务当地中小企业和服务城市居民做文章，以“小、精、专、新、快”为主，不要盲目地通过跨区域增设网点等粗放式经营模式来扩张业务。孙霭(2011)在分析了中国主要中小银行的规模现状和特色业务后发现，中小银行在资产规模、机

构、员工数量、收入和盈利增长以及风险管理方面的规模优势都不明显，因此单纯靠扩张规模很难获得竞争优势，但中小银行在开发和改进差异化产品方面具有很大的发展空间，其区域特色也能使之保持一定的竞争优势。张望（2010）、刘宏海（2011）都提出了类似观点。高明华（2008）甚至大胆地提出了通过立法限制中小金融机构的经营地域和发展规模及限制其为大企业融资的建议。

综合上述观点，我们认为，对于中国未来民资中小银行的发展模式选择上，内涵式发展更适合中国中小银行的特征和中小企业的融资需求。而实际上，国外对中小银行扩张并不限制，如美国的社区银行在巩固传统中小企业贷款业务优势的同时，进行稳步的地域扩张和有选择性的业务创新，通过并购实现新网点和新业务相结合，提升原有网点的运营效率，实现有效价值增值，同时通过规模化扩张，帮助中小企业在新的台阶上突破新业务的规模瓶颈，从而摊销并购成本。但也有一些国家对中小银行扩张有些限制，如德国对其中小银行——储蓄银行限制较多，只能通过与邻近分行合并来扩大经营区域。

因此，借鉴其他国家在中小银行经营和管理方面的先进经验，将是我国民资中小银行的发展方向。

(二) 民资银行的市场竞争

对于民资中小银行的市场竞争问题，各方学者们早有研究。目前在理论界，已有观点大致可分为以下两种。

1. 市场竞争不利论

这种观点认为，在资金价格（即存贷款利率）受到严格管制的垄断市场中，银行间的竞争将会导致银行体系风险水平的不断上升与资产规模的不断扩张，而不是经营绩效的持续提升。

如 Economides et al.（1996）从银行监管的角度构建了垄断竞争市场下大银行与小银行的竞争模型，他们认为垄断市场结构下大银行具有规模扩张的成本优势和规模竞争优势，而中小银行在成本和规模上均处于劣势，因而垄断竞争阻碍了中小银行的发展。因此，只有有效的存款保险监管才有助于中小银行的发展。

国内的一些研究也认为银行业的激烈竞争在银行业垄断市场格局下不利于中小银行的发展。如刘伟与黄桂田（2003）通过国际比较发现，由于各类银行进入市场时间上的差异性所带来的市场份额的差异性，因此，中国银行业的垄断程度虽然不高，但存在着激烈竞争与低效率并存的现象。朱建武（2006）发现，银行业垄断格局加剧了银行间在资产配置、业务拓展方面的竞争，由于中小银行在市场定位及资产负债业务上与四大国有控股银行之间没有明显差异，但在规模、信誉、技术等方面存在明显的竞争劣势及监管滞后，这导致了中小银行经营风险不断上升，不良资产居高不下，盈利水平和资产质量持续下降。

2. 市场竞争优势论

持此种观点的研究者发现，适度的市场竞争能够提高中小企业的融资能力，并促进经济增长。如 Freixas & Roche(1997)的研究发现，增加银行业的竞争可以便利贷款、降低融资成本，使借款人受惠。同时，竞争增加也提高了银行部门的运行效率，使资源更有效分配，促进更快的经济增长。Jayaratne & Wolken(1999)的研究也表明，在美国各州废除银行分支机构限制后导致的银行系统内竞争的加剧使那些效率低下的银行退出，从而提高了银行的平均效率，并促进了经济增长。Berger et al.(1999)指出，银行规模和企业规模的匹配并不意味着中小企业只能在以中小银行为主导的金融体制中才能获得贷款，而 Petersen & Rajan(1994)则进一步证明用于事后可预见的过度竞争将导致银行无法实现对中小企业贷款的跨期最优，适度竞争的银行体系更有利于中小企业获得贷款。Besanko & Thakor(1987)的分析结果支持了这一观点。国内的研究也在一定程度上支持了上述观点，贾春新等(2008)的研究表明，中国银行间的竞争通过促进投资效率促进了经济增长。

上述两种观点在本质上并不存在明显的矛盾。市场竞争不利论认为仅仅在金融市场价格垄断的情况下，竞争的加剧会带来效率的下降，而如果在非完全垄断的市场条件下，适度的市场竞争有利于银行效率的提升。我国中小银行的资产扩张并非为了追求规模经济，而是对现行金融制度环境和自身经营机制的被动适应。在这种情况下，银行只能设定更高的贷款利率，贷出数量更少的资金，扭曲实体经济部门的资源配置，阻碍企业资本积累和经济增长(朱建武，2006)。因此，要实现中小银行资产扩张的经济理性，必须从外部金融制度和自身经营机制入手加以解决。

从宏观层面讲，应当放松银行监管，提高银行业竞争程度有利于降低中小企业的贷款利率和资金运营成本，竞争性的银行业结构将导致更高的增长率(邹薇和蒋泽敏，2009)。因此，要使中小银行摆脱发展困境并得到健康发展，在宏观上就必须为其营造一个公平竞争的市场环境，逐渐打破银行体系的垄断格局，推进利率市场化，放开对资金价格的严格限制，使中小银行的非价格竞争劣势转变为价格竞争优势。

蒋海等(2008)、姜鹏(2009)研究所述的观点表明，在微观层面，需要中小银行找准自己的市场定位，进行市场化细分，并通过引入国际化的战略投资者，形成多元化的股权结构和健全的公司治理机制，提升自身的管理和经营水平，以获得更高的经营效率。

(三) 民资中小银行的持牌问题

1. 牌照类型

从目前国际的经验来看，针对专门服务中小企业的中小银行，各国和地区都实行了差异化管理。如美国对其金融机构实行不同的牌照管理制度，其中商业银行是完全的银行和金融业务牌照，分为联邦牌照和州牌照两种。设立全国性银行需要向美国货币监理署申请牌照，并需美国联邦存款保险公司监督，必须成为联邦储备系统成员。而州牌照可以不是联储成员银行，但必须拥有联邦存款保险，且接受FDIC监督。商业银行可以接受零售存款(10万美元以下)。而社区银行的范围则有特殊限制，一般只能为其存款客户提供储蓄和支票账户、网上银行、信用卡，且其存款客户仅限于其会员，此外还有贷款利率、期限、对象和投资等方面的限制(艾伦·伯格和王宇，2011)。香港《银行业条例》将金融机构分为三种类型，即银行、有限制牌照银行及接受存款公司，只有银行才可经营支票及储蓄户口的业务，而有限制牌照银行及接受存款公司在接受存款的金额及存款期上都受到限制，但在从事的贷款或投资业务种类方面没有分别。其中持牌银行是香港唯一可经营银行业务的机构。有限制牌照银行可接受50万港元及以上的定期存款、短期通知存款或通知存款，存款期不受限制，可以从事商人银行业务及资本市场活动。接受存款公司只可接受金额在10万港元或以上、原定期限最少为3个月的存款，它们大部分由银行拥有或与银行有联系，并从事多种专门业务，包括私人消费信贷、贸易融资及证券业务。

因此，在民间资本创设中小银行的过程中，从差异化错位竞争的角度出发，实行差异化的牌照制度，如对民营银行可经营的业务范围、开展业务的区域、合格存款人、吸储数额等予以一定限制，包含体现对低收入阶层保护的内容等更加适合中国的国情。

2. 牌照给予途径

目前有两种途径建议(李江，2005)，一种是由民间资本直接组建民资银行，另一种是在原有中小金融机构如村镇银行或小贷公司基础上给予牌照①。这是根据目前中国的实际情况提出的比较有针对性和可操作性的两条路径。一方面当前民间资本组建民营银行的愿望十分强烈，新组建的银行没有历史包袱，产权清晰，市场目标明确，易于内部管理和业务展开。但其缺点也非常明显，那就是管理和业务

---

① 在后一条路径上，目前也有两个思路：一种是主张按照小贷公司—村镇银行—中小银行的层次创建中小银行，也有人认为有些小贷公司业绩甚至好于村镇银行，因此这类小贷公司可以直接转变为中小银行，而不需要经过村镇银行这一过渡形式。

运营经验不足，特别是在银行的风险控制和业务网络方面与成熟的商业银行之间存在较大差距，因此，对于这类银行可以考虑先在经济发达地区进行试点，并在合适时机予以推广。另一方面，一些业务成熟、条件较好的村镇银行存在较为强烈的拓展业务的需求，由于其业务市场面临转型，将它们改造为适应当地需要的中小银行，正好可与当前中小金融机构改革相统一。由于目前我国股份制银行和城商行民间资本占比已由 2002 年的 11%和 19%，提高到 42%和 54%，农村中小金融机构的民资比例已超过 88%，还有 46 家非银机构由民间资本控股，因此该路径也容易被金融监管层采纳[①]。

3. 牌照发放进度

目前市场上普遍存在对设立民营银行的担忧，这一方面是由于金融市场本身是一个特殊的市场，民营资本投资中小银行风险性大，且专业性强，因此，这个市场不应该是充分竞争，而应是有限竞争。另一方面是在既有的金融体系下，中国的民营银行在发展初期可能很难争取到良好的市场环境。目前监管和银行内部治理都未成熟，特别是近几年来，银行业成为“高利润、零风险”的代名词，引发的逐利资本短视性会带来部分申请民营银行企业的“动机不纯”。某些企业主甚至希望民营银行做“幌子”，实则为自己的企业资金“大开方便之门”，因而容易出现关联交易和“跑路”现象。民营银行应该经过一个试点、加速和成熟时期，而试点初期的数量不应太多，只有存款保险等配套制度出台后，民营银行的推进才会进入加速和成熟期[②]，民资银行数量才可以快速增加。

---

① 数据来源于姜樊(2013)，在该报道中，中国银保监会相关领导也提出上述两种思路，一是通过引导民间资本助推银行业改造，二是引导民间资本探索设立自担风险的民营银行。

② 中央财经大学中国银行业研究中心主任郭田勇(2013)有类似观点。

第七章 中小型新兴产业企业融资需求及对策分析

在当前中国经济面临“三期叠加”和经济增长“新常态”的大背景下，中小企业正越来越成为中国国民经济和社会发展的重要力量，特别是在目前以工业化与信息化深度融合为核心的新产业革命重构全球产业发展格局的特殊时期，中小企业的重要性正在进一步增强。因此，激发中小企业活力，提升上海中小企业的竞争力是上海未来经济增长和转型的重要目标和方向之一，是上海未来经济增长的新动力。

一、中小企业发展是上海战略性新兴产业发展的重要一极

近年来，上海的中小企业数量和发展质量快速增长，已成为提高居民收入的主要载体。2010—2017 年，上海法人中小企业户数从 34.29 万户增加到 43.74 万户，增长了 27.6%，占全市法人企业总数的 99.54%；从业人数从 822.48 万人增加到 833.61 万人，增长了 1.4%，占全市企业就业人数的 73.95%；营业收入从 63 863.5 亿元增加到 119 535.62 亿元，增长了 87.2%，占全市企业营业收入的 60.84%；实收资本占全市全部企业的 77.65%。

与此同时，上海中小企业的资产结构不断优化，创新能力不断提升。截至 2017 年，上海中小企业的资本—产出比达到 2.80，比 2012 年增长了 42.9%，人均创造的营业收入为 53.88 万元，累计实现工业利润 1 315.8 亿元。中小企业的增速远远高于同期上海的经济增速，已经成为上海经济结构中的重要一环，成为上海经济增长中的重要原动力之一。

中小企业的创新能力也在不断提升，一批“新技术、新产业、新业态、新模式”的“四新”企业发展势头良好，已经成为上海科技创新的重要源泉之一。截至 2018 年

底，上海累计认定高新技术企业(含复审)9 206 家(90%以上为中小企业)，高新技术成果转化项目达到 12 118 项。2018 年，科技型中小企业达到 2.1 万家，科技小巨人企业和科技小巨人培育企业达到 1 798 家。以中小企业为主体的知识产权拥有量稳步上升，2018 年上海市企业专利申请量和授权量达到 7.88 万件和 4.41 万件，分别比 2010 年增加 3.33 万件和 9 000 多件。

上述技术创新的成果来自中小企业在科技创新方面的人才集聚和巨大的科技研发投入。截至 2013 年底，上海共有 66 名创业人员(主要是中小企业创业者)入选中央"千人计划"，其中 27 人曾获"浦江人才计划"支持；有 62 名创业人员入选上海"千人计划"，其中 13 人曾获"浦江人才计划"支持。

企业技术人才占比逐年提高，高技能人才占技能劳动者的比例已经达到了 28.06%。在 2018 年度上海市 2 103 家"专精特新"中小企业中，共有 1 398 家企业研发投入占营业收入的比例超过 3%，其中部分企业研发投入占比非常高，如上海大郡动力控制技术有限公司全年研发投入占比高达 96%，上海格什特螺杆科技有限公司也达到 90%。

目前上海中小企业已经在国内一些重要的细分行业领域中体现出了国内领先的竞争力和领导力。2018 年公布的 2 103 家"专精特新"企业中，居于全国前五位的企业共有 1 440 家，其中在细分市场占有率第 1 位的企业有 631 家，第 2 位的企业 301 家，第 3 位的企业 242 家，第 4 位的企业 60 家。在这些企业中，有 425 家企业获得"中国驰名商标""上海市著名商标"等称号，这些"专业化、精细化、特色化、新颖化"的中小企业"隐形冠军""长寿企业"正在一步步成长为新兴技术领域里的领导者和排头兵，成为新时代"上海制造"的重要承载者。

二、中小企业面临新的发展机遇

目前，上海的中小企业正面临一系列新的发展机遇，这主要体现在以下几方面。

一是新一轮科技革命和产业变革带来的个性化生产为中小企业发展带来了新机遇。随着新产业革命带来的数字化制造、智能生产和智能工厂等带来的新一轮产业革命的出现，制造业与服务业分离的产业分工模式将逐渐被改变，引领产业发展的将不是新产业领域和新的产业链环节，而是跨产业领域、跨产业链环节的新业态和新模式，从规模经济导向的集中型发展向个性化分散化制造转变，中小企业将在个性化的生产过程中获得更多的发展机遇。

二是中国经济发展进入"新常态"，宏观调控政策将会出现根本性变化，有利于中小企业做精做强。“十三五”期间，我国经济仍处于“三期叠加”阶段（增长速度换挡期、结构调整阵痛期、前期政策消化期），结构性减速通道将成为一种新常态。

三是新型城镇化和区域发展战略加快实施，国内经济发展格局将出现新的调整与变化，有利于中小企业拓展市场空间。“十三五”期间《国家新型城镇化规划（2014—2020 年）》进入关键实施阶段，城乡与区域协调发展出现新动力。

四是市场化、法治化改革将让中小企业的生存环境更加优化。十八届三中全会明确提出到 2020 年，在重要领域和关键环节改革上取得决定性成果，完成改革目标任务，形成系统完备、科学规范、运行有效的制度体系，核心就是重新树立起政府与市场的关系，市场在资源配置中的决定性作用进一步体现，构建起统一开放、竞争有序的市场体系，这将为上海中小企业发展提供公开、公正和公平的竞争环境和空间。

三、上海科技型中小企业融资现状分析

近年来，科技与金融的结合在上海受到高度重视，依托丰富的科技创新资源和金融市场资源，上海在推动科技金融体制改革和政策创新方面成效诸多，金融与创新的结合形成“鱼水之情”，迅速融合发展。

政策频出，科技与金融融合力度明显加大。上海早在 2010 年就由市财政安排 50 亿元专项资金促进科技与金融的结合，包括以 10 亿元的市级财政专项资金投资参股商业性融资担保机构，支持和引导上海市商业性融资担保机构做大做强；设立 20 亿元的科技信贷风险补偿金，帮助商业银行提高张江高新区、紫竹高新区和杨浦国家创新型城区等区域内中小科技型企业的“信贷坏账容忍度”；设立 10 亿元的投资专项资金与商业银行的“投贷”“投保”联动机制，支持和引导商业银行加大对中小企业的信贷倾斜力度。2013 年，上海修订《科技型中小企业技术创新资金管理办法》，对科技型中小企业融资信贷推出更加灵活的用前补助、后补助、贷款贴息等措施。2015 年，借助上海科创中心建设的契机，上海推出研发公共服务平台的科技创新券，加大对中小微企业研发活动的补贴力度。5 月在上海发布的《关于加快建设具有全球影响力的科技创新中心的意见》中明确了科技金融的发展方向，如科技信贷、风险投资、科技保险以及资本市场等。随后 8 月份出台的《关于促进金融服务创新支持上海科技创新中心建设的实施意见》进一步细化了推动科技金融服务创新的主要举措，提出探索投贷联动、多层次资本市场的支持作用、设立大型政策性担保基金等 8 个方面、20 条政策措施。12 月 28 日，上海股权托管交易中心正式推出“科技创新板”，这既是上海国际金融中心建设的重要内容，也是金融支

持科创中心建设的重要举措。

资本市场带动科创投资方兴未艾。资本市场作为资金、信息集聚的枢纽在科技金融建设中具有重要作用，上海在这方面也积极推动资本市场服务能力的提升，包括上海证券交易所拟在股票发行注册制框架内设立战略新兴板，上海股权托管交易中心设立科技创新板，并积极鼓励科技型企业在主板、中小板、创业板和新三板上市融资。截至 2015 年 8 月，上海企业在创业板上市 35 家，在中小板上市 28 家，其中创业板上市的企业中有 29 家得到过科技小巨人工程支持，中小板上市的企业中有 10 家受小巨人工程支持。此外，截至 2015 年 7 月底，上海在全国中小企业股份转让系统（新三板）挂牌上市的企业为 261 家，占全国的 8.55%。

资本市场上市“退出”渠道的畅通提高了创业资金投资于科技企业的热情，上海已成为全国创业投资最活跃的地区。2014 年，上海的创业投资机构管理资本总量达到 758.47 亿元，投资机构数量达到 465 家，投资案例数目达 235 起，投融资规模为 15.46 亿美元，位列全国第三，仅次于北京和广州。

科技信贷服务体系基本成形。在上海市科委主导下，上海构建了“3＋X”的科技信贷服务体系，“3”即微贷通（科技小微企业微贷通贷款）、履约保（履约保证保险贷款）和信用贷（科技小巨人信用贷款）三大核心产品，“X”指满足某类企业特质的个性化科技信贷产品。截至 2015 年上半年，“3＋X”服务体系共帮助 1 421 家科技企业获得了银行贷款 61.39 亿元。同时，上海还积极推动诸如浦发硅谷银行、传统商业银行的科技特色支行、小贷、新型金融机构等发展，已在张江、杨浦等地设立了 37 家科技特色支行，对科技型企业授信余额达到 1 300 多亿元。此外，上海还通过科技金融服务平台与 15 家银行、8 家保险公司、31 家投资公司、8 家投资咨询服务机构建立了合作关系，推出系列金融服务，提高金融与科技企业对接的效率。

四、战略性新兴产业中小企业融资存在的瓶颈问题

虽然上海在推进战略性新兴产业发展中取得了不少的成就，但仍然存在不少问题。据不完全统计，上海仍有超过四成中小企业从未在银行获得过贷款，有超过六成的中小企业目前存在着资金短缺问题。破解小微企业融资难问题，必须建立全口径、系统性的小微企业融资概念，加强顶层设计，整合各方资源，从分散式服务转向平台化推进，不断提升小微金融服务效能。这主要体现在以下几个方面。

上海科技金融市场作为国内领先市场的地位岌岌可危。2010 年，北京技术市场交易额是 1 579.5 亿元，上海市场的交易额是 431.4 亿元，北京市场交易额是上海市场的 3.66 倍，到 2014 年，北京的交易额已经达到 3 136 亿元，而上海仅

667.99亿元，北京已经是上海的4.69倍！上海市场在全国技术市场的占比从2010年的11.04%下降到2014年的7.79%，在长三角地区的主导地位已濒临消失。2010年，上海技术市场的交易合同金额是江苏的1.8倍，但是到2014年，上海与江苏省已经基本持平，与浙江的差距也在缩小。此外，上海市场作为对接国际技术市场的桥梁作用正在逐渐弱化，在对国外技术的引进方面，上海虽然仍然是目前国内成交项目最多的地区，但这一优势也面临周边地区的严峻挑战，到2013年，上海引进国外技术的金额已经落后于江苏(97.13亿元)，只有近50亿元。

金融服务科技创新成果产业化的能力还不强。目前国际上金融支持科技创新的方式正在从单一的资金注入向创新链、产业链和金融链联动、捆绑式一揽子服务转变，但目前上海科技金融服务仍然停留在知识“创新点”，即单一的科技创新要素的金融服务，缺乏从创新研发、成果孵化到产业化的全“知识创新链”的系统化、集成式的金融服务总体考虑和顶层设计，缺乏研发链、创新链、金融链之间一体化、系统性的交易整合。这导致了上海丰富的金融资源对技术成果产业化的支持力度明显不足，2001年上海高新技术产业对当年GDP增长的贡献是0.27%，而到了2010年仍然只有0.27%左右，甚至到2012年还呈现负增长，这说明上海较好的科技创新能力和金融市场资源并没有真正转化为高新技术产业发展能力，高技术产业的质量和效益没有实现同步增长。

科技金融服务的市场间缺乏对接协调。市场化交易是科技成果产业化的重要运作机制和实现方式之一，对科技创新的发展有着不可替代的推动作用。但上海交易市场的市场化程度仍然不高，特别是一些基础性的技术交易所和交易中心基本上属于政府主导的国有事业单位或国有企业性质，主要业务和盈利来源依赖政府项目的承接和国有企业产权交易项目，市场规模较小，交易环节多，审批严格，交易规则烦琐，交易成本较高。多层次的市场体系尚未形成，市场之间相互分割，缺乏有机的对接和兼容，缺乏独立性，公正性差，服务效率低。

金融中介服务能力难以满足科技金融发展的需求。虽然2014年上海金融业实现增加值2 823.29亿元，占全市生产总值的比重为13.1%，但与其相比，上海金融市场中介服务业的产值却并不大。在金融市场中介机构从业人员方面，截至2014年，上海仅有律所1 321家，律师从业人员16 900名，仅占上海常住人口的万分之6.97。在注册会计师行业，发达国家和地区每万人中注册会计师人数大多超过10人，但上海每万人中的注册会计师不到5人。因此，上海亟须根据整体规划，加快培育和发展金融市场中介服务机构，建设一支能够支撑上海国际金融中心建设的现代金融中介服务队伍。

五、推动上海战略性新兴产业融资体系不断完善的对策分析

科学技术的发展和产业化、资本的流动都不仅仅是上海一个地区的事情，基于上海的科技和金融优势，形成上海与其他区域间的科技与金融的合作与互动也是上海科创中心建设的重要内容之一。

随着上海科创中心建设的加快，金融的作用也将越来越突出。"十三五"期间，借助上海国际金融中心建设基本完成的契机，加快金融与科技创新的紧密结合势在必行。这就需要从以下几个层面入手，加快金融体系建设和完善。

推动三个层次双向互动，形成良性循环，即部市之间的互动、国际金融中心和科创中心之间"双中心"互动以及自贸区和科创中心之间的互动。由于金融往往是牵一发而动全局的重要经济部门，因此，科技金融的创新仅仅在上海一地往往难以全面推进，这就需要加强上海与中央之间的协调与沟通。同时，以自贸区建设、科创中心建设和国际金融中心建设来完善顶层设计，形成发展合力，推动各项金融改革措施的试验、出台、复制并推广。

打破金融垄断，推动普惠金融体系建设。目前中国企业的融资渠道仍然是以银行贷款方式为主，在央行全部社会融资总额的134.7万亿元存量中，来自各类金融机构（主要是银行）的本外币贷款就达到了106.2万亿元，占全部融资额的77.3%。在这些银行机构中，大型银行占主导地位，占全部存款总额的61.2%，占全部贷款总额的61.7%。所以打破现有的融资格局特别是以国有大型商业银行为主要融资渠道的垄断地位，是目前解决科技融资问题的关键。而发展机会平等和商业可持续，更加个性化、服务面更广的普惠金融是必由之路，包括鼓励广大中小微企业所有者避开长期借款、发行股票等传统融资方式，通过协商、分享等发掘个人资源、个人短期借款、亲戚借款、易物交易、准股权安排、有效资产管理、租赁设备、外源生产、需求补贴、寻求补助或资助等"自举融资"。事实上，在美国的初创企业中，有95%的企业运用过这种融资模式。当然，设立民营化、区域化的科技创业银行，民间资本发展各类风险投资和私募股权投资基金等也要大力扶持和发展。此外，围绕"普惠金融"和"自举融资"的监管模式需要相应推出。

加强市场培育，鼓励金融创新。一方面要进一步完善金融市场建设，除进一步完善以科创板、战略性新兴板为主要特征的证券市场建设之外，还要积极推动科技债券市场和创新要素交易市场的建设。事实上，已有的研究表明，在市场经济还不完善的情况下，债券市场对实体经济的推动作用比证券市场更有效，因此，要加大对科技型中小企业的债务融资的支持力度，鼓励和引导符合条件的科技型企业发

行公司债、集合债券、集合票据、区域集优票据、非金融企业短期融资券和私募债等。此外，还需要加快建立知识产权交易流转市场，建立与该市场有关的保险、担保、投资、融资、专利许可、拍卖、出资入股等多元化价值实现形式。

优化科技金融生态体系，发挥政府引导和监督作用。金融生态体系的核心内容是社会诚信体系的建设，上海要加快科技创业企业诚信数据库的建设，并形成覆盖全社会的征信系统，培育信用服务市场，推动信用评级市场发展，政府依据企业信用状况给予信用增进机制、科技担保和再担保体系等相应的政策扶持。同时，要发挥政府引导基金的作用，加强同国家新兴产业风险投资引导基金、科技型中小企业风险投资引导基金、国家科技成果转化引导基金合作与对接，并带动民间专业化的天使投资、风险投资基金的发展，从而为科技型企业提供全方位的融资服务。此外，要加强金融权益保护制度与机制建设，进一步规范金融机构业务行为，完善风险管控机制，防范金融业务创新带来侵害消费者权益的潜在风险。

推动科技与金融的跨区域合作，形成集聚和辐射能力。科学技术的发展和产业化、资本的流动都不仅仅是上海一个地区的事情，因此，基于上海的科技和金融优势，形成上海与其他区域间的科技与金融的合作与互动是上海科创中心建设的重要内容之一。这种合作既包括上海作为中国对外开放桥头堡对接国际著名金融中心和科技创新中心，拓宽与这些地区的业务创新、风险管控、人才培训、学术交流等方面的合作空间和领域，并吸引国际知名金融机构参与上海科技金融改革创新，提升上海科技金融改革创新的国际化水平，也包括推动和深化区域内金融业在机构、市场、业务、人才和监管等方面的合作，推动上海与长三角地区金融与科技的一体化发展，包括信贷市场一体化、金融信息服务一体化和要素配置市场一体化，在金融资源开发、金融设施配套、金融信息共享、金融市场开拓和金融监管司法保护合作等政策对接方面，形成金融与科技同城、金融与科技服务聚集的模式。

支持战略性新兴产业发展的政策分析——以上海中小企业扶持政策为例

长期以来，对于产业政策的研究，基本上是基于两种不同的思路提出的。一种是基于具体产业部门的扶助政策，另一种则是中性无偏的产业政策，至今上述争论没有达成一致的意见，这不仅令研究者们在理论上时常陷入激烈的论证当中，也有可能在具体政策实施中造成误导。

事实上自改革开放以来，中国的产业扶持政策中往往成功的政策大多是中性的，或者说没有明显产业偏向，特别是在大部分产业中都实行了鼓励参加国际贸易和吸引 FDI 的开放政策。从政策效果上看，这种中性产业政策极具效率。相反，一些专门针对某种产业的扶持政策最终的结果并不理想①。

这一现象在上海产业发展过程中也非常明显。自 2007 年以来，根据《上海市国民经济和社会发展第十个五年计划的建议》，结合当时上海市的产业结构特点，上海确定电子信息产品制造业、汽车制造业、石油化工及精细化工制造业、精品钢材制造业、成套设备制造业和生物医药制造业六大产业为“重点产业”，并通过一系列的政策进行重点扶持。但至今该六大重点产业的发展情况并未见明显有别于其他产业发展的地方。如 2011—2015 年，上海全部工业企业的营业收入年平均增速为 2.34%，而同期六大重点产业年平均增速仅 2.27%，甚至落后于同期上海工业企业的平均增速。与此相对照的是，同期上海的中小企业却快速增长，五年内年平均增速达到 11.7%，远远高于同期上海工业企业的增长水平。

那么，在上海中小企业发展的过程中，究竟是哪些政策推动了其创新发展呢？这些政策的效果又如何呢？我们有必要对这些政策做一个系统而全面的梳理和分析。

① 如无锡对尚德太阳能光伏的支持就是一个典型的失败案例。

一、有偏还是中性无偏的产业政策？——文献综述

研究者们很早就开始关注国家产业政策对一国产业发展的重大影响，因此，它往往作为实现发展战略的具体措施被提出来。

关于产业政策的必要性主要有以下几个方面。一是认为通过产业政策可以保护本国的优质产业，如 Bardhan(1971)和 Succar(1987)就认为由于知识溢出效应和动态规模经济，可以提高静态效率的自由贸易政策并不一定能够保证动态效率，因此，一国应该通过制定产业政策来保护某些幼稚产业。二是认为产业政策能够降低本国的协调成本，如 Scitovsky(1954)就认为一个企业的投资会降低其他企业生产投入要素的价格，从而使得这些企业获利。但是，由于协调成本的存在，私人投资的收益小于社会收益，因此，私人投资水平低于社会福利最大化的投资水平。这意味着政府应该通过产业政策来协调各个企业的投资。三是认为通过产业政策可以起到带动和引领作用，如 Hirschmann(1958)认为某个产业的投资会引起其对下游产业产品的需求，从而诱使下游产业的投资，促进经济发展。政府可以通过重点发展上游产业，利用这些产业所带来的"后向联系"来增加投资，促进经济发展，Rodrik(2004)也有类似观点。

但是，关于产业政策实施的类型、方法和手段研究者们则存在较大分歧。传统的产业政策认为，一国实施赶超战略时，其产业政策需要一系列支持优先发展产业的政策、法规，即多个产业的发展和投资项目存在优先次序，要通过行政手段把价格压低从而直接配置给优先发展的企业(Lin et al.，2006)。日本、韩国、中国台湾等地的成功经验往往成为持这一观点学者最有力的武器(Amsden & Chu，2003)。从形式上看，这类政策可以分为诱致性变迁和强制性变迁(张冰和金戈，2007)。对于发达国家，由于政府不具有关于比较优势动态变化以及下一个有前景的产业何在的信息，因此适宜采取以私人部门为主导的诱致性变迁。而在发展中国家，由于每个产业都处于世界产业链的内部，发达国家的产业结构变迁路径已经为它们提供了一个示范，不确定性大大降低了，因此，采取强制性变迁往往会优于诱致性变迁(张冰和金戈，2007；林毅夫，2007)。此外，以林毅夫为代表的一批发展经济学家基于古典经济学的比较优势原理提出，发展中国家实现产业升级的最优政策选择应该是采取遵循本国比较优势的发展战略，鼓励符合本国比较优势的产业优先发展(林毅夫和刘明兴，2004)。

世界银行较早提出中性产业政策的概念，在 1993 年发布的题为"东亚奇迹——经济增长与公共政策"的研究报告中提出功能性增长的政策分析框架

(World Bank, 1993),即促进资源积累、资源有效配置以及劳动生产率增长的政策,这些产业政策往往局限于协调信息与合作、创造良好的竞争环境等非常一般化的内容,而非对某些产业的重点培育和扶持。此后,一些学者通过理论与实证研究发现,以深化对外开放、加强产业竞争、促进产业集聚等措施为代表的,不具有特定产业指向的中性产业政策可能更为有效。如 Aghion et al. (2012)提出,那些针对不特定产业部门的扶持政策在竞争程度较高的产业中可能更为有效,利用中国1998—2007 年的工业企业数据,他们初步证实了这个假说。更多的经济学家则对经济开放带来的产业结构变迁和经济增长效应深信不疑(如 Sachs & Warner, 1995; Frankel & Romer, 1999)。此外,促进产业集群形成和壮大的政策也被视为一种有效的产业升级政策,集聚带来的技术和人力资本外溢效应构成了这一共识的理论基础(Rodríguez-Clare, 2007)。

二、上海支持中小企业创新发展的产业政策

近年来,上海的中小企业获得了迅速发展。截至 2015 年底,全市共有各类中小微型法人企业合计达到 415 868 户,占全市企业法人总数的 99.56%,实现营业收入总额 109 987.8 亿元,占全市法人企业总额的 63.5%。2011—2015 年上海中小企业数量的年平均增速达到 3.97%,营收增速达到 11.7%,均远高于同期上海企业的数量和营收增速。同时,上海中小企业的创新能力也稳步提升,如 2015 年,上海认定高新技术企业 2 089 家,大部分为中小企业。2011—2015 年,上海中小企业专利申请量累计超过 24 万件,且呈稳步增长态势,五年专利授权量将近 16 万件,且中小企业的授权专利 70%以上得到实施。

上海中小企业快速发展,其背后的政策究竟有哪些?其属性又是什么呢?上海支持中小企业发展的政策主要集中在以下六个方面。

(一) 围绕大学生和归国留学人员创业优化创业创新环境

继续稳步有序地推进上海大学生创新活动计划(以下简称"上创计划")和国家级大学生创新创业训练计划(以下简称"国创计划"),截至 2015 年"上创计划"参与学校扩展到 24 所,投入经费达到 3 100 万元,支持创新创业项目 3 100 余项。17 所市属高校的 667 个项目入选"国创计划",校、市、国家三级大学生创新创业训练计划体系已初步形成。

为鼓励归国留学人员在沪创办企业,上海于 2012 年建立了全国首个千人计划

创业园——上海“千人计划”创业园，与相关部门或区政府先后共建了张江、嘉定、漕河泾、科技创业、虹桥临空、莘闵、徐汇、宝山、杨浦、普陀、南汇 11 家留学人员创业园，其中张江、嘉定园区被原国家人事部、科技部、教育部认定为国家级留学人员创业示范基地。截至 2015 年，留学人员在沪创办企业总数达 4 800 余家，注册资金超过 7 亿美元，并且大部分具有自主知识产权，其中有 72 人入选中央“千人计划”，100 人入选上海“千人计划”。

(二) 围绕中小企业创新能力提升，完善中小企业创新体系

围绕中小企业创新能力的提升，上海主要从创新体系建设入手，按照投资主体多元化、运行机制市场化、创业服务专业化、服务体系规范化、可持续发展的原则推动技术创新体系建设。

一是建立完善的“创业苗圃＋孵化器＋加速器”中小企业创业创新孵化服务体系。累计建设创业苗圃 59 家，已培育苗圃项目 3 236 个，其中 1 458 个项目已经成立公司；建设市级孵化器 101 家(其中民营孵化器 29 家、专业孵化器 70 家)，孵化面积达 137 万平方米，在孵企业 4 765 家(毕业 1 698 家)；建设加速器 10 个，扶持企业 209 家。

二是建立和完善“专业孵化＋创业导师＋天使投资＋风险投资＋PE”的创新创业资金支持体系。依托丰富的金融资源，上海有 270 名行业专家，风险投资机构达到 341 家，金额达到 14.89 亿元，风险投资 601 宗，金额达到 257.77 亿元，PE 案例 407 宗，总投资额 786.11 亿元[①]，均居内地第二位，仅次于北京。此外，上海还围绕传统金融服务建立了“3＋X”科技信贷产品体系，与 15 家银行、8 家保险公司、31 家投资公司、8 家投资咨询服务机构建立了合作关系，为不同成长阶段的科技型中小微企业量身定制了微贷通、履约贷和信用贷等细分化的信贷产品。

三是针对不同成长阶段企业推出“科技小巨人培育”“科技型中小企业技术创新资金”和“科技小巨人”等专项资金支持政策，分阶段扶持中小微科技企业创新发展，激发企业创新内在动力。上海市每年立项支持的企业中，30％以上是成立不足 3 年的初创期企业，近 60％的企业立项后销售收入增长超过 30％，90％的企业跨越“死亡谷”存活下来。截至 2015 年上海累计培育科技小巨人(含培育)企业 1 225 家次，已有 40 家科技小巨人(含培育)企业在国际或国内主要证券市场上市。

① 资料来源：清科集团 2015 年中国股权投资市场发展年报。

(三) 优化和提升中小企业市场拓展和品牌战略能力

一直以来，上海的政策制定者们都认为，企业的好坏和产业的发展方向，市场是最好的衡量标尺，因此，引导企业进入和参与市场竞争，帮助企业拓展市场是上海相关部门支持企业发展的重要手段之一。为此，上海主要从以下几个方面入手，帮助企业拓展市场，提升品牌。

一是积极借助各种市场渠道帮助企业做好市场推广。包括每年举办一届上海(国际)中小企业精品展，与百度、谷歌、上外网络教育发展有限公司等合作，面向海内外宣传"专精特新"中小企业产品及品牌故事，开辟中小企业精品常年展示基地，组织中小企业参加中博会、APEC 技术交流展等各类展会。

二是加大对重点企业和重点品牌的市场支持力度。围绕重点企业实施"专精特新"中小企业培育工程，鼓励中小企业走"专业化、精细化、特色化、新颖化"之路。截至 2015 年底，已有 1 323 家"专精特新"企业。其中，产品细分市场占有率位于国际和国内前三名的有 560 家，处于第一名的有 345 家。同时，上海鼓励老字号企业通过宣传推广、中华老字号博览会和上海老字号认定等工作实施品牌战略。

三是支持中小企业开拓国内外市场。2015 年底，中小企业对外投资活跃，投资企业数、投资额均超过国有企业，继续成为上海市对外投资的主力军，其中商务服务业占民企对外投资总额的 55%。

(四) 以平台建设提升社会化服务中小企业创新的能力

借助互联网平台建设，为中小企业创新能力的提升提供各类社会化服务是上海的又一重要举措。为此，上海建立了一系列针对中小企业创新发展的服务平台。

一是建立覆盖全市范围的"1+17+X+N"中小企业公共服务平台("1"即上海市级层面的公共信息发布平台，"17"指上海 17 个区县，"X"指各类创新园区，"N"指各类创新空间)，利用中小企业服务云、中小企业信息速递、电子邮箱等立体式的信息通道，打造具有上海特点的立体式、全覆盖、全天候中小企业服务主渠道，加强政策信息等服务。

二是科技研发和知识产权公共服务平台。上海通过搭建科技研发公共服务平台，聚集了各类大型科学仪器 7 788 台、技术服务平台 85 家、各级研发基地 275 家、国家级检测机构 34 家、咨询专家 834 名、加盟服务机构 884 家、各类高层次科研人员 3 万余名，累计对外服务 7 066 万次。同时，还通过建立知识产权公共服务平台为中小企业提供了累计 2 000 多万人次查询服务。

三是搭建中小企业公共招聘和培训平台。如上海公共招聘网为中小企业提供公益、免费、优质、高效的公共就业服务，每天提供有效招聘岗位10万个左右，每年约有300万人利用上海公共招聘网求职。上海积极为中小企业提供教育培训，累计带动就业16.2万人。

（五）以普惠性的财政支持和税费减免降低中小企业创业创新成本

上海中小企业发展中面临的主要问题就是商务成本较高，因此，上海从财政和税收两个视角加大对中小企业的支持力度，以市场化原则降低企业商务成本。

一是积极从税收的角度为中小企业减税降负。经统计，2014年8月至2015年3月，享受免征增值税小微企业（含个体工商户）423 258户，实际享受优惠政策的增值税纳税人数占小规模纳税人（含个体工商户）的92.4%。享受免征营业税（含个体工商户）300 639户，实际享受优惠政策的营业税纳税人数占全部纳税人的79.7%。2015年，上海为符合条件的小微企业共减免税收12.7亿元。其中，实际享受小型微利企业所得税优惠政策的企业逾20万户，累计减免企业所得税7.7亿元。

二是积极发挥政府采购对中小企业发展的引导和扶持作用。2013年上海各类预算单位与中小微企业签订采购合同约9.1万份，占总合同数的79.8%，从中小微企业采购金额为434.4亿元，占当年全部政府采购的85.6%（总金额507.7亿元）。

三是以财政专项资金帮助中小微企业缓解融资困境。上海通过建立财政融资担保专项资金，健全科技企业和小微企业信贷风险分担机制、小企业信贷奖励考核机制、市区联动机制等，帮助和支持中小企业融资。

（六）以法律法规的形式逐渐形成制度化支持中小企业创新发展的框架

2011年4月，上海市人大常委会审议通过《上海市促进中小企业发展条例》，并于2013年开展了该条例实施情况评估和执法检查工作。目前，为贯彻该条例要求，市政府及各有关部门已先后制定出台了扶持中小微企业发展的60多个配套政策文件，从而进一步从政府层面完善了中小企业的各项法律制度，为积极推进政策法规落地创造了条件。

三、上海支持中小企业创新发展的政策启示

从上述上海支持中小企业创新发展的政策举措中我们可以看出以下几个方面

的明显特征。

一是政策总体上是中性无偏的，企业和产业的发展是市场选择的结果。从表8-1中可以看出，上海在对中小企业创新的扶持中并没有明显的产业偏好，即使是有一定技术偏好的"科技创新专项资金"，虽然带有一定的产业偏向，但由于在具体实施中主要考虑的仍然是企业自身的技术和市场特征，因此，仍然可以看作是一种相对中性的产业政策。

表8-1　上海支持中小企业创新发展的政策属性汇总表

政策内容（一级指标）	政策内容（二级指标）	政策属性评价
创业创新环境建设	上创计划	针对所有大学生的中性扶持政策
	千人计划	针对所有归国留学人员的中性扶持政策
创新体系	创新孵化服务体系	平台建设，不针对特定企业或产业，属于中性政策
	创新创业资金支持体系	市场化资金支持体系，中性产业政策
	科技创新专项资金支持体系	侧重于具有一定市场规模和技术研发能力的科技型中小企业，有一定的产业导向性
市场拓展和品牌战略	市场渠道建设	按照市场规则实施的市场推广，属于中性产业政策
	重点企业和重点品牌建设	具有一定的政策偏向，但具体扶持的手段仍然是按照市场规则进行，侧重于企业在细分行业中的地位和影响力，事实上并无明显的产业导向
	开拓海外市场	按照国际市场规则拓展市场，属于中性产业政策
平台建设	"1＋17＋X＋N"公共服务平台	普适性的中性产业政策
	科技研发和知识产权公共服务平台	普适性的中性产业政策
	公共招聘和培训平台	普适性的中性产业政策
财政支持和税费减免	减税降负	普适性的中性产业政策
	政府采购	普适性的中性产业政策
	财政融资担保	普适性的中性产业政策
法律法规	《上海市促进中小企业发展条例》及配套	普适性的中性产业政策

二是上海支持中小企业发展的政策大部分是以普惠性的平台建设为主，通过为企业提供全方位的信息和市场服务达到提升中小企业创新能力的目的。事实上，上海目前支持中小企业创新发展的政策举措主要由三方面的原因所决定。

一是从中小企业自身发展的角度来看，上海的中小企业数量多，地域和行业分布都非常广。其生产方式和产业组织方式多样，经济增长动力构成较为分散而多元化，组织形态和业务模式越来越难遵循传统模式与特征，其行业特征也呈现出万花筒式的竞争优势，它们对政策的需求也完全不同，很难有一种政策能够满足全部中小企业的需求。

二是随着政府职能的转变，政府要主动选择特定阶段的主导产业和产业投入模式变得越来越困难。相关管理部门要从注重"管理"转变为提供到位的"服务"，发现中小企业群体中不断涌现的新业态和潜在的新增长点，为相关的生产与涉及创意、创新技术及其转化为商业运作的制造与服务活动提供便利，消除制度上的约束，并对有发展潜力的创新技术提供助推其孵化的资金扶持。将干预的焦点放在帮扶对创新有潜在贡献的初创企业，以及服务于科技型中小企业"由小做大"。原先政府干预市场的针对特定区域(城市)边界内的产业布局政策也将不再适用，转而更多地谋求产业布局跨越行政边界，与当代各类新兴要素蓬勃发展的格局相契合，尤其需要消除地区间人为阻碍生产要素流动的潜在屏障。

三是政策的长期化将越来越成为政府支持中小企业创新发展的趋势特征。事实上，从发达国家支持中小企业发展的政策来看，长期化的趋势日渐明显。一些国家不仅建立了长期支持中小企业发展的政府管理机构，而且完善了长期化的监督机构和监督机制。如美国在商务部设立了中小企业管理局，是美国小企业服务体系的核心，同时在国会设立了中小企业委员会，参与管理，美国总统需每年就中小企业的问题向国会汇报。德国、日本、韩国等都有类似的机构和制度设计。与机构设置相对应，长期的制度安排包括法律体制日渐重要，发达国家纷纷将支持中小企业发展的政策上升到法律层面，以维护政策的稳定性和一贯性。如美国国会自1995年以来，先后通过近20项与小企业有关的法律或修正案，这些法律从各个方面保证了各项政策的落实。日本也先后制定了包括《中小企业基本法》在内的30多部与中小企业有关的法律，形成既相对独立，又比较完整的中小企业法律体系。而上海目前依托《上海市促进中小企业发展条例》以及在此基础上形成的扶持中小微企业发展的60多个配套政策文件，为后续中小企业的创新发展奠定法律基础。

第九章 金融支持战略性新兴产业发展的案例研究——以浦东周康地区健康产业发展为例

健康经济，是众多健康产业、行业的集合概念，包含了服务业也包含了制造业。特别是在产业融合发展的今天，出现了很多跨行业的新技术、新业态、新模式，已经很难用一个产业的形态、特征予以概括，所以我们用一个更大的经济范畴、经济概念予以概括。根据享德森《健康经济学》对健康经济的定义，它有以下四大产业特征。一是产业群广。可分为医疗性和非医疗性健康经济两大类。医疗健康经济主要包括医疗服务业、医保服务业、医疗器械制造业、药品制造业、医用材料制造业等；非医疗健康经济主要包括养老服务业、养生服务业、体育健身服务业，以及健身器材制造业、保健食品制造业等。二是成长性好。随着人们生活水平的不断提高，以及环境问题引致的各类多发疾病，健康需求的数量和品质同步快速上升，而且显示出特有的稳步成长特性。特别是北京、上海等一些大城市开始步入老龄化时代，对健康经济的需求将更加旺盛和可持续。三是产业链长。比如诊疗服务，关联到器械、药品等制造领域，还进一步关联到信息、材料、生物技术等领域。诊疗服务本身会对其他产业及技术创新产生很大的需求，提供积极的带动作用。四是属地化强。医疗服务业具有消费、产出在优质资源配置地的特有特征。就如以前商品紧缺时代全国各地的人都要跑到上海购买上海产品一样，上海拥有优质医疗资源和品牌，各地患者都来看病、检查，医疗消费落在上海，还有其他附带的消费也落在上海，对上海经济具有直接的贡献。

作为重要的战略性新兴产业之一，健康经济正在成为与网络经济并驾齐驱的经济发展领域。特别是，快速富裕起来的中产阶层对高质量的健康产品与服务形成了不断增长的巨大需求，为健康经济发展提供了强大的长周期动力。新一代信息技术正在变革着医疗服务的业态与模式，进而极大地丰富着以医疗服务为引领的健康经济。国务院于 2013 年 9 月下发的《关于促进健康服务业发展的若干意见》，更是把健康经济的发展提升到了国家战略层面。

基于上述战略背景，我们对上海浦东新区周康地区（周浦和康桥二镇）的上海国际医学园区展开相关调研，并提出了相关对策建议。

一、大力发展健康经济势在必行

做大做强健康经济，是加快推进上海转型发展的必然选择。打造规模化的、充满活力的、集群发展的健康经济示范园区，是尽快培育和增强上海以及浦东新区健康经济竞争优势的必由之路。

(一) 健康经济是上海和浦东经济增长的重要新动力

近年来，上海和浦东都出现了经济增长速度明显放缓的趋势，这一方面受宏观经济形势的影响，另一方面也是由于现在选定的一些战略性新兴产业没有充分体现出上海和浦东的发展优势，未能提供更加充分的增长动力。如 2012 年全年上海的战略性新兴产业总产出 10 089 亿元，比 2011 年下降了 1.4%。2012 年浦东工业增速仅为 1%，其中“三大新兴产业”产值增长只有 7.5%。因此，选择新的经济增长点，注入新的经济增长动力，是上海和浦东未来经济发展的首要任务。而健康经济可以成为上海和浦东未来经济增长的新动力。这主要是基于以下四个方面的依据。

一是健康经济已成为全球各国新的经济增长点。越来越多的事实表明，信息技术与生物技术引领的新科技革命正在加速形成，新科技革命引领下的健康经济正在成为新的经济增长点。发达国家健康产业占 GDP 的比例高达 15%～20%，而我国目前健康产业仅占 GDP 的 4%～5%，远远低于发达国家水平，甚至明显低于许多发展中国家，这也意味着我国的健康经济具有强劲的发展潜力。

二是发展健康经济已成为全球各国提升综合国力的重要举措。许多国家都把发展生物与医药产业作为新时期提升综合国力的重要措施，纷纷采取增加投入、建立园区、争夺人才等多种措施加速其发展。如美国医药研究开发经费占民用研究开发经费的近 50%，是民用领域科技经费比例最高的。美国、加拿大、芬兰、印度等国家相继提出了加速健康经济发展的对策措施。美国前总统奥巴马的四位科技顾问中，有 3 位是生物与医药领域的专家。

三是健康经济已在上海呈现出良好的增长势头。近年来上海各级医疗服务机构的业务量呈快速增长趋势，其中 70%以上来自全国各地，在上海已形成了一个服务全国的大市场。在医疗服务业的强劲需求和品牌效应带动下，医疗器械、生物医药、养老服务、保健食品，以及相关的研发、教育等行业也已呈现出积极的发展潜力。估计未来上海仅高端医疗和养老产业至2020年就将达到2 500亿元的产出规模，而到2025年将达到3 500亿元的规模。

四是健康经济必将成为浦东未来经济增长的新动力。仅以生物医药产业为例，2012年浦东新区“三大三新”产业增长7.5%，但其中生物医药产业增长达到10%。经过十多年着力打造上海“四个中心”核心功能区，浦东的金融、航运、贸易以及高新技术产业在经历了一定时期的快速增长后，增速回落是必然的，而且正在展开的产业结构调整还要淘汰、转移出去一部分产业项目，这意味如果没有一批体现浦东优势的新项目导入，经济增长的压力会更大。这类项目就是体现上海和浦东独特优势的健康经济项目。

(二) 健康经济是上海和浦东实现转型发展的重要驱动力

实现转型发展必须要有驱动力，其中最重要的两个驱动力是科技创新驱动力和产业创新驱动力。后者就是要培育壮大高科技的战略性新兴产业以替代失去竞争力的传统产业。上海和浦东转型发展中的最大难题是，失去竞争力的传统产业，或者在政府淘汰“两高一低”项目和淘汰过剩产能中被淘汰被转移，或者在商务成本导向下按市场规律自动被淘汰或被转移到其他地区，这样就给经济增长带来很大的压力。与此同时，着力培育的战略性新兴产业和努力提升的传统优势产业，其进步的过程相对缓慢，甚至在激烈的国际国内地区竞争中遇到很大的成长压力，无法提供更多的增长贡献、就业贡献和财富贡献。这就是所谓的转型阵痛。解决这个阵痛，就要找到那个更具优势、更具贡献力的发展领域，这就是我们提出的健康经济。

一是健康经济具有强劲、稳定的现实需求，可以为上海与浦东的转型发展提供最积极的长期动力支撑。转型发展的驱动力来自现实的发展需求，来自为促进人的全面发展所形成的新需求。当人们基本的衣食住行需求得到满足后，不断增长的新需求，就是健康与文化需求。随着经济社会的发展，人们对健康的需求也越来越多，越来越高，可以说在未来的中长期发展中，提高健康水平将成为奔小康、实现中国梦的重要衡量标志，也必然成为中国经济增长的最重要动力之一，上海与浦东转型发展必须把握这样一个趋势。美国著名经济学家保罗・皮尔泽认为健康产业将成为继IT产业之后的全球“第五波财富”。

二是现代健康经济以新一代信息技术为支撑，以高端服务业和高端制造业为引领，这正是上海和浦东转型发展最需要的驱动力量。健康经济正成为本轮新科技革命、新产业革命中的引领性发展领域。新一代信息技术在医疗上应用广泛，不仅可以带来医疗技术的革命性进步，而且还将提升众多健康产业的高端化发展，包括医疗器械、医疗服务、生物药品、保健养老等。医疗器械领域的智能化改造成为智能制造的重点发展领域，3D 打印在医疗中的积极应用成为市场培育的重要示范领域，依托互联网、大数据构建起来的医疗健康信息网络成为平台经济的重要发展方向。提升健康经济的竞争力，让我们找到了有效促进转型发展的现实路径。

三是健康经济具有极强的产业带动性和就业促进效应，可以为上海和浦东的转型发展提供有力保障。转型发展是以社会稳定、充分保障市民的就业机会为前提的。我们不用健康产业，而用健康经济的概念，就因为它具有产业群广、产业链长、属地化强、公益与市场混合的四大特征，就因为它有很强的带动性和影响力，可以带动一批就业型行业如护理、餐饮、住宿、保健、旅游、体育等发展，这也是健康经济不同于平台经济、绿色经济的地方。

（三）健康经济是上海和浦东加快“四个中心”建设的重要支撑

发展健康经济离不开金融、航运、贸易的支撑，同样它也可以为推动和提升上海的国际金融、航运和贸易中心建设提供各种新动力、新机遇。特别是上海“四个中心”中的国际经济中心，以前我们更多地把它理解为工业经济。随着上海产业结构服务化进程的不断深化，对国际经济中心的认识也在不断深化，它不仅包括了工业经济，还包括了服务经济，当然更重要的是，在产业融合发展的今天，这个经济更多表现为融合制造业和服务业的范围经济、平台经济、健康经济、绿色经济、文化经济。浦东是上海“四个中心”建设的核心功能区，如何进一步打造国际经济中心的核心功能区，健康经济就是一个极其重要的方向。

一是健康经济的广范围性可以为上海和浦东的“四个中心”建设提供丰富的实体支撑。健康经济不仅包含医疗服务业、养老服务业、健身养生服务业，还包括医疗器械制造业、生物医药制造业、保健食品制造业等。这些健康产业对其他产业具有直接或间接的带动效应，如医疗服务业发展可直接带动住宿业和旅游业发展；医疗服务技术和生物技术的发展，可以为新一代信息技术的应用和数字产业发展以及新材料的技术革命和产业发展提供积极的市场需求。特别是与新一代信息技术、生物技术、材料技术高度结合的健康经济，还将带来新产业、新技术、新业态、新商业模式的孕育与发展，对提升上海和浦东实体经济的竞争力意义重大。

二是健康经济的市场化发展可以为上海和浦东的“四个中心”建设提供强有力的对外辐射力和带动力。上海的工业曾对长三角地区和长江流域发挥过积极的辐射和带动作用，但这些年来工业的对外影响相对下降。虽然金融、航运和贸易的对外影响有了明显提高，但缺少了国际经济中心的对外影响，上海的“四个中心”或者国际大都市的城市功能就是残缺的。所以这些年我们一直在努力研究和寻找能够体现上海最大优势,更能体现国际经济中心功能的经济领域。这就是健康经济。健康经济提供公共产品,但更多提供市场化产品,可以实现跨国、跨地区发展。健康经济更依赖于人才、技术、资本和大市场,更容易先在国际大都市形成创新资源与总部集聚,形成特有优势和对外辐射力和带动力。

二、在周康地区建立健康经济示范园区的可行性分析

目前,越来越多的地区已开始关注健康经济的发展。如北京已在研究国际医学中心和健康产业发展规划,以期为海外人才和高端人士提供高端医疗服务;东莞已于2012年启动东莞国际健康产业城先期项目;成都早先通过了"成都国际医学城"规划方案,等等。上海是最早启动国际医学园区建设的城市,但面对国内一些先行地区的崛起,必须与时俱进,拓展思路,把国际医学园区的建设上升到健康经济园区的建设层面,为上海以及浦东的发展打造新的增长极。

这里我们建议,在浦东周康地区,在上海国际医学园区的基础上,打造全国首个健康经济示范园区。其依据如下。

(一) 周康地区具备发展健康经济的良好区位条件

周康地区发展健康经济的区位优势明显。一是该地区在浦东新区的带动下,正逐步发展成为上海国际大都市的新城区。越是高端的医疗、养老和研发,越需要依托大城市的成熟条件。周康地区与中心城区距离适中,交通极为便利,离人民广场仅十几千米,16号线在医学园西侧设有站点。二是该地区最靠近上海的金融、航空、航运、自贸区、国际度假区等国际化核心功能区。上海健康经济的发展优势之一,就是国际化,就是可以依托上海"四个中心"功能,打通国际国内两种资源和两个市场。这里距浦东国际机场18千米,虹桥国际机场25千米,海港新城35千米,张江高科技园区4千米。

(二) 周康地区的国际现代医学园区已具备发展健康经济的良好基础

上海国际医学园区2003年正式建园,2005年正式破土动工,历经十几年的发展,已形成较好的基础。一是高端医疗服务业逐步集聚。园区两个标志性的高端医院——质子重离子医院和国际医学中心已于2015年正式开业;国家儿童健康中

心、疾控中心寄生虫病研究中心、上海国际眼视光医院、专科医院、平安康复、伊丽莎白国际妇产科医院等高端医疗都已相继入驻。2011 年原国家卫生部和上海市政府合作，联手共建上海国际医学园区建设联席会议，并出台一系列政策，将园区打造成全国范围内的医疗特区。二是园区已成为全国医疗器械产业集聚度和成熟度最高的区域之一。园区以世界最大的医疗系统供应商之一西门子医疗集团的"西门子医疗亚洲科技园"为龙头，吸引了德尔格(医疗)上海有限公司、上海先声药业有限公司、上海华谊生物技术有限公司、上海常隆生命医学科技有限公司等 100 多家医疗器械企业，产值占全市医疗器械产值的 16%以上。目前如园区签约的企业全部投产，可以生产一家综合性医院所需医疗设备的 80%以上。三是高端养老服务业已形成先发优势。四是正在积极打造医疗医药职业教育基础。引进了上海医药高等专科学校、上海医疗器械高等专科学校、上海制药工程学院等教育培训机构，着重建设一批与健康经济相关的实训基地。五是已初步建成国际商务区。已建有商务宾馆、培训中心，并引进了一些金融保险机构、律师事务所、会计师事务所等各类专业的市场和专业的机构，目前正在筹建全球医疗器械采购中心。六是引进、搭建公共服务平台。园区引进了包括上海市医疗器械检测所在内的专业服务平台并提供配套服务。

(三) 周康地区拥有张江国家自主创新示范区政策的覆盖优势

2009 年浦东与南汇合并，上海国际医学园区成为张江高科技园区的重要组成部分，在浦东七个生产力增长极的宏观布局下，园区发展步入快车道。2011 年医学园区成为张江高新技术示范区核心园的重要组成部分，真正成为国家级高新区的一部分，国家自主创新示范区的所有政策都可以覆盖到整个医学园区。另外自贸区的一系列可复制可推广的制度与政策创新，必然先从张江示范区率先启动，这样健康经济示范园区在制度与政策创新上也可率先进入先行先试队列。

(四) 周康地区拥有紧邻迪士尼(上海国际旅游度假区)的独特优势

周康地区紧邻迪士尼乐园，可以被纳入上海国际旅游度假区范围，可以分享两大辐射效应。一是迪士尼乐园和国际旅游度假区国际一流的基础设施和生态环境。高端医疗和高端养老，对基础设施和生态环境有较高的要求，更适宜布局在交通便利的城市化成熟地区，而不是生态环境好但地理位置比较偏僻的地区。迪士尼乐园是一个世界性项目，对基础设施和生态环境建设也建立了一套世界级的标准，这对周康地区来说会带来其他地区难以匹敌的有利条件。二是迪士尼乐园和国际旅游度假区的旅游休闲项目和人气。这些项目可以成为健康经济示范园区发展的特定功能，如医疗、养老旅游休闲，形成积极的产业互动，可以提升健康经济示范园区的知名度和人气。

三、建设健康经济示范园区需要突破的瓶颈问题

在目前的体制机制和政策框架下，要实现健康经济示范园区的战略目标与主要任务，需要解决一系列瓶颈问题。其中最主要的瓶颈问题有以下四个方面。

（一）园区空间规划调整问题

首先要从空间规划上解决功能定位与扩园问题。新区层面要立项研究并提出相应的园区空间调整规划，不仅要对国际医学院园区的功能定位进行调整，还要对空间面积和园区各功能板块布局进行调整。此外，要争取市发改委和规划局的立项和规划审批，这中间需要进行多方面论证，并取得相关部门的积极支持。

其次要解决总体规划与土地利用规划中的建设用地性质与指标问题。目前国际医学园区既不属于"104 区块"，也不属于"195 区块"，对于引入的项目只能采取"一事一批"的方式获得建设土地。而随着园区功能的拓展和引进项目的增加，这种方式将对园区开发带来较大的制约，因此需要纳入重点园区的规划盘子，在用地上要争取参照工业与生产性服务业的土地政策，在建设用地指标上要争取给予特殊的支持。

最后要解决与周边的周浦、康桥两镇规划衔接问题。健康经济园区的扩园空间主要落在周浦镇，也可能涉及康桥镇的部分空间，这样就要对这两个镇的产业规划，特别是产业布局进行相应的调整，特别是这两个镇也需要借助健康经济示范园区的产业集聚力促进自身的产业结构调整。另外这两个镇也要为健康经济示范园区提供城镇化的配套，不是三个区域空间各搞各的，而是应该在产城融合上有一个整体的考虑，这也需要对城镇总体规划作出相应的调整。比如随着健康经济示范园区的建设成形和 6 号轻轨线周浦站靠在西面，周浦镇的镇域中心应该向西调整。

（二）园区管理体制理顺问题

健康经济示范园区如果批准设立，如何理顺它与张江高新区的管理关系，这是最需要解决的关键问题之一。国际医学院园区现在作为张江高新区的园中园，虽

然可以享受到张江的一系列政策和投资支持，但其地位以及受重视的程度却不如以前属于南汇区的国际医学院园区。要充分调动健康经济示范园区的内在积极性，在管理体制上要解决三个问题：一是园区的地位问题。是继续作为张江高新区的园中园，还是与张江高新区、金桥工业区并列的新产业集聚区。如果是后者，就有一个新建或扩建园区管委会的问题。二是园区管委会的机构行政级别问题。行政级别影响到内设机构的设置与干部队伍的配置，是一个不可忽视的问题。三是管委会的职权问题。对应行政审批权的下放，需要在管委会下设置相应的管理部门和服务部门，既承担行政审批职能也承担监管职能。特别是健康经济领域有很多政府审批和监管，从市级、区级层面都要有相应的职权下放，这就需要明确管委会在健康经济领域的管理职权。

另外，园区与周浦镇的管理关系处理也是比较关键的问题。处理好有利于调动双方的积极性，减少摩擦。从产城融合的角度，健康经济示范园区的产应该为周浦的城镇发展提供支撑，反过来周浦的城镇建设应该为健康经济示范园区的发展提供保障。现在的国际医学院园区与周浦镇没有直接的行政关系、资产关系，也没有多少利益互补和支持关系，实际是在各自的轨道上运行，产与城是割裂的。临港管委会与南汇新镇采取了合署办公的方式，比较好地处理了两个机构、产与城的关系。如果接下来健康经济示范园区还要在周浦镇的土地上扩园，如何理顺两者之间的管理体制与机制，必须予以认真考虑。

（三）对民资外资开放问题

现在相对来说医疗、养老服务业的市场化程度还比较低，即使对民资、外资已开放了一部分市场，但它们面临医保、采购、医疗人才流动等制度性障碍，即使进入了这一领域也还受到各种各样的制约。另外它们还要面对公立机构的竞争，公立机构集聚了公共资源和人才，但也进入了市场化领域，实际上民资、外资处于相对不公平的竞争环境中。按照中央的改革开放总思路，以及自贸试验区的开放内容，今后高端医疗和高端养老业将进一步向民资、外资开放，因此健康经济示范园区的一个重要任务就是先行试验相关开放政策，需要突破现行的一些政策性障碍，需要相关部门对示范园区提供一个先行先试的开放意见，主要包括：对外资医疗机构、养老机构、医疗保险机构的开放；对外资、民资或混合所有制机构简化审批程序，建立市场化定价机制；搭建国际保险支付与结算平台；建设医疗器械交易中心、药品交易中心，等等。

(四) 招商引资(引智)政策创新问题

目前园区借助大张江政策,在招商引资、引智上具有一定的优势,但健康经济涉及的领域与工业、生产性服务业有所不同,而且现在各周边开发区的招商引资政策都向张江看齐,如果不能在政策上更有创新,肯定会影响示范区的项目引进和集聚。以下四个方面的政策创新比较关键。一是对医疗和养老服务项目的政策创新。如在用地上是否可借用公益用地的政策,或借用工业用地的政策,这样可降低项目建设成本;在引进国外先进设备方面,是否可争取作为自贸区的特殊监管区,免除关税。二是各类项目享受高新技术企业待遇的政策创新。除了生物医药,对医疗、养老、医疗器械、健康食品等行业,是否可争取参照高新技术企业政策,享受相应的税收政策和补贴政策。三是项目审批上的政策创新。是否可引入自贸区的清单管理模式,凡是禁止、不可之外的所有行业项目,都可在园区投资发展。另外就是如何大幅度缩短审批时间,推行备案制。四是引进留住人才的政策创新。包括对高层次人才是否可争取实行临港的人才政策。

四、加快建设上海健康经济示范园区的路径

要解决上海健康经济示范园区未来建设和发展过程中面临的瓶颈问题,需要从体制、管理、服务三个方面入手,解放思想,大胆创新,破解难题。

(一) 体制创新,突破体制机制瓶颈

对国际医学园区进行拓展与升级,面临的各种瓶颈问题很难在目前层面上予以解决,需要将其上升到新区层面,最好是市级层面,通过全面协调和政策突破,合全市相关部门之力加以解决。因此,首先要打破目前的体制框架,高规格定位健康经济示范园区,将示范园区升格为上海市级开发区,从而实现园区开发资源的集聚配置和优化配置。

从资源集聚配置看,首先要实现项目资源集聚。特别是大型医疗器械制造业项目及高端并富有特色的专业性医疗机构项目要实现集聚,上海市要从战略层面安排大型医疗器械制造业项目落户园区,特别是要平衡好与张江园区在具体项目推进中的利益协调关系。其次要实现政策资源集聚。目前虽然有《关于促进本市国际医学园内医疗机构建设与发展的若干意见》等政策资源,但由于行业归口管理的限制,使得政策的落地比较困难。因此,政策资源的集聚必须依赖于管理资源的

集聚，建议建立基于市、新区、镇三级的上海健康经济示范园区规划领导小组，负责在市、新区、镇三级层面规划并调整相关政策的突破与落实，统筹和协调园区建设过程中的重大事项并对工作进行整体部署和安排等。在建立起有实质推动力的管理体系之后，应如1999年上海实施“聚焦张江”政策一样聚焦健康经济示范园区，实现政策资源的有效集聚。

从资源优化配置看，首先要实现土地资源与项目资源的优化配置。目前在土地使用政策上，对医疗服务业项目获取土地指标没有明确的工作流程，且医疗卫生用地价格偏高，不利于行业的有序成长。建议土地管理部门应明确医疗服务业项目土地指标落实的工作流程和价格确立机制。其次要实现产业政策资源与项目资源的优化配置，进入示范园区的医疗服务机构大多属于专业性专科类，以传统的投资规模要求来看，显然不符合招商引资的要求，因此往往享受不到产业政策优惠，在园区内无法落户。建议借鉴浦东新区对“新技术、新业态、新模式”企业所实施的产业政策，把认定高技术服务企业作为引进高端医疗服务机构的重要举措，在认定后给予相应的财税优惠政策和人才政策，体现出健康经济示范园区的示范性。

(二) 管理创新，突破规划瓶颈

一是转变管理意识，完成从市场参与者向市场管理者的转变。政府要逐渐从机构的经营者退出，让各类机构真正能够自主经营、自负盈亏、自我发展。二是要在规划上寻求突破，首先要在市区两级政府规划中对园区未来的发展规划予以明确，进一步形成园区发展规划中概念性规划、控详规划和结构性规划等相关规划的编制工作。其次要在规划中为园区未来的发展预留出充足的发展空间。美国的德州医学中心占地面积达10平方千米，这还不包括其周边的医疗配套设施。但是目前周浦的上海国际医学中心占地仅0.27平方千米，整个上海国际医学园区也才11.88平方千米，因此，在未来的园区规划中要为园区发展预留空间，可以考虑将位于周浦的生态保护区、周边康桥的养老社区以及徐根宝足球基地划入园区规划。三是放低审批门槛，简化审批程序，工商与卫生两个系统要相互协调，统一标准，简化程序，为园区内机构的引进创造条件。四是政府要加强监管，要在完善法律保障体系和行业标准方面有新突破，要提升行业规范化和标准化发展的水平。

(三) 服务创新，突破招商瓶颈

一是要转变服务理念。要强化对中小企业的服务意识。由于健康经济具有专业化、个性化的特征，因此，在对医疗服务机构的引进中，要勇于放弃大企业路径依赖，把着力点放在那些充满创新活力和成长潜力的中小企业身上，扶持它们做大做强，并在融资、税收、人才培养、政府公共采购、公共服务等方面给予更多的扶持。二是要改变服务手段。在政府招商引资服务过程中转变思路，立足平台，推动招商引资政策创新，要确立产业链招商的思维。要从产业链的带动作用出发招商引资，吸引产业链长、产业辐射面广的企业入驻园区；要有市场化招商的理念，政府要从招商引资的主体、出资者转变为招商引资的组织者，并不断强化企业招商引资的主体地位，将招商引资模式逐步推向市场化。同时，要确立平台招商的意识，要积极引进医疗器械智能制造、生物能源、数字化医疗服务、生物医药、保健食品和医用新材料等关键性技术领域的专业技术服务平台和检验检测机构，并进行市场化、社会化、专业化运作和管理。三是要丰富服务的内涵。不仅要为入驻园区的机构提供一定的财政和税收上的支持，也要为企业提供贷款贴息政策融资服务。同时，还要为入驻机构提供人才配套政策、从业人员的培训等相关配套服务。四是要加大政府对园区和企业的资金支持力度。对于园区建设过程中的资金缺口，要根据园区建设规划过程中的具体情况，由市区两级进行资金平衡，通过相应的资金渠道加大对园区的资金支持力度，适当给予市区两级的启动资金扶持，并积极引入民间资本参与园区的建设和开发。

五、园区建设中的金融体系建设

（一）园区建设中的资金瓶颈问题

园区的建设需要大量的资金投入，因此，园区在建设过程中面临着较强的资金约束问题。

一是项目开发前的拆迁费用支出压力大。目前动迁成本越来越高，由于强迁程序无法启动，同时新的法律出台，动迁需采用征收程序，协议动迁一概不准许，无形中推迟了动迁的启动时间，更加无法保证项目的进度。目前不得不先后成立三个子公司，分别负责医谷商务园、时代医创园和动迁基地的开发建设，并利用财务杠杆，撬动社会资本来为园区建设提供融资服务。但是，由于国家在政府融资平台政策方面的收紧，这一融资模式下面临融资难题。

二是缺乏土地储备，没有土地融资的可能性。由于园区的土地使用采取“一事一议”的原则，拆迁和土地的使用无法衔接，无法在前期对土地进行储备，也无法用土地进行滚动融资和开发。而好不容易申请到的项目用地，又往往由于审批周期太长，原来感兴趣的项目单位另有安排而被迫搁置，如最初准备与同济大学合作建设的中德友好医院就因此一直没有正式启动。

三是园区注册资本金偏低导致融资金额不足。之前园区的资金问题主要靠银行贷款解决，但是由于园区注册资金较低，资产负债率较高(目前资产负债率80%以上)，所以需要补充注册资金，需要市区财政支持将园区注册资金提高至15亿元。

四是园区内企业缺乏其他有效的融资手段和资金来源。传统的以银行为主导的融资模式往往偏好生产规模大、具备成熟技术的企业，由于医疗健康产业以中小企业为主，在谋求自身融资渠道方面，不仅面临来自品牌与声誉缺失的传统融资阻力，也缺乏实物资本抵押的困难，因此缺乏有效的融资渠道。

(二) 解决园区开发建设过程中融资问题的对策建议

解决发展资金筹措的最关键问题是要找到园区的核心资本。

一是重组并提升园区投资主体结构与层次。结合上海市国资改革，推动相关功能性国资企业(或张江集团)参与并主导园区开发；结合园区国际化建设方向，推动健康产业类国际资本参与并主导园区开发。形成市国有资本、国际资本与镇域当地国有资本三位一体的复合型开发主体。

二是创新园区开发运作模式。形成园区开发与建设、园区运营与服务、金融服务与股权投资三大主营业务，形成重资产型、轻资产型和金融服务与股权投资业务相辅相成的核心业务组合。因此，园区的两大核心资本就是具有权威背景的国际化的投资主体、拥有即期现金流收入(金桥开发区的园区运营与服务模式)和未来预期性收益(张江园区的股权投资模式)的运作模式。从而改变因投资主体缺少权威性和专业性，产业资本进入缓慢的困境；改变因为缺少现金收入和未来预期性收益，金融资本进入匮乏的困境。在打通核心资本、金融资本、产业资本的互通环节之后，运用公开市场操作募集社会资本就会变得顺理成章。

三是多层次多渠道地为园区企业发展解决资金问题。要积极引导各类社会金融资本进入园区的建设和开发，构建社会支持系统，包括对园区建设的融资担保、土地抵押融资等相关服务，并在一定程度上给予园区一定的贷款贴息政策。

四是为各类市场主体发展创造条件。包括为市场主体新技术的应用创造条件，解决市场参与者的市场化收费问题，为市场主体开发公共医疗服务领域等。同时，在人才方面，也要打破人才流动的制约，突破人才瓶颈，为公立与私立机构之间的人才流动创造条件，并积极鼓励民营机构人才的自我提升。

五是设立产业投资基金。可考虑设立医疗发展产业基金和养老服务产业基金。争取市、新区两级财政为两大基金提供一定的启动资金，同时张江集团、陆家嘴集团、金桥集团参与投资，另外也要积极动员社会力量参与，包括金融机构、民营企业等。

第十章 金融支持“三资”企业创新发展案例研究——以台湾地区在大陆上市企业为例

近年来，在两岸经贸发展过程中，越来越多在大陆的台资企业从品牌、人才和降低融资成本的需求出发，开始关注并牵手大陆资本市场，在大陆资本市场上市挂牌和交易的意愿渐强。自2003年台商国祥股份在大陆A股上市以来，15年间陆陆续续有27家台资企业成功登陆大陆A股市场，15家台资企业在新三板挂牌，此外，还有10家以上的台资企业正在排队等候审核上市。虽然大陆上市的台资企业在大陆上市公司中的占比很小(大陆主板市场上市企业共3 458家，新三板挂牌企业11 651家)，但为台湾地区企业通过大陆资本市场获得融资和新的发展机遇提供了丰富的可供借鉴的上市经验。

此前，一些学者对台商在大陆企业借助大陆资本市场上市的情况做了一些初步研究，如2004年，上海举办“2005中国大陆资本市场与台资企业高峰论坛”，出席会议的台商企业达160家，人数达198人，显示出台资企业对A股上市的浓厚兴趣(许俊，2004)。段涛(2007)分析了台资企业发行上市过程中存在的主要问题，并提出在上市中需要做好的工作。马磊和王学飞(2011)分析了台资企业在中国大陆上市需克服的主要法律障碍，并提出相应对策。胡平(2011)系统分析了华映科技借壳上市的过程，并针对该过程中的一系列问题提出了对策建议。何君光(2014)系统分析了台资企业在大陆A股上市的现状以及普遍存在的主要问题，并提出鼓励台资企业在大陆上市的对策建议。盛九元(2017)认为两岸经济合作经过30多年的发展，逐步从试探进入、扩大投资、深化合作进入相互融合的阶段。但系统性的研究成果还比较少。为此，加强对在大陆上市台资企业的研究，对支持台资企业在A股市场上市相关政策的研究，对促进两岸之间更加紧密的经济联系，加快台资企业转型升级和提升两岸资本市场连接，有着积极的影响和重要的意义。

一、当前台资企业在大陆上市的现状分析

目前，随着大陆资本市场特别是新三板的放开，企业上市门槛大幅度降低，一些在大陆的台商企业也纷纷借助大陆资本市场上市融资，上市热情总体呈现上升态势[①]。

(一) 上市企业数量呈上升趋势

2014 年以来，特别是 2016 年以来，随着新三板市场的扩容和 IPO 加速发行，在大陆台资企业上市的数量曾现快速上升态势。2013 年以前，台资控股的新上市企业仅 1 家，2014 年增加到 5 家，2016 年增加到 8 家(见图 10－1)。在 2016—2017 年新上市的企业中，有 4 家企业在主板市场挂牌，另有 1 家企业在创业板挂牌、4 家企业在新三板挂牌。截至 2017 年上半年，除已经被其他企业借壳的三家企业外(分别是被华夏幸福借壳的台资企业上市第一股“国祥股份”、被宝鹰股份借壳的“成霖股份”以及被申通快递借壳的“艾迪西”)，目前在主板上市的企业共有 24 家，其中上海 A 股上市 12 家，深圳主板上市 1 家[②]，中小版上市 9 家，创业板上市 1 家。此外，台湾企业来大陆投资的热情依然高涨，据台湾《工商时报》报道，台湾“中华征信所”2017 年 4 月 18 日发布的统计数据，截至 3 月底，台湾有 716 家上市公司(含 F 股)在大陆投资[③]。

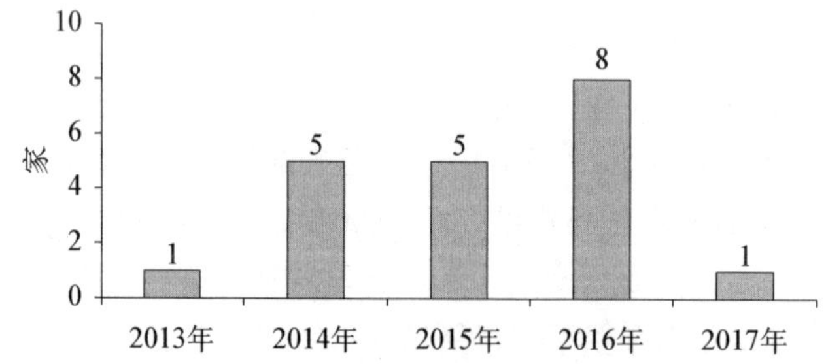

图 10－1　2013—2017 年在大陆上市的台资企业数量

① 本部分数据未作特别说明均来自上市企业的招股说明书或年报。

② 华映光电是借壳闽闽东(000503)上市，因此属于深圳主板上市企业。

③ 资料来源：台湾 716 家上市公司大陆投资，认列大陆收益激增四成。商务部网站 http://www.mofcom.gov.cn/，2017 年 4 月 18 日。

(二) 台资上市企业财务状况总体良好

从目前在大陆市场上市台资企业的经营状况来看，总体情况良好。截至 2016 年底，全部 24 家上市公司实现营业收入 844.43 亿元，环旭电子(230.84 亿元)、立讯精密(137.63 亿元)、山鹰纸业(121.35 亿元)营业额居前三位。从资产规模上看，截至 2016 年底，全部上市台资企业总资产达到 1 209.45 亿元，其中立讯精密(209.55 亿元)、山鹰纸业(200.49 亿元)、华映科技(189.44 亿元)居前三。从净资产规模上来看，全部台资上市企业净资产达 677.41 亿元，其中华映科技(130.9 亿元)、立讯精密(121.3 亿元)、山鹰纸业(84.27 亿元)居前三位。从利润上看，2016 年全部上市台资企业创造了 61.61 亿元的净利润，其中除 1 家企业净利润为负以外，其他企业净利润都在 2 000 万元以上，显示了台资上市企业的良好盈利能力，立讯精密(13.89 亿元)、环旭电子(10.1)和华映科技(6.34)居前三位。从单位资产产值上看，环旭电子(1.56)、亚翔集成(1.46)和哈森股份(1.13)分列前三位①。从利润率上看，众应互联(49.9%)、华懋科技(34.5%)和罗普斯金(20.1%)居前三位(见表 10-1)。

台商上市公司的资本市场表现比较良好，由于大部分企业集中在科技含量较高的产业领域，因此市场表现都比较强劲，从市盈率来看，信隆健康(331 倍)、悦心健康(215 倍)、晋亿实业(184.5 倍)表现突出；市净率看，则信隆健康(11.2)、悦心健康(6.8)、华微电子(3.24)表现比较突出。

(三) 从分布区域来看，长三角和珠三角地区相对比较集中

从目前在 A 股市场上市的企业区域分布情况来看，台资上市公司主要集中在长三角和珠三角地区，特别是以江苏最为集中，有主板上市企业 7 家。其次是广东，目前有上市台资企业 6 家。此外，上海 4 家，福建 3 家，浙江 2 家，吉林、湖北、安徽各 1 家(见图 10-2)。

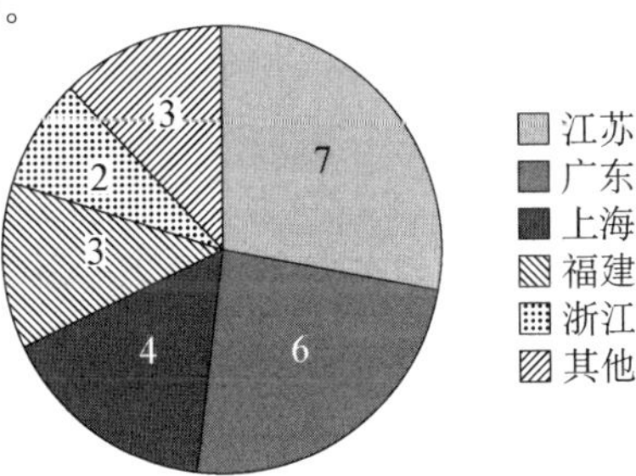

图 10-2 台资上市企业地域分布图

① 厦华电子因为负利润不计入排名。

表 10－1 目前在大陆主板上市台湾企业 2016 年底基本情况

证券代码	证券简称	上市地点	上市板	注册地址	营业收入（亿元）	利润总额（万元）	总资产（亿元）	净资产（亿元）	单位资产产值（元）	利润率（%）	市盈率	市净率
000536. SZ	华映科技	深圳	主板	福建	44. 36	63 424. 59	189. 44	130. 9	0. 23	14. 30	53. 6	2. 0
002084. SZ	海鸥卫浴	深圳	中小企业板	广东	17. 87	9 280. 48	18. 69	12. 49	0. 96	5. 19	77. 0	4. 2
603002. SH	宏昌电子	上海	主板	广东	9. 1	2 996. 52	15. 11	10. 28	0. 60	3. 29	100. 1	4. 0
002463. SZ	沪电股份	深圳	中小企业板	江苏	37. 9	18 667. 03	53. 24	33. 65	0. 71	4. 93	85. 9	2. 4
002333. SZ	罗普斯金	深圳	中小企业板	江苏	9. 77	19 629. 51	17. 62	15. 6	0. 55	20. 09	29. 0	4. 7
002158. SZ	汉钟精机	深圳	中小企业板	上海	9. 74	18 771. 95	24. 34	19. 66	0. 40	19. 27	34. 4	2. 9
002162. SZ	悦心健康	深圳	中小企业板	上海	7. 78	2 169. 3	20. 59	8. 51	0. 38	2. 79	214. 9	6. 8
603886. SH	元祖股份	上海	主板	上海	15. 92	17 066. 52	17. 83	10. 69	0. 89	10. 72	30. 0	3. 9
601231. SH	环旭电子	上海	主板	上海	239. 84	100 735. 12	154. 05	75. 37	1. 56	4. 20	31. 1	3. 2
002047. SZ	宝鹰股份	深圳	中小企业板	广东	68. 16	55 127. 99	87. 62	29. 66	0. 78	8. 09	35. 1	4. 5
601002. SH	晋亿实业	上海	主板	浙江	22. 84	11 463. 79	42. 43	25. 36	0. 54	5. 02	184. 5	3. 3
002105. SZ	信隆健康	深圳	中小企业板	广东	13. 82	2 568. 59	13. 93	5. 32	0. 99	1. 86	331. 2	11. 2
300046. SZ	台基股份	深圳	创业板	湖北	2. 42	4 547. 2	10. 51	7. 92	0. 23	18. 79	92. 0	4. 5
002475. SZ	立讯精密	深圳	中小企业板	广东	137. 63	138 885. 63	209. 55	121. 3	0. 66	10. 09	39. 8	2. 9
002464. SZ	众应互联	深圳	中小企业板	江苏	3. 71	18 510	21. 04	11. 69	0. 18	49. 89	48. 6	10. 7

（续表）

证券代码	证券简称	上市地点	上市板	注册地址	营业收入（亿元）	利润总额（万元）	总资产（亿元）	净资产（亿元）	单位资产产值（元）	利润率（%）	市盈率	市净率
603922. SH	金鸿顺 *	上海	主板	江苏	9. 01	12 312. 98	11. 02	5. 07	0. 82	13. 67	38. 4	3. 4
603929. SH	亚翔集成	上海	主板	江苏	20. 85	20 468. 96	14. 28	8. 88	1. 46	9. 82	19. 1	1. 7
300549. SZ	优德精密	深圳	创业板	江苏	3. 64	6 152. 03	5. 85	4. 37	0. 62	16. 90	96. 5	11. 0
600870. SH	厦华电子	上海	主板	福建	3. 73	−496. 83	0. 53	0. 15	7. 04	−1. 33	584. 5	234. 3
600567. SH	山鹰纸业	上海	主板	安徽	121. 35	44 966. 84	200. 49	84. 27	0. 61	3. 71	78. 5	2. 0
600360. SH	华微电子	上海	主板	吉林	13. 96	4 260. 91	36. 85	20. 13	0. 38	3. 05	123. 5	3. 2
603958. SH	哈森股份	上海	主板	江苏	16. 82	8 127. 98	14. 89	11. 85	1. 13	4. 83	65. 7	5. 6
603015. SH	弘讯科技	上海	主板	浙江	5. 31	5 846. 03	13. 83	11. 29	0. 38	11. 01	112. 4	4. 5
603306. SH	华懋科技	上海	主板	福建	8. 9	30 659. 86	15. 72	13	0. 57	34. 45	31. 3	6. 5
总计					844. 43	616 142. 98	1 209. 45	677. 41				

资料来源：Wind，所有统计数据截止时间为 2016 年 12 月 31 日。
注：* 金鸿顺由于是 2017 年 10 月 23 日才上市，所以数据是 2017 年 11 月 23 日收盘数据。

(四) 从行业分布上看,主要分布在信息技术领域

由于台资在大陆经营的企业大部分集中在以半导体为主的信息产业领域,因此,在大陆上市公司中,也以信息产业企业最多,有 8 家企业。其次是工业企业,共有 7 家上市公司,这些企业基本上都是有较高技术含量的制造业企业。此外消费品和材料生产企业分别为 3 家和 2 家,造纸、汽车零部件、家用轻纺、服装、电气设备企业各 1 家(见图 10-3)。

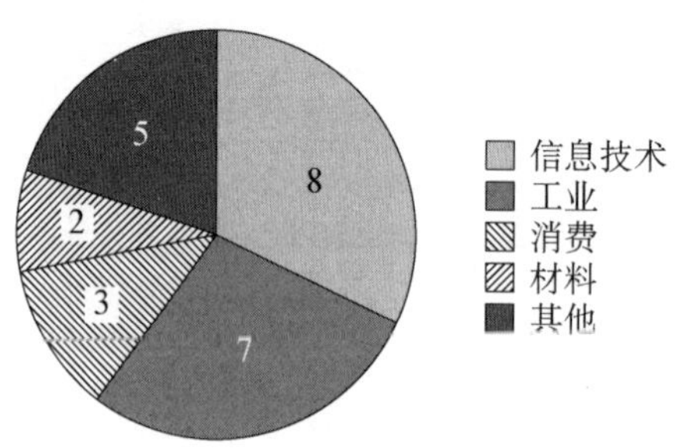

图 10-3 台资上市企业行业分布图

此外,从台商企业在大陆上市的方式来看,主要是以首次公开募股(IPO)的方式进行,少数企业以借壳的方式获得上市机会(如华映科技、厦华电子、山鹰纸业、华微电子等)。

二、台资企业在大陆上市的效果分析

台资企业在大陆上市,对于企业长远发展的效果非常明显,这主要体现在产出增长效应、再融资效应和声誉效应等几个方面。

(一) 台资企业上市带来的增长效应

大陆股市的中小板与创业板可谓是"创富"之地,吸引了众多科技与创新企业挂牌上市。由台湾大学、台湾交通大学和辅仁大学多位学者完成的《2013—2014大陆台商企业融资研究》报告的统计数据显示,同为在大陆投资的台商,回台 IPO 募资的平均金额为 7.78 亿新台币,而在中国大陆 IPO,平均每单的募集总额为 27.81 亿新台币,大陆市场融资额是台湾市场融资额的 3.57 倍。如海鸥卫浴 2006 年在深圳中小板上市前,其总资产仅 7.84 亿元,其中权益性资本仅 2.89 亿元,营

业额仅 6.51 亿元，利润总额 8 000 万元，净利润 5 774.8 万元。通过上市 IPO 及多次定向增发融资[①]，截至 2017 年 10 月，股东权益达到 12.49 亿元，增长了 3.3 倍，营业额达 17.87 亿元，增长了 1.75 倍，利润总额 9 280 万元，净利润 8 497.55 万元。经营业绩出现了较大增长。再如环旭电子在 2012 年上市后又于 2014 年进行定增，总资产、营业额、利润总额均出现大幅上升，上市前，其总资产仅 68.1 亿元，所有者权益 18 亿元，营业收入 65.3 亿元，利润总额 2.39 亿元，上市后总资产 166.62 亿元，所有者权益 82 亿元，营业收入 239.8 亿元，利润总额 10.1 亿元，分别增长 1.45 倍、3.55 倍、2.67 倍、3.23 倍。

(二) 台资企业上市带来的再融资效应

台资企业除借助大陆资本市场融资外，还能够利用大陆充裕的资本市场实现再融资。根据不完全统计，上述 24 家台资企业上市后已经先后发起了 13 次定向增发，其中海鸥卫浴、晋亿实业和立讯精密先后有过 2 次定向增发的行为，华映科技于 2015 年 6 月以 19.28 元/股底价，发行不超过 5.19 亿股，募集资金总额不超过 100 亿元，主要投向建设第 6 代 TFT-LCD 生产线等项目。在新项目上市后，华映的产业链将从上游的盖板玻璃到下游的液晶模组、触控组件，打通液晶显示产业链。又如立讯精密 2015 年 12 月以不低于 29.05 元/股，非公开发行不超过 1.58 亿股，募集资金总额不超过 46 亿元，用于实施电声器件及音射频模组扩建、智能装置与配件类应用等项目。这些台资企业在大陆资本市场上的再融资说明大陆资本市场能够为这些台资企业募集到源源不断的后续资金。

(三) 台资企业上市带来的声誉效应

对在大陆资本市场上市的台资企业而言，市场对上市公司股票行情及定期会计表册的公告，起了一种广告效果，有效地扩大了上市公司的知名度，提高了上市公司的信誉，这种“隐形”宣传价值，正成为台资企业跃跃欲试的重要考量。有研究者发现，与大陆企业“融资第一”欲求较为不同，多数在大陆资本市场上市的台资企业实际上在台湾地区债权融资成本较低，它们选择在大陆上市更多是为了品牌宣传及大陆市场拓展，市场品牌宣传也是台资企业非常重视的重要环节。很多台商

---

① 主要有两次定向增发：2014 年 11 月 11 日以 5.79 元/股的价格，非公开定向增发合计不超过 5 000 万股，募集资金总额不超过 28 950 万元，拟全部用于补充公司流动资金。又于 2016 年 1 月 14 日以底价 11.61 元/股的价格非公开定向发行不超过 8 613.26 万股，募集资金总额不超过 10 亿元。

认为品牌价值远超过市盈率价值，一些台资企业身份转变为A股上市公司后，往往能靠上市招牌获得各类订单[1]。

三、近年来台资企业在大陆上市步伐加快的原因分析

台资企业在大陆加快上市步伐主要有四个方面的原因。

(一) 大陆各地政府对台资企业上市的鼓励性政策

虽然近年来两岸政治关系出现了转折，但是在经济方面两岸之间的交流与合作一直没有中断，且呈现出持续良性发展的态势。事实上，中国政府一直支持台资企业在大陆的发展，同时也积极鼓励台资企业借助大陆资本市场转型升级。如2016年7月16日，时任海协会会长陈德铭受访时指出，台湾积体电路制造股份有限公司(简称“台积电”)赴南京设厂传递了一个重要讯号，大陆将支持台积电、联发科等台湾高科技公司到大陆上市。事实上，大陆官方的态度一直非常明确，对符合条件的台资企业在大陆A股上市，一直持支持态度。大陆认为，台资企业在大陆上市，不仅有利于其自身持续健康发展，也有利于大陆资本市场的逐步完善[2]。此外，台湾地区金融事务主管机关对台资龙头企业在大陆上市的“不干预”和“不刻意阻止”的态度也为这些企业创造了一些条件。

各地地方政府对台资企业借助资本市场融资也给予了非常积极的态度。如台资企业最集中的江苏省各地政府都积极出台相关政策支持台资企业上市，苏州是大陆台资企业最密集、吸纳台资最多、台资经济最发达的城市之一。截至2016年底，苏州全市对台贸易额占大陆对台贸易总额的近20%，超过1.1万家台资企业和5万多名台籍人员在苏州深耕发展[3]，从2001年开始，苏州台办就在进行协助台资企业上市的工作，2016年，苏州还提出打造“大陆资本市场江苏台企板块”，积极争取证券监管部门、金融业务部门的关心支持。以支持台资企业在大陆上市(挂牌)为抓手，帮助台资企业解决融资难融资贵的问题，助力台企转型升级。台资企业在大陆上市(挂牌)热情逐渐高涨，台企上市进度有效加快。2010年，罗普斯金成为苏州市首家台资上市公司。政府的上市支持还实实在在落在资金支持上。如在苏

---

① 资料来源：挂牌新三板一举两得，投行瞄准上市台股子公司[J]. 21世纪经济报道，2014-10-16.

② 资料来源：台媒：大陆支持台湾高科技企业到大陆设厂上市[N]. 参考消息，2016-07-08。

③ 资料来源：苏州14家台资企业在大陆上市，中国新闻网，2017年6月9日。

州昆山，截至2017年4月底，累计批准台资项目4 758个，投资总额571.67亿美元。为推动台企增资扩能，昆山对上市企业的补贴力度非常强，台资企业在准备上市的过程中，由于面临改制重组增加的负担，市政府会给予适当的补贴返还；有限公司变更为股份公司，过程中涉及土地、房产、车辆等的变更，免收各种规费，只收工本费。除此之外，昆山对进行上市的企业实行分阶段补贴政策：对经认定的拟上市挂牌企业，拟在境内上市的企业，完成股改后奖励100万元，进入辅导奖励100万元，获监管审核部门受理申报材料的奖励200万元；拟在境外上市的企业，成功上市后奖励200万元；拟在境内新三板挂牌或境外上柜的企业，成功挂牌或上柜后奖励50万元①。按照该政策，企业在主板上市可以获得补贴共计600万元，在新三板挂牌可以获得250万元补贴，基本上解决了企业上市的成本问题，甚至上市新三板还有盈余②。此外，在淮安、泰州等地都有类似政策出台。

上海等地台资企业在上市过程中也能获得地方政府的较大支持。如上海市政府台办就曾表示，随着大陆投资环境越来越好，台湾企业在大陆发展得越来越好，希望未来有越来越多的台资企业在大陆上市。广东出台了《广东省进一步支持台资企业发展若干措施》，支持台资企业参与广州、深圳区域金融中心建设，欢迎台资金融控股集团将其大陆总部落户广东；鼓励在粤台资企业在境内上市融资，支持经营效益好、偿债能力强的台资企业探索发行企业债券。

（二）大陆资本市场的不断完善

大陆资本市场不断完善是吸引台资企业在大陆上市的重要原因之一。近年来，随着大陆多层次资本市场的不断完善，企业上市融资的渠道越来越多，规则也越来越完善。这为企业上市融资开辟了许多新的通道。

1. 大陆多层次资本市场逐渐完善

从资本市场发展历程来看，台湾地区的资本市场发育比较早。台湾证券交易所于1961年成立至今已有58年的时间，期间不断创新发展，自1997年9月起开放认购权证的申请上市，2003年1月起开放认售权证的申请上市，2003年6月30日推出指数化商品—指数股票型基金（ETF），2004年7月推出以ETF为履约标的的认购（售）权证，2005年3月起开放不动产投资信托受益证券之申请上市，2009年8月引进境外ETF上市，2011年9月进一步开放投信发行直接投资中国A股的QFII ETF上市，2014年10月杠杆型及反向型ETF上市；另配合主管机关

---

① 资料来源：《昆山市企业上市挂牌奖励专项资金操作细则》，2016年7月25日。

② 据估计，上新三板的成本是150万元，再补贴250万元，盈余约100万元。

2014 年 5 月修正期货信托事业管理办法开放期货商品 ETF 募集，2015 年首档期货商品黄金 ETF 在台湾证券交易所上市挂牌买卖，2016 年 8 月 ETF 以双币别模式在集中市场交易。2016 年主管机关开放期货信托事业，可募集发行杠杆型及反向型期货 ETF，至当年底共有原油及黄金三档杠杆型及反向型期货 ETF 上市。目前在台湾证券交易所集中交易市场上市交易的有价证券包括股票、债券换股权利证书、可转换公司债、受益凭证、认购(售)权证、ETF、台湾存托凭证及受益证券(不动产投资信托基金)等(见图 10-4)。

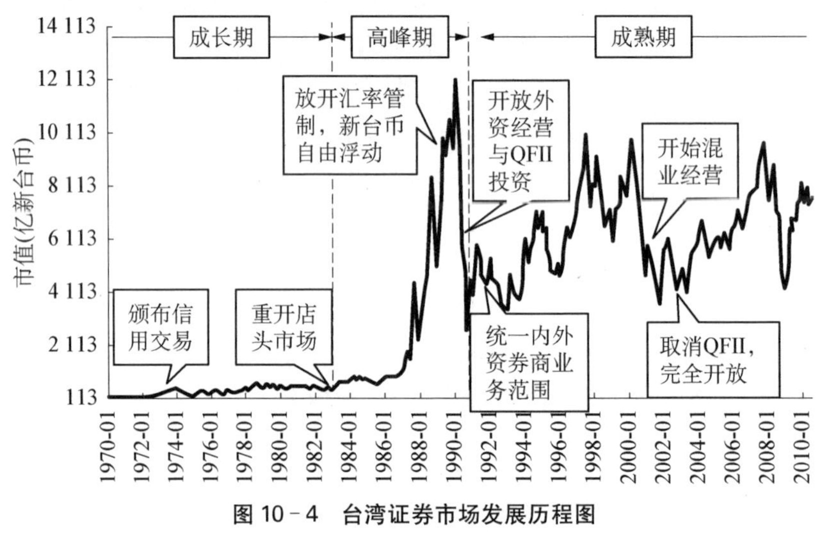

图 10-4　台湾证券市场发展历程图

大陆资本市场发育则相对较晚，但发展迅速，目前仍然处在成长期，未来市场空间较大。上海证券交易所成立于 1990 年 11 月 26 日，同年 12 月 19 日开业，经过近 30 年的快速成长，已发展成为拥有股票、债券、基金、衍生品四大类证券交易品种，市场结构较为完整的证券交易所。2016 年末，沪市上市公司家数达 1 182 家，总市值 28.5 万亿元，全年累计成交金额达 50.2 万亿元，日均成交达 2 056 亿元，股市筹资总额达 8 056 亿元；债券市场挂牌只数达 8 077 只，托管量 6.2 万亿元，累计成交 224.7 万亿元；基金市场只数 137 只，累计成交 8.9 万亿元；衍生品市场 2016 年全年累计成交 431.9 亿元。沪市投资者开户数量已达 22 485 万户。深圳证券交易所于 1990 年 12 月 1 日开始营业，已形成完善的多层次市场体系、多样化产品体系。截至 2016 年 12 月 31 日，上市公司 1 870 家，其中主板 478 家，中小板 822 家，创业板 570 家；总市值达 22.31 万亿元。2016 年全年，深市股票成交金额累计 77.6 万亿元，股票筹资额达 7 344 亿元，其中 IPO 融资 479 亿元，再融资募集资金 6 865 亿元。此外固定收益包括公募债、私募债、资产支持证券等各类产品，股债结合品种和资产支持证券特色突出，标准化质押式回购优势显著。创新推出保障房、小额贷款、不动产等开创性证券化品种，积极推动绿色证券化创新，拓宽投融资渠道，降低投融资成本。截至2016年12月31日，挂牌债券(含资产支持证券)2 869只，托管总面值13 333.4亿元。资产支持证券的基础资产涵盖融资租赁、公用事业、小额贷款、应收账款、商业物业等九大类，为基础设施建设、中小微企业融资、绿色金融等关键领域提供了重点支持。“基金超市”包括ETF、LOF、分级基金和封闭式基金四大类，其中LOF为深市首创。覆盖境内外主要市场，开创性推出“乐富基金超市”并形成独特品牌，打造低成本、高效率的一站式资产配置交易和转换平台。截至2016年12月31日，共有511只上市基金，资产规模达1 943.36亿元。近年来，先后推出商品期货基金(白银LOF)、跨时区ETF(纳指100)、类REITs(鹏华前海)产品，进一步丰富了上市基金品种，推动跨境产品实施日内回转交易，推出ETF实时逐笔全额非担保交收(RTGS)业务，不断完善基金配套机制建设(见图10-5)。

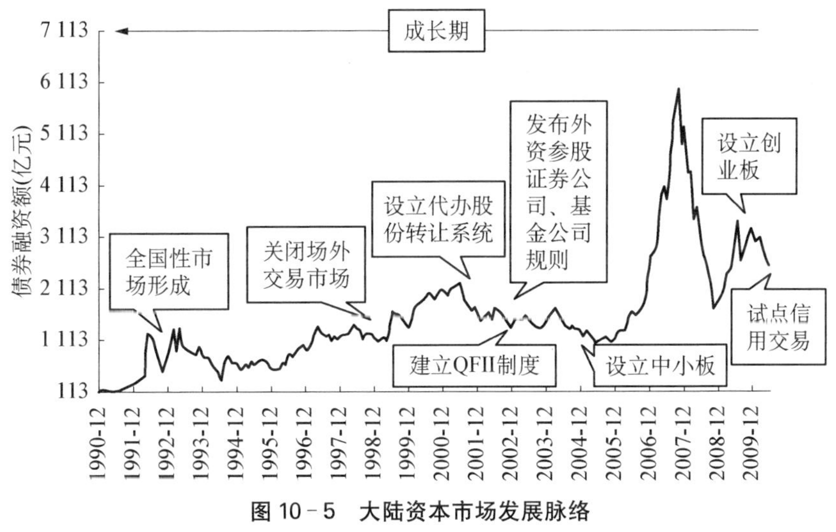

图10-5 大陆资本市场发展脉络

2. 上市规则部分优于台湾证券交易所

在上市条件上，随着大陆资本市场体系的逐渐完善，大陆市场与台湾地区资本市场的上市条件上并无太大差异。目前台湾地区的资本市场基本形成了上市、上柜和兴柜三个层面的资本市场体系(见表10-2、表10-3)，但在台湾资本市场上市的条件并不比大陆低，特别是营业利润及税前利润占实收资本比率的相关指标，对于一些处于成熟期的企业来说并不低，而大陆在这方面并没有直接的要求。此外，对大股东人数的要求(如上市需持有1 000万～5 000万股者不少于500人，上柜持有1 000万～5 000万股者不少于300人)虽然在维持市场稳定方面具有优势，有利于形成更多的机构投资人，但在很大程度上提高了企业上市的门槛(见表10-2)。

表10-2 台湾地区资本市场的上市条件

内容	上市	上柜	兴柜
经营年限	满5年	3年	无
资本额	实收资本1 800万美元以上，科技产业900万美元以上	实收资本300万美元以上	无
盈利要求	最近年度无亏损，且营业利润及税前利润占实收资本比率符合以下标准：最近两年6%以上或最近2年平均5%以上或最近5年3%以上	最近1年无亏损，最近2年平均2%以上，科技产业无盈利要求	无
股权分散要求	股东1 000人以上，持有1 000万～5 000万股者不少于500人，且持股20%或1 000万股以上	股东1 000人以上，持有1 000万～5 000万股者不少于300人，且持股10%或500万股以上	无
其他	承销商辅导1年，另有13项不宜上市条件	辅导期1年，2家券商书面推荐，董监事及大股东2年不得转让持股，另有13项不宜上市条件	已申报上市、上柜辅导的公开发行公司。2家券商书面推荐，全市需自行认购一定股份，向柜买中心登录并网上公开说明书，董监事及大股东2年不得转让持股，另有13项不宜上市条件

在企业上市的门槛基本类似的情况下，大陆市场形成的资金优势、信息优势和投资人的集聚优势就更加凸显出来(见表10-3)，因此，一些台湾地区的上市公司甚至选择在台湾市场退市，改在大陆市场上市，这为企业带来的增长潜力是非常巨大的。如鼎捷软件基于整合两岸研发、人才资源，拓展大陆品牌、竞争市场，突破法令对资金限制三大因素的考虑，选择2007年后在台湾退市，2008年筹备在大陆创业板上市到2014年正式上市，期间尽管遭遇了IPO暂停和IPO大核查，该公司依然坚持6年时间方才登陆A股。而A股上市回报是丰厚的：退市前鼎捷软件在台湾股市(鼎新电脑)的市盈率为15倍，以退市时申报的收购价格新台币44.51元/股计算，鼎新电脑退市前的市值约为60亿新台币，而目前在大陆A股上市，股价最高上涨到超过人民币120元/股，最高市值超过1 200亿新台币，其规模是鼎新电脑

在台湾退市时的 20 倍①。此外，台湾当局政策上鼓励境外投资，本地投资台股要征收 0.3%的证交税及所得税，投资境外却可以免税，导致台湾民众的资产配置及投信销售，境外投资都占了很大比例，这在结构上就决定了台湾资本市场的外部依赖性，很难利用和开掘内部动能。

表 10-3　大陆资本市场的上市条件

内容	新三板	创业板	主板(含中小板)
	非上市公众公司	股份有限公司	股份有限公司
主体资格	注册资本足额缴纳，发起人或股东作为出资的财产转移手续已办理完毕，发起人主要资产不存在重大权属纠纷，发起人股权清晰，控股股东及关联股东及其关联方持有公司股份不存在重大权属纠纷		
经营年限	2 年	3 年	3 年
独立性要求	应符合资产完整、人员独立、财务独立、机构独立、业务独立要求；同业竞争和显失公平交易都是审核红线		
股本要求	无明确要求	发行后股本总额不少于 3 000 万元	发行股本总额不少于 3 000 万元，发行后股本总额不少于 5 000 万元
		公开发行的股份达到股份总数的 25%以上	股本总额超过 4 亿元的，公开发行的股份达到股份总数的 10%以上
盈利要求	稳定、持续经营能力；非科技创新类企业最近两年累计营业收入不低于行业同期平均水平，券商一般标准是最近一年营收超过 5 000 万元或净利润超过 500 万元	最近两年持续盈利，最近两年净利润累计不低于 1 000 万元，或最近一年营业收入超过 5 000 万元	最近三年持续盈利，最近三年净利润累计不低于 3 000 万元，三年经营活动现金流量净额超过 5 000 万元，或最近一年营业收入超过 3 亿元，最近一年无未弥补的亏损，不得有重大影响公司持续经营能力的事项发生
资产要求	无限制	最近一年净资产不少于 2 000 万元，无未弥补的亏损	无形资产(扣除土地使用权、水面养殖权和采矿权等)占净资产比例不高于 20%

① 资料来源：鼎捷软件：令台湾媒体人惊叹的“登陆”财富神话[J]. 证券日报，2015-12-17.

（续表）

<table>
<tr><th>内容</th><th>新三板</th><th>创业板</th><th>主板(含中小板)</th></tr>
<tr><td>主营业务</td><td>业务明确、突出；报告期期末净资产为负数，报告期连续亏损且业务发展受到产业政策限制，未能在每个会计期间内形成同期业务相关的持续经营能力都被认为不具备持续经营能力</td><td>最近2年内没有发生重大变化，应当主要经营一种业务</td><td>最近3年内没有发生重大变化，可以双业或混业经营，对行业无要求</td></tr>
<tr><td rowspan="2">现任董监事、高管及实际控制人要求</td><td>不得违背公司法相关规定</td><td>最近3年内董事、高管和实际控制人没有发生变更</td><td>最近2年内董事、高管和实际控制人没有发生变更</td></tr>
<tr><td>现任董监高不存在最近24个月内受到证监会行政处罚或被采取市场禁入措施</td><td colspan="2">董高监不得有下列禁止行为：①被采取市场禁入措施且处在禁入期；②最近36个月内受到证监会行政处罚或最近12个月内受到证交所公开谴责；③被司法机关立案征查或被证监会立案调查，尚未有明确结论</td></tr>
<tr><td>股东人数要求</td><td>挂牌前股东人数超过200人需要证监会核准，除此之外经股转系统备案</td><td>股东人数不少于200人</td><td>无明确规定</td></tr>
<tr><td rowspan="2">限售规则</td><td colspan="3">董监高和实际控制人所持公司股份自公司股票上市交易日起1年内不得转让，董监高在任职期间每年转让的股份不得超过所持公司股份总数的25%；董监高上述人员离职后半年内不得转让所持本公司股份。发起人持有公司股份，自公司上市之日起1年内不得转让</td></tr>
<tr><td>控股股东及实际控制人在挂牌前直接或间接持有公司股票分三批解除转让限制，每批数量为挂牌前1/3，时间分别为挂牌之日、一年和两年后</td><td colspan="2">董监高及实际控制人在公开募集及上市文书中需公开承诺：所持股票在锁定期满两年内减持的，减持价格不能低于发行价；公司上市后6个月内如公司股票连续20个交易日的收盘均价低于发行价或上市后6个月期末收盘价低于发行价，持有公司股票的锁定期限自动延长至少6个月。公司公开发行股份前已发行的股份，自公司股票在证券交易所上市之日起1年内不得转让。控股股东需承诺36个月内不得转让</td></tr>
<tr><td>审核机制</td><td>备案制</td><td>审核制</td><td>审核制</td></tr>
</table>

（三）大陆台商企业面临自身转型发展的需求

一是大部分台资上市企业的管理重心已经从台湾地区转移到大陆。从管理便利化的视角出发，很多台资企业选择将总部从台湾地区迁至大陆。目前大部分在大陆上市的企业虽然多是跨国企业，但多以在大陆地区的生产基地为主。如环旭电子(601213)2012年在上海证券交易所上市前已形成以上海为总部的运营、研发中心，包括上海、深圳、台湾、墨西哥四个生产基地，并在上海、深圳、香港、台湾以及美国、日本设立销售机构和服务全球客户的网络。其11 000名员工中有81.1%是大陆员工。截至2016年底，其境外资产56.16亿元，仅占总资产的27.68%。华映科技(000536)截至2016年底的境外资产(在马来西亚的生产基地)仅占3.53%，其余都在大陆(其在香港的企业只是贸易公司)。

二是从扩大生产基地和转型升级所需资金的视角出发选择在大陆上市。目前，在大陆的台商面临从贴牌代工到设计研发、创立品牌的转型需求，越来越多的在苏台资企业积极创新发展，加快调整产业和产品结构。“台资高地”正在向“台智高地”转型，这些都需要大量投资。而立足大陆资本市场进行融资更加便利和快捷。在转型升级、绿色发展引擎驱动下，江苏的台企正从工业制造向现代农业、科研、生物医药、现代服务业等跨越，从劳动密集型向技术和资本密集型过渡。如2014年初，世硕电子(昆山)有限公司在昆山投资设立大型电子产品生产企业，2016年智能手机产量达到1 396万台，实现产值356亿元，进出口总额48亿美元。目前世硕三期投资计划已经通过，2018年7月投产运营。届时高端智能手机年产量将增加1 000万台，年产值增加200亿元，进出口总额增加25亿美元。台积电在南京投资30亿美元建设12英寸晶圆厂暨设计服务中心，包含工厂和设计服务中心。其中，晶圆厂规划月产能为2万片的12英寸晶圆，在2018年的下半年正式投产16nm制程，将在2019年达到预定的产能。

三是从与大陆产业融合的视角出发，上市更便利，上市企业加强与区内企业的合作。由于近年来全球经济形势的影响，国际贸易需求减少，因此，大量以出口为主的外资企业开始转向内销市场。如环旭电子(601213)2011年上市前外销占比91.26%，上市后的2012年内销上升50.4%，随后的2013年(32.2%)、2014(16.8%)年均保持了较快增长，至2014年，内销占比达到16.2%(见表10-4)。海鸥卫浴(002084)2010年上市前外销占比93.3%(内销占比6.7%)，随着在内销市场的上升，至2016年底，内销占比达到19.1%[①]。

---

① 我们认为外销转内销是否构成台资企业在大陆上市的原因目前不能定论，虽然不排除在大陆资本市场上市后引发的“广告效应”能够带来台资企业拓展大陆市场便利度增加等方面的影响。由于大陆市场对上市公司内外销比例没有明确规定，且在2010年以后，由于大陆市场面临出口压力，部分地区有目的地引导一些外销型企业将出口转为内销，没有专门针对上市公司的内销优惠政策，因此，我们认为，虽然台资企业在大陆上市后内销份额增加，但这可能更多是由于大陆产业政策引导和企业在内外销两个市场选择的结果，与是否上市不存在明显的因果关系。事实上，企业上市以后的情况也说明了上述观点。

表 10-4 台资企业在大陆上市前后内外销变化情况

证券代码	证券简称	上市前内销占比(%)	上市后内销占比(%)	备注
002084. SZ	海鸥卫浴	6.7	19.1	2016 年报
603002. SH	宏昌电子	79.76	88.2	2016 年报
002463. SZ	沪电股份	30	36	2016 年报
002333. SZ	罗普斯金	99	99.11	2016 年报
002158. SZ	汉钟精机	97.3	92.3	2016 年报
002162. SZ	悦心健康	96.24	97.59	2016 年报
603886. SH	元祖股份	98.66	98.82	2016 年报
601231. SH	环旭电子	8.74	16.2	2014 年报
002047. SZ	宝鹰股份	100	89.9	2016 年报
601002. SH	晋亿实业	82.1	84.1	2016 年报
002105. SZ	信隆健康	34.75	38.31	2016 年报
300046. SZ	台基股份	96.6	97.27	2016 年报
002475. SZ	立讯精密	20.2	15.78	2016 年报
002464. SZ	众应互联	26.1	3.39	2016 年报
603929. SH	亚翔集成	—	100	2016 年上市
300549. SZ	优德精密	—	88	2016 年上市
600567. SH	山鹰纸业	100	94.5	2016 年报
603958. SH	哈森股份	—	84	2016 年上市
603015. SH	弘讯科技	81.5	74.7	2016 年报
603306. SH	华懋科技	99.2	99.2	2016 年报

(四) 民间资本充足,证券市场融资成本较低

截至 2016 年底,大陆全年社会融资规模增量为 17.8 万亿元,年末全部金融机构本外币各项存款余额 155.5 万亿元,其中人民币各项存款余额 150.6 万亿元,全部金融机构本外币各项贷款余额 112.1 万亿元,其中人民币各项贷款余额 106.6 万亿元。在各项存款中,居民存款达到 60.65 万亿元,占全部存款的 39%,企业存款达到 53.09 万亿元,占 34.1%,二者占比之和达到 73.1%(见表 10-5),这些民间存款为企业通过资本市场融资创造了条件。

表 10－5　2016 年末全部金融机构本外币存贷款余额及其增长速度

指　　标	年末数(亿元)	比上年末增长(%)
各项存款	1 555 247	11.3
其中：境内住户存款	606 522	9.9
其中：人民币	597 751	9.5
境内非金融企业存款	530 895	16.6
各项贷款	1 120 552	12.8
其中：境内短期贷款	380 020	3.6
境内中长期贷款	635 052	17.8

资料来源：《中华人民共和国 2016 年国民经济和社会发展统计公报》。

四、台资企业在大陆上市融资需要关注的几个重要方面

台资企业在大陆 A 股市场申请发行与其他大陆企业一样，适用相同的审核标准和审核程序，大陆企业在上市过程中存在的问题对台资企业也普遍存在，如独立性、持续盈利能力、主体资格、规范运作与内部控制、信息披露和会计核算不规范问题，等等。与大陆企业相比，台资企业具有相对突出的优势在于：在电子、信息等行业世界领先，在许多细分技术领域都有独特的竞争优势；企业一般内部管理能力强，外销市场做得好，公司运作整体比较规范；企业普遍法制意识强，依法纳税，经营业绩较好。

2017 年 1 月 17 日国务院公布了《关于扩大对外开放积极利用外资若干措施的通知》，其中明确提出支持外商投资企业拓宽融资渠道。外商投资企业可以依法依规在主板、中小企业板、创业板上市，在新三板挂牌，以及发行企业债券、公司债券、可转换债券和运用非金融企业债务融资工具进行融资。自 2009 年发布拟设"国际板"至今，外资企业在华上市的消息就一直没有间断，但时至今日，外资控股并且在大陆上市成功的企业仅东睦股份一家(2004 年上交所主板 IPO)，其他外商控股的上市企业多为港资台资或外籍华人。究其原因，主要有以下几个方面。

(一) 政策变化风险

在大陆上市的台资企业需关注《台湾地区与大陆地区人民关系条例》《在大陆地区从事投资或技术合作许可办法》与《在大陆地区从事投资或技术合作审查原

则》等相关条文中针对台湾籍自然人、法人来大陆地区投资的范围加以的限制，这些限制包括禁止类与一般类，禁止类包括基于国际公约、重大基础建设及产业发展重要性考虑，禁止前往大陆投资的产品或经营项目。凡不属于禁止类的产品或经营项目，归属为一般类。2010 年 6 月 29 日，海峡两岸关系协会和财团法人海峡交流基金会签订《海峡两岸经济合作框架协议》，并于 2010 年 9 月 12 日起实施。该协议的目标为：加强和增进海峡两岸之间的经济、贸易和投资合作；促进海峡两岸货物贸易和服务贸易进一步自由化，逐步建立公平、透明、便利的投资及其保障机制；扩大经济合作领域，建立合作机制。尽管目前海峡两岸的经贸合作正在向积极的方向发展，但两岸经济政治环境的变化具有一定的不确定性，如果台湾对大陆投资方面的经贸政策发生变化，对在大陆投资范围采取较为严格的限制措施，有可能会对在大陆台商企业的生产经营产生一些不利影响。

特别是目前台湾地区针对台商企业在大陆上市的态度不明确是未来一个重要的政策变数，台湾当局“不干预”但不明确表态的态度在政策上带来很大的不确定性。一旦台湾对大陆地区投资方面的政策发生变化，对在大陆的投资范围采取较为严格的限制措施，将会对公司的生产经营产生不利影响。而其中台湾方面扮演关键角色的是台湾地区经济事务主管部门投资审议委员会。现实案例中，被投审会否决的案例相当多。如 2016 年，立讯精密下属境外全资子公司 LUXSHARE PRECISION 使用自筹资金参与认购台湾上市公司美律实业非公开定向增发普通股 6 300 万股。投资完成后，立讯精密将间接持有美律实业 25.40%的股权，成为其最大单一持股股东。但台湾投审会于 2016 年 6 月 30 日召开第 1135 次委员会议，考量美律实业为台湾地区微电声产业龙头厂商，认为本投资计划可能影响台湾地区未来微电声产业的整体发展，依据相关规定，驳回 LUXSHARE PRECISION 的投资申请。

(二) 证券监管风险

如果拟上市主体的控股股东方为台湾地区上市企业，则企业还会面临两地证券监管制度有所差异的风险。如 2016 年上市的亚翔集成的控股股东台湾亚翔为台湾上市公司，需要受到台湾相关证券监管机构的监督和管理。从反馈意见上来看，证监会主要考量以下方面：核查发行人控股股东的主营业务情况，各板块业务资产、收入、利润情况，设立发行人以来发行人资产、收入、利润在台湾亚翔体系内的占比情况；台湾亚翔分拆出发行人到大陆上市是否经过台交所同意，是否存在纠纷或潜在纠纷；发行人所披露的相关信息与相关主体曾在原上市地披露的信息是否存在差异。

因此,大陆与台湾在证券监督管理及信息披露方面存在的固有差异,可能会对公司未来信息披露工作造成一定的不利影响①。

(三) 同业竞争与关联交易的审核风险

由于大多数台资企业都是在台湾地区创业后逐步向大陆发展,长期以来一直采取“台湾接单、大陆生产、海外销售”这种跨海峡的“前店后厂”模式,因此普遍存在同业竞争和关联交易问题,成为台资企业在大陆 A 股上市的主要障碍。台资企业一般在台湾地区都存在控股股东,在其他地区还存在同行业的兄弟公司,这些公司都从事相同或者近似的业务,即存在同业竞争问题。解决同业竞争问题必须进行组织架构的调整,甚至需要用大陆公司整合台湾控股股东和其他地区的同行业公司才能得到有效解决,涉及的成本较高、时间较长,解决的难度也很大。

目前,台资企业解决同业竞争的模式主要有三种。一是台湾地区的控股股东规模比较大的,控股股东依然保留,但不从事与大陆公司相同的业务,从而解决同业竞争问题,如环旭电子股份有限公司等;二是台湾地区的关联公司规模不大的,将台湾关联公司注销或转让给无关联第三方,从而解决同业竞争,如昆山新莱洁净应用材料股份有限公司等;三是以大陆台资企业作为 A 股上市公司主体,将台湾地区关联公司重组成为大陆公司的全资子公司,如鼎捷软件股份有限公司就是由台湾鼎新电脑股份有限公司从台湾交易所退市,原来大陆子公司变为发行上市主体,原来台湾地区母公司变为发行上市主体的全资子公司,然后再到大陆 A 股上市。

此外,台资企业与台湾控股股东及其他兄弟公司相互之间还存在业务往来,即存在关联交易问题。从资本运作上看,解决关联交易可以通过交易双方按照市场价格定价、防止利益输送等方式来规范。因此,关联交易并不是台资企业大陆 A 股上市的实质性障碍。

(四) 其他大陆资本市场与外资企业上市有关的问题

一是出资真实性问题。由于台湾当局的政策限制,许多合资企业来大陆投资采用通过第三地或隐名投资。而根据相关法律规定,股份有限公司特别是上市公司必须披露信息,且对信息的真实度要求较高,如果股东、出资人的姓名出现不实

---

① 此外,在大陆上市的台商企业可能也需要承受在台湾地区资本市场退市后面临的大陆资本市场审核风险,并且受到大陆证券监管部门资本市场宏观调控过程中可能上市周期较长、不确定性较高等风险。

的情况将对公司的运营产生很大的负面影响且将来难以改正。目前存在一些台资企业股东或出资人的姓名与实际出资人不符,如果要改制上市,这种情况必须加以纠正。

二是注册资本必须实缴。《关于设立外商投资股份有限公司若干问题的暂行规定》第七条规定:"公司的注册资本应为在登记注册机关登记注册的实收股本总额,公司注册资本的最低限额为人民币 3 000 万元。其中,外国股东购买并持有的股份应不低于公司注册资本的 25%。"现大陆对外(台)商投资资本采取的是授权资本制,一般并不要求资本实际缴纳到位。但台资企业拟转制为股份有限公司,应该将资本实缴到位。故合资企业打算改制为股份有限公司并上市发行股票,要对以前可能存在的出资不到位的情况加以检查并改正,以便于顺利通过验资和审核并完成改制。

三是需要变为外商投资股份有限公司。外资控股企业在境内上市不存在特别的法定障碍,根据《公司法》规定,只有股份有限公司才有资格申请股票上市,如果欲上市的台资企业是有限责任公司或其他形式的经济实体,应该首先转制成为股份有限公司。经工商、商务主管部门审批,外商投资企业可新增股东变为中外合资企业,股权结构调整完成后,拟上市主体需要整体变更为外商投资股份有限公司。

四是年检及持股比例的要求。包括申请上市前三年均已通过外商投资企业联合年检;经营范围符合《指导外商投资方向暂行规定》与《外商投资产业指导目录》的要求;上市发行股票后,外资股占总股本的比例不低于 10%等。

五是关于品牌专利的处置问题。需要将集团内拥有的优质品牌、专利技术等转让至大陆拟上市主体,确保大陆上市主体拥有完整的技术链条,能够更好地面对市场的竞争。需要综合考虑台湾上市公司和大陆拟上市主体的市场实际需求,以及业务、市场划分情况等,进行合理布局。

五、共同打造三地联手资本区

2014 年 11 月 17 日,上海与香港证券交易市场之间正式开通"沪港通",截至 2017 年 10 月底,期内通过沪深的"港股通"流进香港股市的净金额已逾 6 401 亿元人民币,至 2017 年 11 月 17 日"沪港通"开通 3 周年时,沪深"港股通"净流进港股的净金额接近 7 000 亿元人民币。

"深港通"也已于 2016 年 12 月 5 日开通。2014 年"港股通"日均成交额约 4.64 亿元人民币,占港股总成交额的 0.68%;2015 年上升至 16.98 亿元人民币,占比 1.62%;2016 年为 20.71 亿元人民币,占比 4.22%;2017 年前 10 个月为 44.57

亿元人民币，占比 6.56%。

此外，港交所对内地个人投资者通过"沪港通"投资香港联交所上市股票取得的转让差价所得，自 2017 年 11 月 17 日起至 2019 年 12 月 4 日止，继续暂免征收个人所得税。这是继 2014 年三部委决定自 2014 年 11 月 17 日起至 2017 年 11 月 16 日止，对内地个人投资者通过"沪港通"投资香港联交所上市股票取得的转让差价所得，3 年内暂免征收个人所得税之后的政策延续，至于"深港通"个人所得税 3 年免征优惠，将于 2019 年 12 月到期。

内地资金占港股交易量明显增加，反映大陆资金正开始加强对港股的部署，内地资金已经掌握港股主导权，并且只会有增无减并支持港股向上，并且预期情况持续，内地资金南下增加投资港股，属于未来 5～10 年的大趋势。

"沪港通"是内地与香港市场互联互通迈出的关键第一步，随后开通的"深港通"的意义不亚于"沪港通"，随后"黄金深港通"的启动，无疑是翻开两地市场发展的新篇章！

目前中国正在围绕"一带一路"积极推动资本市场的对外开放。党的十九大报告向世界郑重宣布："要以'一带一路'建设为重点，坚持引进来和走出去并重，遵循共商共建共享原则，加强创新能力开放合作，形成陆海内外联动、东西双向互济的开放格局。""实行高水平的贸易和投资自由化便利化政策，全面实行准入前国民待遇加负面清单管理制度，大幅度放宽市场准入，扩大服务业对外开放，保护外商投资合法权益。凡是在我国境内注册的企业，都要一视同仁、平等对待。优化区域开放布局，加大西部开放力度。赋予自由贸易试验区更大改革自主权，探索建设自由贸易港。创新对外投资方式，促进国际产能合作，形成面向全球的贸易、投融资、生产、服务网络，加快培育国际经济合作和竞争新优势。"

中国正在进一步优化资本市场开放的发展规划和发展举措，落实并细化放宽证券行业外资准入的政策，稳步推进"沪伦通"①的认证工作，围绕"一带一路"的政策也在进一步创新，为跨境投资并购提供专业的支持。未来，对外开放依然是中国资本市场发展的主基调之一。

融入大陆经济高速发展的"快车道"是广大台商的不二选择。充分利用已经在大陆开展业务的台资上市公司的先发优势，实现金融与资金的互通，将对推动两岸

① "沪伦通"就是伦敦与上海股市互联互通，即中国投资者可通过上海证券交易所，购入伦敦证券交易所上市的个别股票。与此同时，英国投资者也能通过伦敦证券交易所买入部分上海上市的 A 股。SWIFT 统计截至 2017 年 8 月，全球使用人民币支付的国家有 100 多个，90%的支付集中在 10 个国家，新加坡占比高达 24.4%，英国紧随其后占到 21.6%。所以英国有这个市场有这个需求。而对中国来说，推出"沪伦通"有助于中国上市公司信息披露制度和企业文化与国际接轨，在此基础上扩大中国企业在海外的影响力，顺便把人民币带出去。

经济交流与合作，以及台湾地区经济的重振与再一次腾飞有着非常重要的意义。

截至 2017 年底，港沪深三地资本市场市值已达 70 万亿元人民币的规模。纵观全球，这样大的体量屈指可数，台湾未能加入，难免要产生巨大的焦虑。一方面，如不能参与该资本市场构建，台湾有可能会被边缘化；另一方面，台湾市场体量有限，身边有一个巨型的可投资渠道，资本流向越发不可控。事实上，不少台湾券商已开通“深港通”复委托交易渠道，为台湾民众投资三地资本市场做准备，相对直接投资，复委托交易成本自然会增加，但对不能投资三地资本市场的台湾民众而言，这也是不得不考虑的选择之一。

第四篇　战略性新兴产业初创企业的新型金融支持体系研究

战略性新兴产业的发展离不开技术创新和市场创新，因此，推动金融市场创新是完善战略性新兴产业发展的重要一环。特别是在当前以大数据、云计算、人工智能等为代表的互联网技术快速发展的背景下，技术的进步无论是对货币政策的制定还是对金融市场的波动本身均有直接影响[①]。因此研究互联网背景下战略性新兴产业的金融市场平台问题至关重要。

① 互联网带来的金融体系的影响参考贺杰(2016)。

第十一章 战略性新兴产业技术交易市场的建设思路

科技成果转化是落实“科学技术是第一生产力”的关键，也是未来上海成为具有全球影响力的科技创新中心的核心内容，为此，经过 20～25 年的时间，逐渐建立和完善多层次的具有全球影响力的全球科技成果转化和交易市场体系，是未来上海科技创新的重要内涵之一。

一、多层次技术市场是上海科创中心建设的核心内容之一

习近平总书记曾经指出，全球范围看，创新驱动是大势所趋，当今世界，谁牵住了科技创新这个牛鼻子，谁走好了科技创新这步先手棋，谁就能占领先机、赢得优势。为此，建设具有全球影响力的科技创新中心，是上海实施创新驱动发展战略、引领我国科技发展的长期目标任务。

而具有全球影响力的科技创新中心的一个关键环节，就是要成为全球科技成果转化过程中的重要一环，要成为具有全球影响力的科技成果转化中心。事实上，从当今世界经济发展趋势看，全球经济的竞争愈来愈表现为科学技术的竞争，而科学技术的竞争最直接的表现就是科技成果（特别是高技术成果）转化数量、质量和转化速度的竞争，即科技成果商品化、产业化程度及其市场占有率的竞争。因此，上海要建设具有全球影响力的科技创新中心，首先就需要通过将科技研发的成果迅速转化为生产力，争夺全球科技转移转化的主导权。

在科技成果转化过程中，以市场手段对科技成果进行定价，既是对科技成果公正、公平、公开评价的一种方式，同时，也能够以市场需求引导科技研发，加速科技成果向应用转化，从而形成市场和技术创新的良性互动。因此，建立和完善科技成果转化和交易的市场机制，从而在上海建成具有全球影响力的技术交易中心，争取

全球创新产品的市场定价权，是上海未来科技创新体系建设的重要环节之一。

二、上海具备成为全球有影响力的科技交易中心的优势

上海建设多层次的科技成果转化和交易市场体系，从而成为具有全球影响力的科技成果交易市场，在国内具有得天独厚的先发优势，这主要体现在以下几个方面。

一是上海具有科技成果转化和市场交易的供求优势。从地域上来看，上海依托长三角广大的产业腹地，目前已经是中国经济最发达的地区之一，而在未来20～30年，这一地区将进一步成为全球最大的城市群之一。长三角区域不仅是我国研发投入最多、研发实力最强的区域之一，如2017年在全国研究与试验发展经费投入前六名的省市中，长三角地区的江苏、浙江和上海分列全国第二、第五和第六位，同时，苏浙沪三省市也是全国专利密集度最高的地区之一。

二是上海具有内联外引和中外交融的枢纽优势。在科技成果转化过程中，上海具有其他地区无可比拟的内联外引和中外交融的优势。如在跨国公司研发总部方面，截至2013年底，上海拥有跨国公司研发中心近370家，约占全国1/4，其中来自世界500强企业的研发中心占比更是达全国1/3，在全球性或区域性研发总部数量上仅次于东京和硅谷，因此，上海已经可以利用全球的资源来建设全球科技创新中心，具有全球科技创新中心的雏形。此外，目前上海人才的国际化水平全国最高。截至2017年底，在上海的外国常住人口已达163 363人，占上海常住人口的0.68%，其中有大量常住上海的以工作为主的外国专家（2017年底达到79 701人）。按照这个趋势，至2040年，上海将成为一座国际化的全球城市，上海作为全球创新枢纽的地位将日趋显现。

三是上海具有完善的多层次的资本市场优势。科技成果转化离不开资本的支持，目前上海拥有全国最完整的资本市场体系，集中了全国包括证券交易所、期货交易所、中国金融期货交易所、黄金交易所、外汇交易中心和全国银行间同业拆借和债券市场等在内的众多金融市场，部分市场如上海证券交易所、上海期货交易所、中国金融期货交易所等在全球已经具有一定的影响力。上海在全球的资金配置能力已经开始凸显，全球排名前300的银行中有134家银行在上海设立了分支机构或代表处开展金融业务，远远高于北京（80家）和广东（69家）。目前，上海在利用资本和市场优势促进科技成果转化方面已现端倪，如在技术成果转让方面，2017年上海转让合同2.16万件，金额867.53亿元，转让合同数量和金额均居全国第二位，仅次于北京。

三、上海科技市场体系建设要有危机意识

目前，上海虽然在科技成果转化和技术市场建设方面拥有一定的先发优势，但是这种优势面临着增长过缓和周边区域的竞争压力，上海需要有危机意识。

(1) 从专利申请和授权的数量上来看，近年来上海的专利申请和授权数量增长缓慢，甚至已经被安徽省赶超。自 2017 年上海的专利授权数达到 51 508 件之后，就一直徘徊在 5 万件左右的授权数量，而安徽省从 43 321 件增加到 48 380 件，其中 2013 年的申报数和授权数都超过上海，分别达到 93 353 件和 48 849 件(上海同期分别为 86 450 件和 48 680 件)，与广东、江苏、浙江等省份的差距在迅速拉大(上述三省 2013 年授权数分别为 170 430 件、239 645 件和 202 350 件)。这说明在能够向市场提供的科学技术研发成果上，上海出现了增长瓶颈。

(2) 从技术交易市场成交的情况来看，上海与长三角周边区域相比拥有的市场优势也面临着很大的挑战。2010 年，上海技术市场的交易合同金额是江苏的 1.8 倍，但是到 2014 年，上海全年经认定登记的各类技术交易合同 25 238 份，合同金额为 667.99 亿元，而江苏省全年共签订各类技术合同 2.5 万份，技术交易合同金额达 655.3 亿元，已经基本与上海持平。2010 年，北京市场的交易额是 1 579.5 亿元，2014 年，北京地区交易的各类技术合同数量已达到 67 278 份，技术合同成交总额达 3 136 亿元。上海与北京的差距则在扩大。此外，市场作为促进技术成果转化的重要桥梁作用也未能得到很好的发挥，如 2012 年上海专利转化率仅 10%(同期国内平均 6%)，与国际发达城市之间的差距明显(纽约的专利转化率达到 30%)。

(3) 上海作为连接国内和国际两个市场重要桥梁的作用在逐渐弱化。如在对国外技术的引进方面，上海虽然仍然是目前国内交易量最大的地区，但这个优势也面临周边地区的严峻挑战。2013 年，上海引进的国外技术数量为 3 080 件，居全国第一位，但是引进的国外技术成果交易金额只有 50 亿元，已经落后于江苏(97.13 亿元)。而在国际专利申请数量方面，2014 年上海申请的国际专利总计 1 038 件，只相当于同期深圳的 1/10(11 646 件)，甚至不到华为一家企业的 1/3(2014 年华为申请的国际专利达 3 442 件，居全球企业第一位)。此外，同期的中兴通讯申请了 2 179 件国际专利，居全球第三位，上述两家企业都在深圳。在 2014 年全球最具创新力技术企业 50 强中，上海竟没有一家企业入围，这说明上海企业的国际影响力亟待提升。

四、上海多层次科技成果转化和交易市场的构成

到 2040 年上海要成为全球有影响力的科技创新中心，就需要建成全球有影响力的科技成果转化和交易市场中心，为此，上海需要构筑以下四个方面的市场体系。

（一）基于科学技术成果和科研产品信息发布和交易的基础市场平台

该平台的功能主要是汇集科学技术研发的供求信息、产品信息和技术成果信息，并促成供求双方的交易，因此，该市场由三个子市场平台构成。

一是科技研发项目的需求信息发布和项目促成的市场平台。该平台的主要功能就是通过一定市场规则的设计，集聚科学技术需求方在该平台上进行信息发布，有相应研发能力或技术供给的研究机构（或个人）通过平台进行供求匹配。

二是科学技术成果展示、信息发布和交易的市场平台。该平台主要是集聚一系列新的科技成果和科技产品，通过成果和产品功能及效果的展示，吸引有兴趣的投资人参与成果转化或产品市场化应用。

三是国际技术转让和对接的交易市场平台。经济、科技全球化日趋深入，与国际接轨、走国际化发展道路已成为技术交易市场的发展方向。上海的技术交易市场要充分发挥上海自贸区先行先试、内联外引的优势，面向全国和世界，与国际接轨，采用国际惯例运作，形成全球范围内资金集聚、技术集聚和信息集聚的功能，服务全国、辐射全球，为国内外技术转移和知识产权服务搭建全天候、实时、一站式的技术转让和交易平台，实时实现国际技术转移与知识产权交易。

（二）满足科技型企业成长过程中融资需求的多层次资本市场平台

科技成果的转化过程同时伴随的是科技型企业的成长过程。在企业成长过程中，各阶段对资金的需求也不尽相同，因此，需要根据不同成长阶段的企业成长特征，建立多层次的资本市场平台。

一是对初创科技企业建立政府扶持和民间资本天使投资引导平台。一方面要积极发挥政府财政在科技成果“孵化”过程中的引导性作用；另一方面，要发挥民间资本作为“天使基金”在支持初创企业中的积极作用，要通过税收减免、财政扶持等方式，营造有利于天使资本投资的市场环境，促进民间资本投资于初创企业。

二是风险投资资本的并购和退出平台。要根据风险资本的特征，建立专门为风险资本进入和退出服务的市场交易平台。

三是建立具有全球影响力的股权交易市场平台，为快速扩张的科技型中小企业融资引入私募股权投资。上海要在现有的上海股权托管交易中心的基础上，利用自贸区带来的上海新一轮改革开放的契机，走国际化全球化的道路，到2040年将该中心建设成为一个具有全球影响力的科技企业股权交易市场，为上海证券市场夯实基础。

四是将上海证券市场建设成为为全球成熟科技型企业资本证券化服务的重要资本市场平台。目前上海证券市场为科技型企业提供融资服务的能力还不够，国际化的程度则更低，因此，需要立足于全球资本市场体系的建设，按照国际资本市场通行的交易规则进行改革，使之逐渐成为为全球成熟科技型企业资本证券化服务的资本市场。

(三) 为科技成果转化中的投资风险进行分担的衍生产品市场平台

科技成果转化和投资过程中往往伴随着极大的投资风险，需要通过一系列相关投融资工具的创新来化解或者对冲科技成果转化和交易过程中的风险。因此，在国内资本市场逐渐规范和完善的前提下，建立与科技成果转化和交易相匹配的衍生产品市场对科技成果转化和交易具有重要意义，这个市场可以包括一系列新的金融产品，如科技产品的期货合约，基于科技成果转化过程中的一系列汇率产品、利率产品或股权产品等的期权交易。

(四) 科技成果转化和交易服务的中介市场平台

随着科技成果转化和交易市场的发展，与科技成果交易市场相关的中介服务业需要不断完善。

一是要建立完善的科技成果第三方评估或评价体系。要完善第三方评估机制，要形成3～5家具有全球影响力的科技成果价值评估和评价的第三方评估机构，并带动一批具有国际竞争力的第三方评估机构。

二是要建立为科技成果转化和交易服务的专业化财务会计服务平台，要扶持3～5家具有全球影响力的专注于为科技型企业服务的专业化会计服务机构，并带动一批具有国际竞争力的财务会计中介机构。

三是要建立为科技成果转化和交易服务的专业化法务服务平台，要扶持3～5家具有全球影响力的专注于为科技型企业服务的专业化法律事务机构，并带动一批具有国际竞争力的法律事务机构。

(五) 借助“互联网+ ”带来的技术突破，尽快打造网上技术交易市场平台

目前网上技术交易市场迅速兴起，对传统技术交易市场已经形成冲击。随着互联网技术的快速发展，借助“互联网＋”带来的技术革命，网上技术交易市场发展迅速。如中国浙江网上技术市场凭借高效、低交易成本、交易时空延拓性以及公开的市场机会等优点，近年来实现年均50％以上的增速。截至2015年1月，该市场内签约项目3.23万项，技术合同成交额达309.29亿元。相对于传统技术交易市场，网上技术交易市场具有以下明显优势。

一是人才、信息、资金、技术集聚形成的成本优势。如浙江网上技术市场网络平台能够整合浙江省11个市级市场、94个县(市、区)分市场和29个专业市场，形成全省、全国的信息网络系统，并通过专家库和技术中介库连接几万家高校、科研院所和中介机构，使得其市场挂牌的技术难题解决率达到76.4％的高水平。

二是“创新链”整合优势。目前上海技术交易市场仍然停留在“创新点”的交易，而不是“创新链”的交易。但网上技术交易市场则需要在“创新链”上做整合，如浙江网上技术市场能够通过网络平台实现国家重大项目，如国家“863”计划研究成果、中科院“432”计划与企业的直接对接，极大地提高了技术成果的转化速度。推出的科技成果网上拍卖会，共促成450项科技成果转化，总成交额达6.93亿元，其中有60项成果实现产业化，新增销售12.44亿元，新增利税2.32亿元。

三是“三业融合”线上线下结合的优势。科技成果交易比一般商品交易具有相对复杂和多样化的特点，因此，网上交易市场需要向线下延伸，形成线上与线下的互动。如浙江网上技术交易市场建立了一个面积近3万平方米的实体市场——浙江科技大市场，市场内入驻了投融资、技术评估、法律咨询、知识产权等35家中介服务机构，为交易双方提供主动性一站式服务。还为卖方进行成果演示、买方进行实体感受提供固定场所，实现了网上网下、技术交易与产品交易相结合。

上海要成为全球有影响力的科技创新中心，就需要尽快借助“互联网＋”带来的信息化契机，在科创中心建设的大框架下先行先试，通过“确权、确交易平台、确交易规则和确监管部门”等一系列创新举措，加快“互联网＋技术交易市场”建设步伐，打造全球有影响力的科技成果转化和交易市场。

第十二章 以地方性基础股权交易市场推动上海战略性新兴产业成长

美国纳斯达克证券市场的发展历程告诉我们，资本市场通过与市场中的企业一起成长，能够实现由“草根”市场到“庙堂”市场的转变。目前，上海的地方性基础股权交易市场——上海股权托管交易中心通过积极推出科创板开展与科技型中小企业共同成长的模式创新，是上海在多层次资本市场上的积极探索，极大地丰富了上海科创中心建设的金融支持体系，是上海建设科创中心的科技金融体系建设的关键一环。因此，上海需要高度重视这一重要资本市场的未来发展，并在政策上给予更大的支持与激励。

一、纳斯达克发展的简单脉络

纳斯达克的发展经历了三个阶段。

第一阶段是 1971—1982 年，是纳斯达克由简单电子报价系统逐渐向交易和融资转型及初步发展时期。这一时期的前段时间纳斯达克甚至不提供交易系统，也不提供股票成交及时信息。开展交易后也没有表现出相对于其他市场的明显优势，这段时间纳斯达克的市值增长率只有 13%，与同期的美国证券交易所和纽约证券交易所大致相同。在这个市场挂牌的企业如英特尔在随后的半年时间里几乎没有成交量，业绩也并不理想，并没起到很好的示范效应。

第二阶段是 1982—2006 年，这是纳斯达克第一次分层后的高速发展阶段。1982 年，纳斯达克开发了全国市场系统，并为之设置了一套更高的上市标准，一些规模大、交易活跃的股票进入纳斯达克全国市场，其他不满足条件的股票则在常规市场。自此之后，纳斯达克真正开启了硅谷模式，成为科技公司冒险的乐园。在全国市场中挂牌企业迅速增加，1982 年挂牌企业仅 40 家，1990 年迅速增加到 2 587

家。1994 年,纳斯达克股票市场的股票数超过纽约股票市场,成为世界上最为活跃的证券市场之一,1999 年纳斯达克成交额达到 11 万亿美元,首次超过纽约证券交易所,成为全球最大的证券交易市场。

第三阶段从 2006 年 2 月至今,纳斯达克宣布再次将股票市场分为纳斯达克全球精选市场、纳斯达克全球市场(即原来的纳斯克达全国市场)以及纳斯达克资本市场(即原来的纳斯达克小型股市场),在进一步优化市场结构的同时,加大了对全球优秀企业的吸引力度。至此,纳斯达克真正成为一个具有全球影响力的资本市场,成为全球创新公司上市的代名词。

二、纳斯达克经验对上海多层次资本市场建设的启示

从纳斯达克的成长过程中,我们可以得到以下几个方面的启示。

(一) 资本市场可以是"草根"到"庙堂"的成长模式

纳斯达克是一个典型的由"草根"到"庙堂"的资本市场成长过程,其成立初衷是作为一个场外交易市场交易信息平台,同时为中小企业融资提供信息化服务。最初在纳斯达克挂牌的企业都是中小企业甚至初创企业,如英特尔 1971 年挂牌时融资总额仅 820 万美元,微软上市时资产仅 200 万美元,今天的一些著名的高科技公司如苹果、甲骨文、亚马逊、eBay 和雅虎等上市时都是初创的"草根"企业,纳斯达克也是"草根市场"。但随着市场中企业的成长,纳斯达克也实现了由"草根"到"庙堂"的转变。与企业一起成长成就了纳斯达克本身。

(二) 市场分层是资本市场自发的结果,跨市场分层流动并不多见

纳斯达克的市场分层是在市场内挂牌的企业出现两极分化后不得已而为之的结果。事实上,在 1982 年前后,市场中的企业已经是冰火两重天,"二八定律"非常明显,市值 200 亿美元以上公司数量仅占上市总数的 3.5%,却占据了 71%的市值。且一些挂牌企业如英特尔、微软等公司即使达到了纽交所的要求,也因为更熟悉纳斯达克交易规则而不愿意转入纽交所的主板。纳斯达克既需要吸引世界上最高质量的公司进入市场交易,同时也要满足初创型中小企业的上市需求,因此,不得不设置不同的门槛,对市场内的企业进行分类管理。

纳斯达克分层的经验给我们一个明确的认识:市场的分层本身是市场内生的

结果。同时,由于企业一旦选择在某一市场上市培育,其融资通道就会被"锁定",导致跨市场的分层和升级非常困难。因此,上海希望通过由承接中小板、创业板和"新三版"等市场上的成熟企业实现资本市场做大做强的路径在现实中可能并不可行。事实上,中国至今没有出现转板成功的先例。

(三) 信息披露的真实性是资本市场生存和发展的生命线

纳斯达克至今还保留着其原有的场外交易市场(OTC 市场和粉红单市场)和小型股市场两个门槛很低的市场,但其对挂牌企业信息披露真实性的要求却仍然很高。为此,它对不同层级中的企业有着明确的基本信息披露要求,这些基本要求的信息不在于多少,但真实性是基本要求。为保证信息的真实性,纳斯达克不仅在利益机制设计上通过做市商制度和报价驱动制度两个制度加以保障,同时对虚假信息零容忍,一旦挂牌企业提供虚假信息导致投资人出现亏损,不仅面临退市,且还要被追溯投资损失。

(四) 以做市商制度和报价驱动制度让资本市场中各类主体利益和风险共担

纳斯达克实施的是做市商制度和报价驱动制度。纳斯达克要求挂牌企业必须有两家以上的做市商为其做市才能挂牌交易,实际上纳斯达克每家挂牌企业平均做市商数量是 12 家,一些规模较大、交易活跃的企业有 40 多家做市商为其做市。做市商除了要有一定实力外,还需要持有一定比例挂牌企业股票库存,库存保证了做市商将自己的利益与挂牌企业成长的长期利益进行了绑定,避免了虚假信息的产生。还通过与报价驱动制度相结合,保证了市场在交易活跃的同时,避免人为造成挂牌企业股价的剧烈波动(偏离挂牌企业实际价值的剧烈波动对做市商的库存是非常不利的)。事实上,最初纳斯达克的做市商也存在一定勾结,但是监管层及时弥补了监管漏洞。

(五) 市场分层应着重于市场反应相关指标,而不是按行业分层

纳斯达克整个市场偏重于初创的新兴技术类企业,挂牌企业的门槛是按照初创的高新技术企业标准来设置的。但入门以后的分层依据则是市场选择的结果,因此其主要依据仍然是企业自身的经营管理状况及其在资本市场的表现,包括规模市值、财务状况、股东人数、企业治理状况和股票价格等因素。各层级市场内挂牌企业的标尺是一样的,这也方便了挂牌企业在不同层级市场中的自由转换。企

业达到高一层级的市场标准自动进入新市场进行交易，一旦低于市场标准要求，则自动退入低级市场进行交易。

从纳斯达克市场的分层来看，实际上它是通过市场行为来选择未来行业和未来企业。这有两个方面的好处：一是可以避免对未来行业和企业发展方向的人为误判或遗漏；二是操作简单，标准清晰，避免每出现一个新兴行业就要出台一套标准或者一个板块，反而会导致市场没有标准。

三、上海科技创新板推出的作用与意义

科技创新板作为上海多层次资本市场的重要组成部分之一，于 2015 年 12 月 28 日在上海股权托管交易中心隆重推出。这是上海资本市场立足张江“一区 22 园”内的科技创新型企业，并以系统化的资本市场培育、辅导、孵化和融资，解决广大科技型中小企业融资问题的重要举措，也是上海建设科创中心的科技金融体系建设的关键一环。

(一) 科技创新板推出的特征

上海科创板的推出，有以下几个方面的显著特征。

一是市场进入的“低门槛”。科技创新板突出企业的科技创新属性，其服务对象主要是尚未进入成熟期但具有较好的成长潜力的科技型和创新型企业，即“大张江”园区内的“四新”（新产业、新业态、新模式、新技术）经济企业。事实上，从科创板首批挂牌交易的 27 家企业中看，包括科技型企业 21 家，创新型企业 6 家，其中 19 家企业处于初创期，其余 8 家企业刚刚步入成长期。这些企业的行业则分布于互联网、生物医药、再生资源、3D 打印等 13 个新兴行业，平均股本 1 944 万元，2014 年平均营业收入 2 272 万元，平均净利润 123 万元，盈利企业占 70%。其中 16 家企业已获得“高新技术企业”“专精特新”“小巨人”等相关称号，可谓突出了“大众创业、万众创新”的特点。

相对于传统资本市场如上海证交所、深交所挂牌企业甚至新三板的挂牌企业要求而言，科创板门槛相对较低。如 2014 年“新三板”挂牌企业平均注册资本金为 4 800 万元，平均收入 1 亿～1.2 亿元，净利润在 800 万元左右。而上海股权托管交易中心 E 板挂牌企业平均注册资本金只有 2 300 万元左右，科创板在这方面要求则更低，只需满足以下五个条件就可以挂牌，即属于科技型、创新型股份有限公司；具有较强自主创新能力、较高成长性或一定规模；公司治理结构完善，运作规范；公

司股权归属清晰；上海股权托管交易中心要求的其他条件。

二是科技含量高。具体来看，科技型公司应至少具备研发投入强度不低于3%、研发人员不低于10%、高新技术产值占比不低于营业收入的50%和具有自主知识产权四项条件中的一项。创新型公司要求属于上海“四新”经济热点领域，具有“新技术、新模式、新业态、新产业”的特征。“较强自主创新能力”指可以尚未实现收入或盈利，但需要在技术研发、自主知识产权核心技术或特许经营资质等某一方面有所突破。“较高成长性”则体现为完成了前期的研发或度过了初创期，已具有一定的营业收入，且最近连续两年营业收入增长率不低于30%。“一定规模”的要求则体现在一定的营业收入、利润水平、市值等方面，同时在公司治理结构和公司股权等方面也有明确要求。可见，科创板不是没有“入门门槛”，而是门槛相对于其他市场较低，且主要对象更倾向于科技型实体企业。这也符合其错位发展的市场定位特征。

三是市场投资人风险承受能力强。由于科创板挂牌企业大部分是初创期或者成长期前期的企业，相对来说风险较高，所以对投资人的风险承受能力要求也较高。科技创新板建立了合格投资者制度，对机构投资者的要求是依法设立的具备风险识别能力和风险承受能力的法人机构、合伙企业。而对个人投资者风险承受能力和投资范围均有一定的要求，如要求个人投资者包括银行存款、股票、基金、期货权益、债券、黄金、理财产品（计划）等在内的金融资产在50万元以上，且挂牌企业自然人股东只能买卖其持股公司的股份。

四是制度创新多。上海的科创板落户张江，既发挥了自贸区制度创新的优势，又能够借助张江示范区先行先试的集成创新优势，因此，在政策扶持上能够相互借力，形成创新合力。科创板在交易制度上的创新较多，如首次采用注册制，建立以信息披露为中心的挂牌审核机制。其中，对申报挂牌前已取得推荐机构、其他私募股权投资机构一定金额投资或采取其他市场化方式认定的申请挂牌企业采取简易注册程序，形式审查模式，即公开拟挂牌公司的信息，规定时间内无异议即可挂牌。同时，针对不同类型企业在板块设置和交易方式上也进行了区分，如根据企业自身条件不同区分为“基础性挂牌条件”和“个性化挂牌条件”，根据交易方式的不同分为N板转让系统（被称为“NE板”）和N板报价系统（被称为“NQ板”），前者企业可直接交易，必须为股份公司，后者只是信息展示，必须线下交易，必须为有限公司。此外，为保护投资者利益，设置了50%的涨跌幅限制。

（二）科创板的制度创新仍有待完善

科创板刚刚起步，各种监管和转板、退市制度还有待完善。

一是注册制的一个重要特点就是事后控制，因此，需要进一步加强对挂牌企业的监管力度。包括两方面的内容，一方面是要在现有国家法律法规的前提下制定切实可行的监管办法。2015 年，上海股权托管交易中心对 26 家 Q 板违规挂牌企业、5 家违规中介机构、3 家 E 板违规挂牌企业及相关责任人进行了相应处罚，就挂牌企业的异常情况发布 20 次风险揭示公告，这些举措都体现了管理层在加强市场监管、整顿市场秩序方面的决心。另一方面则需要根据国家相关法律法规的变化对相关规则进行及时变更。如 2015 年国务院在《关于国有企业发展混合所有制经济的意见》(国发〔2015〕54 号)中对非上市企业股东人数已经没有 200 人的限制，且提出了做市商等第三方服务体系的建设目标，虽然没有相关细则的落地，但上海需要敏锐地把握政策动向，可以适时开展相关操作细则的前期研究，一旦政策面宽松就及时更新。

二是与多层次资本市场如何对接未解决。多层次资本市场的出发点是满足不同发展阶段企业的融资需求，而作为多层次资本市场的组成部分，科技创新板是为科创企业量身定制的专业化板块，科创板推出后面临的问题就是如何与其他市场对接和转板升级的“绿色通道”问题。为此，需要探索建立科技创新板与上海证券交易所设立的战略新兴板等其他多层次资本市场之间的对接机制，包括在业务规则、挂牌企业上市和信息发布渠道等方面的有机衔接，需要在科创板与其他市场之间形成互信机制，让科创板挂牌企业所有的材料、结论能够全部达到上交所战新板的认可，从而实现市场间的便捷转换。

科技创新型企业的一个重要特征就是企业成长的不确定性，如 19 世纪美国的铁路公司顶峰时期有 6 000 多家，到现在仅存 500 多家，大部分企业破产或者被并购。据 Wilshire 5000 Total Market Index 显示，1998 年美国上市公司数量达到 7 562 家的最高峰，而截至 2015 年 1 月，美国的上市公司只剩下 3 812 家，而破产则是很多企业退市的主要原因之一。因此，包括转板上市、破产清算和惩罚性摘牌等制度的设计需要进一步完善。

(三) 科创板需要进一步拓展与创新

目前，科创板作为上海多层次资本市场的重要组成部分才刚刚起步，在服务科技创新型企业的手段和能力上还有很多欠缺，因此，在未来发展中，科创板还需要做进一步拓展和创新。

(1) 在服务空间上的“扩容”。目前科技创新板的服务对象主要还是局限在以张江高科为核心的“一区 22 园”内的科技创新型企业，尚未形成“立足上海、服务全国、辐射全球”的格局，这与上海建设“全球有影响力的科技创新中心”的目标还不匹配，因此，借助上海国际金融中心建设的契机，实现空间上的扩容势在必行。其次是服务对象上的“扩容”。目前科技创新板服务的对象限定为“四新”企业，如何覆盖更加前端的初创企业借助资本市场的融资需求仍然是科创板未来需要考虑的问题。

（2）对投资人“扩容”。目前市场投资人仍然是以机构投资人为主，自然人投资者不多且受到较多限制，如何调动更加广泛的自然人投资者的关注度，让广大人民群众也能分享到科技创新企业成长的收益是未来需要考虑的问题。

（3）加强金融创新的力度，积极发挥市场作为综合金融服务集聚平台的功能，拓展市场功能。由于市场中集聚了银行、证券、保险、私募、资管、担保、保理等不同金融业态，因此，除了探索与多层次资本市场的对接之外，还可以在风险可控的前提下尝试突破传统融资模式，开发创新型金融产品，利用互联网综合服务平台，推动融资方式与金融工具多元化，如应用“投贷联动”“投保联动”等机制，探索试点优先股、夹层融资、资产证券化等创新产品。

四、上海股权托管交易中心是上海推动战略性新兴产业成长的重要资本市场之一

近年来，面对金融市场的创新冲动和竞争压力，上海一直力图走“高大上”的资本市场建设之路，但走了不少弯路，国际板、战略性新兴板的先后受挫应该让我们明白，要在建设思路上进行调整，要有新认识，寻求新思路，才能有新突破。上海需要将原来“单腿走路”的市场建设思路变为“两条腿走路”的思路，在继续尝试走自上而下市场建设之路（如国际板、石油期货、外汇期货等）的同时，走自下而上的“草根”市场培育和提升之路。作为“四板”的上海股权托管交易中心的地位就显得非常重要。

（1）这是目前上海地方政府唯一能够主导的金融市场。上海金融市场集聚，但经国务院同意可开展标准化连续交易的由地方政府主导的金融市场只有股权托管交易中心，因此，该市场是上海国际金融中心建设的重要抓手和重要组成部分，它构成了中国多层次资本市场体系建设的重要一环。

（2）它夯实了上海多层次资本市场的基石。股权托管交易中心是一个事实上的全国性市场，目前在该市场挂牌的企业中，不仅有上海本地企业，而且有大量其他省市企业。不仅如此，市场还为企业成长创造了条件，如2016年企业中报显示，市场内挂牌企业平均营业收入较上一年度增长176%。可见，这些企业构成了上海主板市场重要的上市后备资源库，夯实了上海多层次资本市场的基石。

（3）它已经具备了较强的融资功能。目前在市场上挂牌的9 000多家企业中

已经有不少企业具有较高的投资潜在价值，对投资人具有一定吸引力。截至2016年底，该市场已累计实现股权、债权融资总额225.87亿元，平均每家N板、E板挂牌企业获得股权融资2 385.10万元，超过55%的科技创新板、E板挂牌企业均获得了股权融资，市场初步形成了资金、信息和交易集聚的功能。

(4) 该市场是交易制度创新的重要平台。相关制度创新如分层制度、做市商制度、报价驱动制度、信息披露制度等都有许多尝试，其独创的"非上市股份有限公司股份转让制度体系"，在挂牌条件、审核机制、退出机制等11个方面的制度体系已成为各区域性市场参照的范本。

可见，在上海面临新三板的强大压力下，无论是对完善上海自身的多层次资本市场体系，还是对丰富上海上市资源，服务上海国际金融中心建设等方面，上海股权托管交易中心都非常重要，必须予以高度重视。

五、对策建议

上海需要举全市之力，从以下几个方面来帮助上海股权托管交易中心渡过难关。

一是将上海股权托管交易中心全面纳入上海自由贸易试验区可复制可推广的大框架下开展金融创新。2015年10月发布的《进一步推进中国（上海）自由贸易试验区金融开放创新试点　加快上海国际金融中心建设方案》（"金融40条"）虽然只提出"支持股权托管交易机构依法为自贸试验区内的科技型中小企业等提供综合金融服务"，但根据上海自贸区可复制可推广的原则，上海可将股交中心纳入自贸区的大框架下，将市场推广至全国。

二是明确以上海市级主管领导牵头，市内各级金融主管和服务部门密切配合，做好与中央层面监管层的沟通与协商工作。在上报中央相关部门的材料中要突出股交中心作为上海基础性资本市场的"三个性"，即强调股交中心对上海国际金融中心建设的重要性，凸显其作为国务院《关于推进上海加快发展现代服务业和先进制造业　建设国际金融中心和国际航运中心的意见》"重要一环"的合法性和自贸区建设中推动金融制度创新主体的必要性。

三是明确沟通和协调目标。要力争通过沟通和协调，至少实现以下三个目标中的一个：最好的结果是中央监管部门鉴于上海市场的特殊性同意股交中心作为全国性市场为全国中小企业提供融资服务。次好的结果是股交中心作为长江经济带或长三角的重要市场为一个较大经济区域内的中小企业提供融资服务。最差的结果是在只能为上海本地中小企业提供融资服务的前提下，对已经在市场挂牌的外地企业不做清理，支持这些企业继续在上海市场挂牌和交易。

四是要举全市之力帮助股交中心完善制度，做好监管，让中央监管部门放心安心。市场规范是市场功能实现的首要前提，更是资本市场的生命线，因此，监管部门要加强对股交中心制度建设的指导和监督，高度重视对挂牌企业信息披露情况的监管。要注意通过市场分层完善企业信息披露内容和范围，企业的信息披露务必以真实可信为目标。加强对披露信息真实性的监管和对虚假信息相关责任人的处罚力度，对虚假信息造成投资人损失的，一定要会同相关执法部门追究相关责任人的经济和法律责任，绝不姑息养奸。只有努力打造一个规范高效的市场，才能真正发挥出上海市场作为特殊市场的特殊功能。

第十三章 中国私募股权投资的功能及未来发展模式选择

在支持战略性新兴产业发展的过程中，风险投资起到了非常重要的作用。在国务院发布的《"十三五"国家战略性新兴产业发展规划》中明确提出要"大力发展创业投资和天使投资，完善鼓励创业投资企业和天使投资人投资种子期、初创期科技型企业的税收支持政策"。近年来，随着中国经济的高速增长，中国已成为亚洲最为活跃的潜力巨大的私募股权投资(private equity, PE)[①]市场之一。根据清科研究中心发布的2014年中国私募股权投资市场数据统计，2014年中国私募股权投资市场共有448只可投资中国大陆的私募股权投资基金完成募集，披露投资金额的423只基金募集到位的可投资中国大陆的总金额达到631.29亿美元，超越历史最高的2008年创历史新高。同时，私募投资机构共计投资项目943起，其中披露投资金额的847起投资案例共计投资537.57亿美元，也创历史最高水平[②]。私募股权投资正在中国的资本市场中发挥出越来越重要的作用，而且随着新一轮国企混改、境内外并购市场的火爆、上市公司资本运作的活跃，以及生物医疗、移动互联网等新兴投资领域热潮的到来，不同层次私募股权投资机构的机遇越来越多，中国的投资市场快速膨胀，PE市场迎来"2.0时代"。然而，中国的PE市场也面临一系列发展中的现实问题，如PE投资行为的短视问题、监管问题等，其中最重要的一个方面就是国内PE在投融资过程中的定位问题。本章力图借助Merton(1995)关于金融中介机构功能的分析思路和理论框架，对中国PE的现状及其应当承担的角色和实现的功能进行分析，并提出适合未来中国PE发展的"可靠顾问模式"设想，为PE的进一步发展提供一种可供借鉴的路径和方式。

---

① 国际上一般将私募股权投资分为风险投资和并购基金两类，但由于风险投资和私募股权投资在中国资本市场界限较为模糊，因此，我们将上述两类资本均视为私募股权，即本书中的私募股权包含了风险资本。

② 资料来源：清科投资网站 http://www.pedaily.cn/。

一、文献综述

事实上，作为全球资本市场上一支重要力量的私募股权投资基金早已不是新鲜的事物。这种以非公开的方式，在特定范围内向特定投资者募集资金，且以非上市公司的未上市权益性资产为投资标的，其目的是通过该资产上市获得退出收益的特设基金，早在1949年的美国就已经存在了。该行业一直到20世纪90年代左右随着美国金融管制的放开而快速发展，1988年后，私募基金数量以平均每年超过17%的速度增长，并在进入21世纪后继续保持高速增长。目前，私募股权投资在美国的创新和经济增长中具有非常重要的地位。美国风险投资协会(NVCA)的一项研究表明，私募股权投资的投入产出比为1∶11，1983—1992年期间，美国的PE占美国研发的比率平均不到3%，但对工业革新的贡献却达到了8%。

由于PE在美国市场有着举足轻重的作用，因此，国外学者对PE的研究也非常广泛，研究领域则主要集中在资本来源、监督控制、投资决策、效果和退出机制等方面。如Gompers & Lerner(1979)对产业投资基金的资本构成展开研究，发现机构投资者对产业基金具有重要作用。Lerner(1994)对产业基金与公司治理的关系进行了实证分析，发现产业投资基金有助于金融中介在被投资企业中发挥出更强的监督控制职能。Metrick & Yasuda(2011)从PE为什么会存在、PE在帮助企业成长中发挥的作用、PE能否赢得超额收益，以及PE合约机制设计等角度对相关研究进行了系统述评。

中国的PE起步于20世纪80年代，进入21世纪，特别是在2006年开设深圳中小企业板和2009年开设创业板以后迅速发展，并且起着越来越重要的作用。据The City UK(2012)报道，2011年中国市场私募股权无论是投资额还是新增基金数量，均居于世界第三位，仅次于美国和英国。

与此同时，国内学者也对PE做了许多相关研究，主要集中在以下几个方面。

一是从PE的市场渠道建立角度展开研究，如李建华等(2007)在剖析发达国家私募股权市场运作机制和中国私募股权市场存在问题的基础上，结合中国金融业的现状，提出私募股权投资信托是建立中国私募股权市场的一条有效路径。张明(2008)则分析了国外PE突破中国政府对外资投资于特定行业的限制及资本项目管制进入中国资本市场的问题。

二是对PE对国内资本市场的影响和效果展开研究，如李曜和张子炜(2011)比较分析了私募股权和天使资本对创业板市场IPO抑价的影响，发现我国私募股权资本往往投资于高估值行业且入股的企业资质较差，不能发挥认证作用，其持有的公司具有更高的IPO抑价率；相反天使资本往往投资于资质较好的企业，并且愿意投资负债率较高的企业，其持股对IPO抑价率无显著影响。张子炜等(2012)从盈余管理角度研究了当前中国市场私募股权扮演的角色，研究结果表明，长期持股的PE机构显著降低了企业的盈余管理程度，而上市前一年内突击入股的PE机构显著增加了企业的盈余管理程度。张亦春等(2012)研究了创业板IPO中的超募问题，发现私募股权投资与发行市盈率存在显著正相关关系，但私募股权投资并不显著提高IPO公司的超募率。

三是对PE的市场功能进行研究。如洪渊(2007)从证券市场的功能出发，认为PE的功能在于增加市场资金、优化投资结构和分散市场风险；王慧娟和张然(2012)则从公司治理的角度研究了私募股权投资对被投资企业高管薪酬契约的影响，他们发现私募股权投资参与的上市公司其薪酬业绩敏感性普遍高于无私募股权投资参与的上市公司，且私募股权投资持股比例越高、投资期限越长、投资该公司的私募股权家数越多，则被投资公司的薪酬业绩敏感性越高。

四是从监管和市场制度设计的角度对PE的市场准入原则、市场构建框架和制度法规展开研究。如渤海产业投资基金课题组(2007)以渤海产业投资基金为例，通过构建金融创新演化的正反馈机制，透视中国转型期金融创新的目标、路径及突破难点，并提出从市场准入、市场构建和制度法规完善三个方面推进金融突破的思路和对策建议。张斌(2011)也分析了私募股权投资的制度设计与市场拓展方式。

上述这些研究通过对中国市场私募股权的研究后有一个普遍的看法，那就是私募股权投资在中国经济发展中并未发挥出应有的积极作用。究其原因，主要与我国私募股权投资基金的市场定位不明确有直接关系。因此，有必要通过厘清PE的基本职能，为PE的未来发展寻找途径。

二、全球PE市场与国内PE市场的比较研究

目前国际上成熟的私募股权投资具有以下几个方面的特征。

(1) 从私募股权投资基金的资金来源上看，PE作为一种金融中介，从特定投资者那里获得资金，并进行投资，这些特定对象一般是特定的个人或机构，很少是政府基金。

(2) 从投资的对象上看，主要集中于非公开交易的私人公司，所以一般都是产业投资基金，且一旦进行投资，无法通过公开市场进行即刻交易。同时，由于这些投资对象通常是经营时间较短甚至没有经营历史的企业，因此，投资风险较大。

(3) 从 PE 与投资对象的关系上看，双方在投资成立后实际上是一种同舟共济的紧密关系，PE 一般不选择控制被投资企业，但会在企业的监督管理和帮助公司发展方面发挥积极作用。

(4) PE 的投资目的并非战略投资而是最终通过退出获得财务增值，退出的渠道有上市、兼并收购、企业内部回购和公司清理等。虽然欧美 PE 退出方式中 IPO 退出收益更高，但是以并购退出更为普遍。

目前国内 PE 扮演的角色与国际上成熟 PE 之间存在较大差异，这主要体现为一种“预 IPO 模式”，这种模式往往表现出以下几个特征。

(1) 以传统的资本密集型行业为主要投资对象。以 2014 年为例，从并购金额上看，中国 PE 并购的市场中房地产、能源及矿产、连锁及零售等传统行业独占前三名，分别为 94.9 亿美元(17.7%)、78.3 亿美元(14.6%)、66.6 亿美元(12.4%)①。而从并购案例上看，互联网和生物医药增长迅速，与传统的房地产业占据前三，传统的机械制造业占比也较高，上述四个产业分别为 145 项、81 项、106 项和 64 项，分别占 15.4%、8.6%、11.2%和 6.8%。

(2) 具有成长前景和丰富现金流的成熟企业更受 PE 青睐，即他们倾向于投资需要资本进行扩张的企业，而不是早期的企业。如 2014 年，PE 对生物技术/医疗健康、清洁技术、互联网等新兴行业的投资大幅增长，但这些并购大部分都是以成熟企业为主要对象，其目的是通过并购实现上下游产业链的整合，以期在市场拥有更大比例的用户群。2014 年互联网行业共完成并购案例 145 起，披露投资金额的 129 起案例共计投资 40.84 亿美元。

(3) PE 尤其关注能够迅速通过公开 IPO 方式实现退出的企业。我国 PE 分别在 2007 年和 2009 年高速发展，其中一个重要原因就是中小板和创业板两个市场的诞生。

(4) 政府是中国 PE 市场的积极参与者。中国很多 PE 都具有一定的政府背景，特别是 2009 年以后，代表政府进行投资的 PE 已经成为投资主体，占到整个市场的 1/3②。虽然政府不直接参与或从事 PE 的业务，但是往往以引导基金的方式在基金的运作过程中发挥重要作用。

(5) PE 的规模普遍以中小型为主。随着近年来融资难问题的凸显，小型 PE 以其门槛低、投资灵活成为市场主体。

造成上述差异的原因主要有以下三方面：①中国资本市场制度安排不合理。

---

① 资料来源：清科 2013 年研究报告《2013 年中国并购大年，TMT、生技健康等新兴行业惹眼》，http://www.pedaily.cn/。

② 资料来源于白洋(2010)。

在当前IPO审批制情况下，企业能否上市不仅取决于企业本身，同时也取决于是否能够通过证监会的审批，从而导致非市场化的IPO行为。比如在中国市场上IPO首日收益率都会超过1倍，而在美国市场平均水平只有15%，如此高的IPO退出回报率导致企业更愿意选择上市退出。②与中国企业自身的管理文化有很大关系。中国的企业家对企业的控制权有较高偏好，希望企业在发展的同时保持自身的独立性，因此，对PE来说，它们无法通过市场注资的行为控制企业，所以不愿意选择并购，也因此更倾向于以IPO方式退出。③与中国经济增长模式有很大关系。投资者一方面看到了中国经济快速增长导致的资本流动性需求增加，进而带来的资本升值，同时也看到了中国经济增长中粗放式增长方式带来的企业自身创新能力不足，市场缺乏创新态度、创新能力和企业家精神所导致的增长的不可持续性，因此，PE更注重和追求短期收益。正是上述这种宏观环境的短期性和微观行为的短视性带来了PE投资行为的短期化。

三、基于金融结构和金融企业家分析框架的PE功能的解析

要解决中国PE投资行为短期化的问题，首先需要改变国内PE市场定位的短期化，即需要从制度的层面对国内PE市场的功能和作用进行重新定位。这就需要借助目前正在兴起的制度金融理论特别是金融结构和金融企业家的分析框架。

事实上，将金融作为一个产业和推动实体经济的重要力量纳入主流经济学进行分析是近年来金融学研究的一个重要方向。长期以来，由于金融企业被视作既定的外生存在，因此，人们不必也不应去窥探其中的机理和奥妙，金融企业也成为主流经济学视野中的“黑箱”之一而被长期搁置起来。但进入20世纪80年代，一些经济学家对诸如金融因素为什么重要以及金融企业何以产生等制度金融学的核心问题进行了深入探索，制度金融又重返经济学家们的视野，围绕该问题的讨论俨然形成“显学”(Freixas & Rochet，1997；Shubik，1999)，一个支撑制度金融学的现代理论结构已然呼之欲出[①]。

实际上，在分析PE市场定位的过程中，其金融企业的属性从一开始就无法回避，甚至可以说，它是PE重要性制度内涵的一个必要阶梯。迄今有关金融企业的大部分理论文献被纳入“金融中介理论”的体系之中，并且成为其中的主流成分(张杰，2010)。正因为如此，我们也可以借助于以Merton为代表的制度金融的相关理论，在金融学“新古典综合”的制度范式分析框架下，从作为金融中介的PE的产生

① 关于制度金融学发展脉络的观点参考张杰(2011)。

和演化中寻求其功能定位的目标。

自从 Gurley & Shaw(1960)开创性地提出"金融中介机构可以节约交易成本并利用借贷两方面规模经济的好处"的命题之后，不少经济学家有意无意地选择不同角度对这一命题进行扩展。而这些理论的扩展和延伸也逐渐完善出金融中介的功能全貌。由此引申至 PE 的定位问题，则可以体现在以下几个方面的功能上。

(一) PE 作为金融中介为企业特别是初创和成长企业融资的功能

Merton(1995)从功能的视角出发，认为金融体系会根据功能的需要去寻找一种最好的组织，而组织机构是否最好，取决于技术和时机。他认为市场和中介之间存在着一个特有的范式。金融市场倾向于交易标准化的或者成熟的金融产品，这种产品能服务于大量的消费者。而金融中介更适合于量少的新金融产品，这些产品一般是高度定做的，只针对那些具有特殊需求的消费者，信息也是不对称的。中介定做的产品一旦适应了市场，且信息不对称得到克服，就会从中介移向市场，到市场上交易。即中介和市场之间存在一种互动的关系。对照这一功能，我们认为 PE 作为一种金融中介的存在，正是通过跟随企业的成长过程，将"高度定做"的产品向"有特殊需求"的消费者出售，并通过适当的引导使之成为适应市场、信息对称、服务于大量消费者的产品。为此，PE 的市场定位首先就是为初创期和成长期的企业提供资金融通(主要通过风险资本形式)。由于初创期企业缺乏稳定的现金流、透明的财务报表以及可以用于担保的固定资产，因此银行等传统金融机构不愿意也无法为其提供融资。而 PE 的资金来源于具有较强风险承担能力的成熟投资人，不会过于短视，同时，PE 的专业团队能够以股权方式为企业提供融资和控制，并能够参与到企业中监控和促进企业的转变，因此，能够规避传统金融机构的风险，为这些企业提供资金支持。

(二) 解决企业融资过程中的信息不对称问题

Diamond(1984)曾经认为金融中介通过充当被委托的监督者来克服信息不对称问题。Boyd & Prescott(1986)强调金融中介存在的基本条件就是在信息不对称可能产生的成本和信息处理成本之间寻求一种均衡。Chan(1983)认为金融中介的优势是能将搜寻投资机会的成本分散在众多投资者之间。金融中介这种对信息不对称问题的克服实际上就是基于其在处理信息方面的规模经济效应，由于在不存在金融中介的场合，每个投资者都要独立支付一笔搜寻成本，而厂商通过中介形成联合的资金成本(包括信息成本)则是联合中厂商数目的减函数，金融中介通过在不同投资项目之间进行广泛搜寻，减少企业和市场之间的信息不对称。由于不同企业信息群面对的投资人不同造成投资市场的分段市场（不同的客户群），使得PE投资者可以凭着他们的不同技能与业务焦点获得回报。

为了有效获得企业信息，PE往往更加灵活，在制度设计上进行定制创新。由于投资对象的中小型创业企业在初创期经营不规范，缺乏经过审计的规范的财务报表等信息，外部投资者和内部管理人之间信息不对称问题严重，PE可以通过提供股权激励的方式解决管理层激励问题，这些措施包括与创业企业管理层签订对赌协议或为管理层提供"干股"，在满足一定业绩条件下直接将部分股份转赠给管理层。这一系列灵活的激励机制使得投资人与经营者在目标上趋于一致，从而避免了企业成长中的一系列道德风险问题。

（三）帮助初创期企业进行风险管理和风险转移的功能

正如Santomero（1984）的发现，由于投资者的风险偏好不同，金融中介机构要在投资者之间发挥风险转移的功能，以使整个社会的平均风险水平下降或处在一个相对稳定的水平。Merton（1989）也认为，金融中介所具有的特权便是进行风险打包或者拆分，从而使风险以最低的成本加以分散。PE作为金融中介，其对风险的分散作用主要体现在两个方面：一方面体现在资金来源方面，由于PE作为金融中介比个体投资者更能分散金融成本，从而使得个人的投资多样化偏好更加容易实现，每个投资者成为"金融专家"的代价下降（Merton，1989；Allen & Santomero，1998）。另一方面则体现在其对投资对象的风险管理方面。一般而言，初创期企业的管理团队更多地专注于公司运营本身，不善于进行风险管理和控制，而PE则专注于风险管理，通过为投资的企业提供风险转移和风险减少的技术将企业风险转移出去。PE通过引入新的管理团队，实现团队和公司治理的重构，以降低企业运营风险；PE通过引入新的股东，拓宽关系网，降低企业风险；在具体的投融资过程中，通过一轮一轮的方式来全程控制风险。另外PE还可以通过设置看跌期权的方式来控制和降低风险。这样，管理团队专注于公司运营本身，私募股权资本则专注于促进风险的转移，使用比公众市场更低的成本，通过对冲和其他金融服务将风险转移至其他市场参与者身上，从而为企业提供持久的支持力量和重构能力，以及在需要的时候提供额外的金融服务支持。

（四）与被投资对象一起成长的功能

在金融中介投资企业的过程中，其作为金融企业的属性已然成为一种既定的存在。以前人们关注更多的是已经“长大成人”的金融企业的实际功能和现实表现，而不是其“身世”或者成长过程。但是，事实上金融企业也是一个成长的过程，即便内部条件相似甚至相同，金融企业产生的时序以及成熟程度也会有所不同，外部因素对金融中介的影响也非常重要，而且金融企业家的重要性会立刻凸显。不仅如此，金融企业家一旦现身金融发展的历史舞台，金融激励机制、金融财产权制度甚至整个金融制度结构的作用也就变得举足轻重（如 Greenwood & Jovanovic，1990；King & Levine，1993；Greenwood & Smith，1997）。正如 Santomero（1984）所言，只有金融企业家的资本投入在先，储蓄者源源不绝的存款流才会跟随其后。如果没有金融企业的制度支撑，人均收入这个对于金融发展至关重要的因素，就仅仅是一些苍白的数量标尺而已。因此，PE 作为金融企业，需要“将正确的资本提供给正确的客户”，帮助企业实现跨期、跨地区和跨行业的优化资源配置的同时，获得自身的增长。因此，这需要 PE 从一开始就成为独立的金融市场主体，拥有被法律明晰界定并加以妥善保护的金融产权，独立构建自己的效用函数和资产负债表，根据自身的效率原则独立创造金融产品，并为借贷者提供相应的金融服务。而作为金融企业家的专业投资团队通过创设 PE 在主观上也是为了通过出售适销对路的金融产品以获取实实在在的投资回报，而交易成本节约、金融资产有效组合以及风险分散等则是上述过程的伴随效应。

五、未来中国市场 PE 发展模式分析

从上述的分析可以看出，当前中国市场的 PE 并没有很好地担当起上述职能，因此，我们需要在一个全新的框架下，重新思考 PE 未来的发展模式，而从金融中介的功能出发的“可信赖投资和管理顾问模式”是其最佳选择。具体而言，这种模式就是 PE 在企业成长过程中一方面充当可以信赖的投资顾问，另一方面作为企业发展战略顾问，伴随企业成长和发展，这其中最核心的内涵就是相互间的信赖。

在资本市场上，投资者只会在赚取到相应回报后才消除价格差额，而作为专业投资人的 PE 需要在持有企业股份时判断出何时才能找到愿意付出更高价格接手的买家，这就需要 PE 有更多的技能和信誉来确保投资基金的安全，且与那些需要再融资的公司一起努力保障这些收益的实现。在这里，PE 公司必须评估自己的投资在未来变现时能到达什么价格。所有这些评估都需要知识和才能，而这些才能也正是区分成功 PE 公司与失败 PE 公司的关键。在这个过程中，投资还有成本和约束的存在，投资者倾向于去追求剔除成本后的投资回报，这对他们而言是最佳收益，因为不仅包括他们预期的回报，也包括他们需要变换客户时所需的成本。结果

就是，不同的投资者被不同的客户——那些提供最高预期纯回报率的客户所吸引。这些就是浮动杠杆投资者。正如上述所示，投资者必须信任 PE 公司，让 PE 公司做出艰难的投资决策。而 PE 公司也需要通过前期的投资行为吸引不同于公众市场投资者的另一类投资者（有耐心，能够提供资本并忍受长时间投资的客户），因此，必须对自己的投资行为有一定的信心。PE 公司需要拥有更长远眼光，这种模式最合适（恰当客户）那些需要更长期的再融资项目的，而这种长期的再融资项目也恰恰是私募投资的核心成分和增值属性。这种互信关系构成了 PE 与企业、PE 与出资人之间的信赖关系。

在这种可信赖的投资顾问模式中，一种特殊的模式是商人银行模式。这种模式起源于 18 世纪的欧洲商业活动，其最初的业务是为商人的票据进行承兑，而后逐渐从原来的贸易融资服务发展成为政府和企业提供长期的资金以及其他专业性的服务和咨询，这种模式在美国体现为投资银行模式。

PE 与商人银行模式存在很大的相似性，主要体现在以下几方面。

一是从职能上看，商人银行不仅是公司可信任的投资顾问，同时也是其投资者投资组合可信赖的管理者，而 PE 在其所处的专业领域中不仅发挥收购或注资公司的职能，为企业充当可信赖的投资顾问角色，还提供资本和专业运营团队，以灵活的资本和灵活运营团队的组合方式，获得再融资和投资机会。

二是从关注的对象上看，商人银行通常关注那些被其他资本方避开或抛弃的行业（或行业中的公司），或者是需要丰富的专业帮助才能实现重构的公司，这种机会可为商人银行提供超额回报。而 PE 在关注那些被其他资本方避开或抛弃的产业方面具有一定的相似性，即投资中的吃“休克鱼”现象。

三是对投资对象行使有限参与的管理咨询权。商人银行及其投资团队在买入公司（或持有公司很大一部分股份）的过程中，在提供股权资本的同时，也会提供拥有运营被收购公司技能的运营团队。商人银行与拥有专业领域技能的运营者一起，对公司进行改造。而目前国内 PE 公司也在一定程度上为企业提供顾问咨询等服务。

四是两者都建立在信赖基础上。商人银行模型要获得成功，最重要的因素就是信任。商人银行与运营者之间必须互相信任，相信依靠各自的专业才能可以完成对公司的重构。商人银行将成为公司运营者的咨询顾问和可靠顾问，在他们缺乏专业技能的金融领域帮助他们。这种相互合作的方式对双方都有利。而 PE 与投资对象之间，需要的也是这种彼此互信的关系。

五是从资金提供方来看。PE 与商人银行都是财富的管理者，并努力提供与富有客户的主营业务资产相关度很低的私有资产投资机会。通过可靠的分散投资组合或建立对冲技术以减少系统风险，以此保证资本的保持与增长。他们都是从投资者的原有资产开始，了解这些资产如何产生以及如何进一步产生更多的资产。

在当前的中国市场上，很多富有的投资者拥有自己的产业并希望保住自己的财富。他们需要商人银行帮助自己对资产进行分配，设计出各种解决方案满足他们对资产灵活性的特定需求。中国的这些富有投资者拥有资本，但是这些资本要被用于重构或发展公司，而不是投资到股票市场当中。所以在当前阶段需要 PE 充当商人银行来实现其功能。

第五篇　战略性新兴产业金融创新的金融监管与风险防范

习近平总书记一再强调，金融稳定关系到国家战略和国计民生，“必须把防风险摆在突出位置”。要“下决心处置一批风险点，着力防控资产泡沫，提高和改进监管能力，确保不发生系统性金融风险”。在 2017 年 7 月 15 日召开的全国金融工作会议上习近平总书记再一次强调，金融是国家重要的核心竞争力，金融安全是国家安全的重要组成部分，金融制度是经济社会发展中重要的基础性制度，因此，必须坚持稳中求进工作总基调，遵循金融发展规律，紧紧围绕服务实体经济、防控金融风险、深化金融改革三项任务，创新和完善金融调控，健全现代金融企业制度，完善金融市场体系，推进构建现代金融监管框架，加快转变金融发展方式，健全金融法治，保障国家金融安全，促进经济和金融良性循环、健康发展。因此，防范金融风险，促进金融体系的健康稳定发展是战略性新兴产业金融支持体系中的重要一环。

第十四章 互联网金融整治：问题与建议

2016 年 4 月，国务院在全国范围内启动为期一年的互联网金融专项整治，目的就是为了加强金融风险监测、预警和防范，促进金融稳定发展。应该说，互联网金融整治是治理金融乱象、规范行业发展的有力手段，但究竟如何把握互联网金融整治力度、整治效果如何都需要深入研究。因此，本章以上海为视角，跟踪了解互联网金融整治的进展情况，总结整治工作的主要成效，分析主要问题与瓶颈，提出有针对性的对策建议。

一、我国互联网金融专项整治的背景

2013 年以来，互联网金融以燎原之势在全国范围内蓬勃发展，并以其“小微”的服务特色与较传统金融更高的收益率受到了广泛的追捧，2014 年 3 月互联网金融首次被写入了政府的工作报告。此后，互联网金融、第三方支付、P2P 网贷、股权众筹等词汇频繁地出现在各类文件之中，与之相伴的大多是“鼓励”“支持”“促进”。2015 年 7 月央行等 10 部委专门发布《关于促进互联网金融健康发展的指导意见》后，第三方支付交易规模几何递增，P2P 快速扩张，网络众筹跃升发展。截至 2015 年底，我国 P2P 网络平台接近 4 000 家，市场交易规模达 9 823 亿元，比上年增长 288%；第三方支付市场交易规模达 1 636 多亿元，比上年增长 164%；互联网众筹平台 365 家，其中占半壁江山的股权众筹规模达 50 多亿元。广东、上海、北京、浙江、山东等地更是我国互联网金融发展最为迅速的省市，P2P 平台数和交易总量名列全国前列。互联网金融快速发展有效弥补了传统金融的结构缺陷，为创新创业开辟了新的路径，已成为普惠金融发展的重要力量。

但是，近年来互联网金融乱象丛生，诈骗、非法集资、不正当竞争等问题层出不穷，随之而来的"倒闭潮""跑路潮"给互联网金融这一新兴行业蒙上了阴影。以风险最为集中的网贷平台为例，2013 年我国提现困难、停业、跑路的问题平台共 74 家，2014 年新增 277 家，到 2015 年，进一步新增 1 206 家(见图 14 - 1)。而泛亚、e 租宝、大大集团、融资城、MMM 等事件相继爆发，更是凸显了互联网金融风险的危害性，如泛亚有色金属交易所涉案资金达 450 亿元，涉及 22 万名投资者，e 租宝融资金额达 750 亿元，涉及 500 万名投资者。据上海市金融办统计，2015 年底，上海正常运行的 P2P 平台有 213 家，而发生诈骗、跑路、提现困难的问题 P2P 平台累计 98 家。

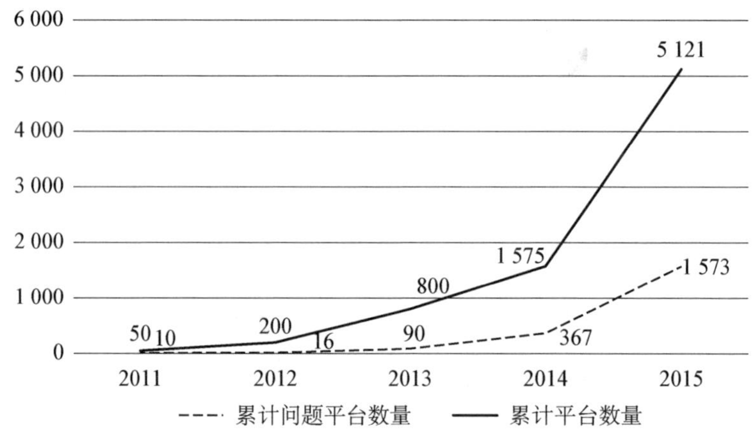

图 14 - 1　2011—2015 年网贷平台累计数量情况

资料来源：网贷之家官网。

为此，当务之急是要对互联网金融某些业态创新方向进行纠偏，维护金融稳定，出台监管细则，促进互联网金融行业的健康发展。

由于互联网金融是新生事物，突破了传统金融的分业经营格局，实现了跨部门、跨区域的混合经营，在盘活个人及小微企业资金、形成普惠金融的同时，也处于监管的空白地带。对于如何防范风险，如何监管，如何更好地引导这一新生力量点燃经济创新活力，政府、学界一直都处于探索之中。以活跃的 P2P 网贷平台为例，银保监会相继发布的 P2P 的"四条红线""监管五条导向""发展六大原则""十大监管原则"等都是探索进程中的成果。总体上看，我国互联网金融的风险监管还处于起步阶段，要考虑互联网金融的开放性、普惠性及其金融产品的专业性、复杂性特征，应该为其留出发展空间。但客观看，我国互联网金融监管规则和体系建立还远远不够，无法行使阻止市场不当行为、保护投资者的职能。

2016 年 4 月，央行牵头联合多部委出台《互联网金融风险专项整治工作实施方案》，此次互联网金融专项整治是基于前阶段互联网金融爆发式增长、风险事件频发以及监管不力的一个补救措施。短期目标是要“实现一个扭转、一个扼制、紧守‘两条底线’”，即要扭转部分业态偏离正确创新方向的局面，扼制互联网金融风险案件高发频发的势头，同时要严守不发生区域性金融风险和系统性金融风险，长期目标则是“总结互联网与金融治理经验，建立和完善长效机制，实现规范与发展并重、创新与防范风险并重，促进我国互联网金融规范有序健康发展”。

二、我国互联网金融整治的做法及主要成效

根据《互联网金融风险专项整治工作实施方案》的部署和工作思路，全国各地都按照“摸底排查、清理整顿、督查评估以及验收总结”展开一系列的整治工作。整治措施包括：严格准入管理，强化资金监测，建立举报和“重奖重罚”制度，加大整治不正当竞争力度，加强内控管理与建立监管技术支持系统等。但是，在具体工作重点、方式方法等方面，各地的侧重点存在一定的差异性。

通过调研分析发现，京、沪、浙、粤等地在整改过程中都比较注重协会、联盟等中间机构的作用，并依托这些机构建立数据信息库、信息披露平台等系统。就监管思路和工作侧重点来看，广东省由企业自查、金融局检查、经侦介入三步组成，层层递进，在自查后拉网式排查；浙江省在企业递交自查报告后进行抽查，并依靠互联网金融联盟的力量加强自律规范，运用大数据技术建立风险预警机制；北京市在整改过程中注重扶持对科技创新有促进作用的互联网金融企业，在打击违法的同时注重鼓励创新。上海的互联网金融发展较早，门类相对齐全，重点机构和业态较为集中，在此次整治中主要以线下网点为切入点，以信息披露为重点，整治措施较为温和。下面主要以上海为例分析整治工作的主要成效。

（一）迅速组建互联网金融整治专项工作机制与队伍

在缺乏明确的准入门槛、清晰的业务指引下，与全国情况类似，上海互联网金融发展也显现出野蛮生长的局面，风险问题不断凸显。为遏制其趋于失控的态势，根据中央有关要求，上海迅速建立互联网金融专项整治的工作机制与队伍。一是成立了落实整治方案领导小组，由市政府分管领导任组长，24 家市级单位及国家监管部门驻沪机构为成员单位，并在市、区两级分别组建了相应的工作专班。二是“一行三局”、市工商局会同市金融办，分别牵头成立了 6 个分领域专项整治联合工作办公室（工作小组），负责相应分领域的专项整治工作，共同研究制定和实施了

《上海市互联网金融风险专项整治工作实施方案》(沪府办发〔2016〕46 号)。三是先后 8 次组织各区(县)专项整治工作人员开展业务培训,帮助区(县)工作人员学习、理解国家有关部门印发的工作方案及相关摸底排查表格内容。据不完全统计,为落实上述整治方案,市领导小组各成员单位共有 100 多人参与了专项整治工作;16 个区(县)专项整治工作组参与人员(含街、镇、园区参与人员)达 2 483 人,其中专职工作人员 500 余人。

(二) 基本摸清了互联网金融相关业态发展情况

上海市将 72 732 家企业纳入排查范围。除部分企业失联、不配合填报相关摸底排查表格外,已完成对 45 762 家企业的初步书面排查。

在已完成初步排查的企业中,未从事金融相关活动的企业 36 490 家。在从事互联网金融相关活动的企业中,P2P 网络借贷类企业 232 家,股权众筹类企业 45 家,互联网保险相关企业 401 家,第三方支付类企业 74 家(其中涉嫌无证支付企业 20 家),持牌机构通过互联网开展资产管理类企业 24 家,未持有相关牌照、通过互联网跨界从事其他金融业务企业 108 家(见图 14 - 2)。从统计情况看,232 家 P2P 网络借贷企业借贷余额约 1 374 亿元,尚未结清的借款人约 59 万人,尚未收回借款

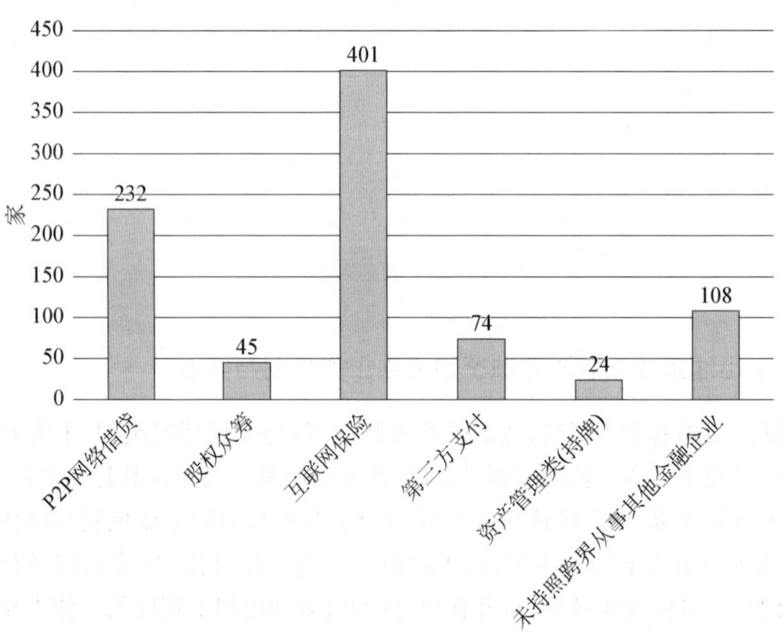

图 14 - 2　上海市初步排查的从事互联网金融相关活动的企业情况

资料来源:上海市金融办。

的出借人约 66 万人；45 家股权众筹企业成功融资项目约 200 个，融资余额约 7.6 亿元，涉及投资者约 3 万人；24 家持有相关牌照、通过互联网开展资产管理业务的企业（含已备案的私募企业）涉及资金近 313 亿元，涉及投资者约 1 000 人；108 家未持有相关牌照、通过互联网跨界从事其他金融业务的企业（含未备案的私募企业）涉及资金约 15.8 亿元，涉及投资者约 1.09 万人。

（三）对相关违法犯罪活动展开综合整治

一是全面开展互联网金融广告整治工作。市工商局研究梳理了涉及虚构项目收益、承诺收益和虚假宣传等特征语义词 18 个，委托第三方对 2 033 户网络经营主体展开搜索，并依法对涉嫌违法的经营主体进行查处。已立案查处 4 家企业涉嫌虚假宣传案。二是依法排查整治以投资理财名义从事金融活动的行为。市工商部门在企业注册登记环节，从严把控名称和经营范围中涉及关键字的企业注册登记工作，这些关键字包括"交易所""交易中心""金融""资产管理""理财""基金""基金管理""投资管理""财富管理""股权投资基金""网贷""网络借贷""P2P""股权众筹""互联网保险""支付"等。对于名称和经营范围中使用上述关键字的企业注册信息及时告知金融管理部门。三是依法稳妥打击互联网金融领域的违法犯罪行为。自 2016 年 6 月公安部制发统一标准以来，本市公安机关共排摸互联网金融领域 157 条可疑犯罪线索，立案 33 起，打击处理犯罪嫌疑人 88 人，涉案金额 50.85 亿元，涉及投资人 14 000 余名。

三、互联网金融整治过程中存在的突出问题

互联网金融整治工作的推进总体上已取得了一定成效，特别是遏制了金融风险的进一步蔓延，进一步提高了大家对互联网金融本质是金融，是服务于小微市场主体的普惠金融的认识，也提高了决策层和投资者对风险防范和监测的意识。但是，这次互联网金融整治过程中，也暴露出一些问题，有些是操作层面的，比如互联网金融企业的资金往来微小复杂，线上线下两种模式并存，这无疑增加了信息采集和核查的难度；银行与网贷平台之间结算系统对接困难，造成网贷资金存管正常运作的数量不足 10%。但是，更多反映出的是制度层面的问题，比如长效的监管机制、投资者权益保护、信用环境等，这些都需要通过强有力的改革措施来解决。总体来说，较为突出的问题表现在以下几个方面。

(一) 实施互联网金融整治的主体与标准不明

此次互联网金融整治由地方金融办主导，但是地方金融办(局)的部门职责基本上以服务和发展区域经济金融为主，没有相应的行政执法权限及职能。在我国现有立法体制中，无论是国务院各部门的规章还是省市级人大地方性法规等，均没有赋予地方金融部门对从事违规金融经营和相关业务的有效处罚权，为此，地方金融办(局)在监管过程中经常出现企业质疑其调查资质、调查权限、处置权限等问题，对排查工作造成了较大障碍。同时，整治过程中要求“对清理整顿中发现的问题，向违规从业机构出具整改意见，并监督从业机构落实整改要求。对违规情节较轻的，要求限期整改；拒不整改或违规情节较重的，依法依规坚决予以关闭或取缔；涉嫌犯罪的，移送相关司法机关”。到底什么样的违规情节算较轻，什么样的违规情节较重，轻重之间的界限由谁来确定，又以怎样的标准来确定，这在操作中都没有明确界定。

(二) 地方职能部门人员配置、专业能力和经费均存在明显不足

本次专项整治显示，地方金融办(局)存在“缺经费、无权限、无专业人员”等问题。对互联网金融风险的排摸、预防、处置等，都需要有高素质政策性极强的专业化金融人才，但地方金融办(局)人员配置、专业能力均相对不足，难以满足有关工作要求。依靠临时工作机制拼凑起来的人才结构很难满足常态化监管的要求。同时，监管经费不足也是一个重要问题，金融监管和风险防范要求金融部门时刻跟踪金融发展的最新变化趋势，提前做好预防，这都需要有相关经费投入。如上海市金融服务办为了防范金融风险在全国率先开发了一套“网络金融征信系统(NFCS)”，由于经费不足，只能先开发一些基础功能，难以满足全方位预警需求。由于创新研究投入不足，地方金融部门往往只能做到“灭火”，难以做到“防火”。

(三) 互联网金融企业的内部风控机制不健全

2015 年以来，互联网金融平台卷款跑路的案件频频发生。其中上海地区影响最大的有 e 租宝、中晋、鑫琦、融业系、炳恒财富等案件，粗略统计近 1 500 人成为案件受害者，涉案金额高达数百亿元。2016 年辖区内相关案件涉案人员、金额等都同比增加，这与企业内部风控机制不健全关系较大。近年来，互联网金融机构由于内控不足导致信息系统失效及外部遭受黑客攻击的现象时有发生，导致用户信息泄露、账户被盗等，即使是某些行业大型机构也多次出现此类问题。目前不同机构

信息安全防护水平良莠不齐，部分机构缺乏 IT 风险评估和控制机制，缺乏对突发事件的应急管理、评估与统筹。另外，互联网金融机构信息安全技术标准尚未制定，并缺乏有效的行业风险事件报送和信息共享机制。

（四）网贷资金存管进展缓慢、对接难度大

据网贷之家不完全统计，截至 2016 年 8 月 15 日，全国 2 270 多家正常运营的网络借贷平台中，仅超过 130 家 P2P 平台与银行签订了资金存管协议（不含前期谈判、协议签订中），约占网贷行业正常运营平台总数量的 5.7%。其中，正式上线银行直接存管系统的 P2P 平台仅 39 家，仅占网贷行业正常运营平台数量的 1.7%，有多家商业银行已暂时停止了新平台的接入。更让不少平台着急的是，不仅谈判时间漫长，而且即使已经正式与银行签约资金存管的业务，也要排队进行系统对接，一等就要花上大半年，“签了协议却用不了系统”成了目前资金存管难以突破的现状。

（五）互联网金融整治缺乏信息共享导致风险发现难

互联网金融具有虚拟性强、难以跟踪监管、信息透明度有待提高等特点，这对行业信息共享、品牌维护提出了更高的要求，但目前国内尚未形成统一归集、提供企业和个人信用信息的综合信用服务平台。由人民银行主导的征信体系发挥主要作用，但该体系存在企业、个人信用信息覆盖面不够，以及信用指标较为单一等突出问题，且难以覆盖互联网金融领域，导致企业难以被跟踪监管，难以对各类违规、失信行为开展行之有效的失信惩戒。从国家层面看，中国互联网金融协会牵头搭建的中国“互联网金融行业信用信息共享平台”既缺乏权威微观数据，也不能提供查询功能。在地方层面上跨部门数据难以共享，如上海明确提出要“实现全市工商登记信息与人民银行上海总部、上海银监局、上海证监局、上海保监局、市金融办、市公安局数据互联互通”，但由于缺乏操作细则作为指引和保障，信息共享难以实现。

（六）金融跨界跨区域经营趋势导致监管难度加大

当前我国金融领域分业监管与金融混业经营趋势存在一定的矛盾和冲突。一是互联网金融跨界融合加快，但跨界经营无相应资质许可（备案）的金融业务。许多具有不同本质属性的金融业务被包装成类金融产品，而监管部门尚无相关规定，

存在监管空白。二是互联网金融具有跨地域经营特点，与小贷公司、担保机构相比较，地方政府相关部门无法实施有效的监测和管控，如许多互联网金融企业注册在外地，经营在上海，由此增加了对企业信息真实性核查的难度。而在目前分业监管体制下，有关监管部门出台的相关监管制度受制于立法层面、立法权限，无法对各类违规经营行为进行处罚处理。三是不具有金融资质的企业巧立名目从事相关金融业务，实际上极易演变为非法集资行为。本次互联网金融风险专项整治以线上平台为主要对象，而实际上危及区域金融环境稳定的“主力”往往是一些跨界开展的非法金融活动。这类活动隐蔽性极高，从前期工商注册到中后期监管都存在空窗，此类风险极易演变为群体性事件。

（七）互联网金融企业的发展环境趋于艰难

从行业发展来看，此次互联网金融整治专项工作对 P2P 网络平台等行业的发展具有非常大的冲击。从 2015 年的鼓励发展到 2016 年的整治，政策切换很快，为此，许多 P2P 平台企业主动选择转型、关门停业、跑路撤退等，轰轰烈烈发展的行业一下子萧条萎缩。监管严压下许多合规的平台企业也面临生存危机，特别是由于资金存管门槛提高、结算对账系统对接技术复杂以及银行对信誉风险的顾虑造就的资金存管困难，平台企业经营环境日益艰难。这次互联网金融专项整治总体上是行政主导的、行动式的工作推进，这对遏制风险蔓延、规范行业发展、保护投资者利益来说都是积极而有效的，但对于整个 P2P 行业发展、对模式创新企业来说，可能会有很大的市场损伤。

总之，当前互联网金融整治中暴露出来的问题，既反映了我国现有金融制度下金融创新发展与金融监管之间的不适应性，互联网技术的发展为我国金融创新提供了更多的空间与机遇，而金融监管的思路、方式、手段都没有及时跟进和提高。同时，也反映了我国金融体制开放、改革严重滞后于现实经济结构调整、升级的需要，滞后于我国经济快速发展背景下消费者投资理财的需要。所以，从根本上说，互联网金融整治暴露出来的问题仅仅是一个表象，背后隐藏的是我国整个金融制度改革的问题，需要认真审视新背景下我国金融发展面临的问题，对金融监管制度改革的目标和方向有新的根本性认识。

四、加强互联网金融风险监管的对策建议

当前我国开展的互联网金融领域专项整治工作，是基于前阶段互联网金融爆

发式增长、风险事件频发以及监管不力的一个补救措施，但并非治本之策。跟踪了解互联网金融专项整治工作，总结其成效，发现其问题及原因，根本的目的是要为下一步加强我国互联网金融风险监管、促进互联网金融产业发展提出一些有针对性的政策建议。

（一）加快统一立法，完善相关规章制度，有效规范互联网金融企业的发展

积极推动互联网金融的专门立法，实现互联网金融监管有法可依、有法可循。根据我国现有立法体制，国务院各部门规章、省市级人大地方性法规及省级政府规章等法律性文件，均难以设定设计企业资质的行政许可，也难以对行政相对人的违规经营行为设定有效处罚措施，因此需要从立法层面对于互联网金融主体地位进行界定，风险责任进行明晰等。因此，建议在国家层面，适时由全国人大及其常委会或国务院针对互联网金融机构的业务活动，研究出台统一的法律（或行政法规）予以有效规制。从英美等发达国家的实践经验看，对 P2P、众筹等涉及公众资金的互联网金融业态应该实施行政许可准入或实质性备案管理。根据行政许可法及国家行政审批制度改革相关文件精神，涉及广大人民群众生命、财产安全，且难以依靠市场机制自我解决的事项一般应设置行政许可，不宜轻易否定行政许可或实质性备案。同时，还需要完善和细化互联网金融的相关规章制度。目前我国的互联网金融监管主要以中国人民银行颁布的政策、规章和条例为依据，对已制定出台的文件或还在制订过程中的各项方案，要尽快解密相关方案、文件并向社会公开，以扩大公众参与度；要根据现状，结合各地特点，研究制定 P2P 网络借贷活动监管细则；要结合银保监会就 P2P 网贷机构的资金存管制度征求意见稿，探索推出互联网金融企业客户资金存管制度，力争覆盖股权众筹、跨界从事资产管理等领域。

（二）把握现代金融跨界发展新趋势，探索我国金融监管制度创新

针对我国分业监管体制难以适应互联网金融机构业务跨界、混业发展的趋势，建议积极探索协同监管新机制，做到既不因过于严控而扼杀互联网金融的创新活力，也不因监管不力而导致各种风险泛滥乃至酿成系统风险。因此，创新监管理念、监管制度和模式，关键要避免职能机构单一监管，实现监管部门的协同监管。当前应当加强中国人民银行、银保监会、证监会等部门的协作，并将公安部、工信部等技术监管部门纳入监管框架（“一行三会两部”），避免各自为政的监管方式，实现功能与风险匹配的协同监管，重点在监管机制和管理模式上进行创新优化，探索从机构监管向业务监管转型。同时，应当强化中央监管部门与地方监管部门的双向

联动，从中央和地方两级层面进一步推进互联网金融多元有序监管框架的构建，结合清理整顿情况，充分发挥中央金融监管部门派驻机构的作用。此次清理整顿涉及P2P网络借贷、股权众筹、互联网资产管理及跨界金融活动、无证经营支付业务、非保险机构涉保险业务、私募基金等领域，有关事实认定、问题定性等工作头绪众多，专业性和政策性极强，地方金融办（局）人员配置、专业能力均不足，难以满足有关工作要求。为此，国家层面要充分调动中央金融监管部门派驻机构的积极性。从地方来说，要积极对接国家金融监管部门的相关要求，发挥好金融办在统筹协调中的功能作用，推动新型金融业态监测分析系统的建设，切实加强互联网金融风险监测预警。

(三) 高度重视网络信贷的跨区域借贷和监管套利风险

随着金融科技的发展，金融业务方式也发生了变化，一些网络信贷业务如信息传递、匹配、支付结算等都能够在网络上进行，信贷服务的地理空间障碍、行业障碍、时间障碍都有可能被突破，交易的跨界性和监管复杂性增加。而在目前我国“一行三会”的框架下，条块分割的机构监管体制为网络信贷跨区域、跨行业、跨时空的“监管套利”留下机会，导致注册地与经营地分离、存管业务与借贷业务分离的现象较为普遍，造成金融监管中的监管难题。应按照功能监管和行为监管的理念，按照属地化的原则进行监管、联合监管、合作监管的原则，明确“守土有责”的属地化责任，监管中既要包括注册地在本地的平台，也要包括注册地不在本市但在本市开展相关服务业务的机构，且对企业或机构要一视同仁。

(四) 优化信用环境建设，着力解决制约互联网金融发展的瓶颈问题

针对当前制约互联网金融规范发展最突出的信用体系建设问题，建议以推进上海市互联网金融信息平台功能建设为抓手，通过培育、集聚一批专业中介机构来强化信用信息服务能力，以优化互联网金融发展的信用环境。一要建立全国统一的权威性数据收集平台，并进行实时数据更新，建议由立法部门或金融管理部门出台《互联网金融信息管理条例》《互联网金融信息管理办法》等文件，为相关信息管理平台的数据收集与发布等提供依据和保障，可发挥上海金融立法和中国互联网金融协会立足上海的优势，率先在上海市范围内推出。二要完善信用信息平台的共享机制，特别要注重为签约会员提供共享服务，努力扩大共享范围。在人民银行与金融监管部门的指导下，逐步扩大信用信息共享的覆盖面和应用范围，首期可以在东部发达地区进行试点，将工商、金融、公安、司法、民政等相关部门的信息进行

共享与开发，随着试点方案的完善再逐步推广到全国。三要充分发挥征信专业机构的作用。充分发挥共享平台的网络优势和规模效应，努力完善行业征信体系，加快建立跨地区、跨部门、跨领域的联合激励与惩戒机制，支持和帮助互联网金融从业机构降低风险成本，为守法合规的从业机构营造良性发展的长效机制。四要加强信用信息的应用管理。建立市、区两级信息共享和联合行动机制，以市、区金融办为主体，在互联网金融信息平台建立数据接口，搭建立体化数据共享平台和机制。同时，由市金融办、行业协会协同推动，加强互联网金融配套服务体系的培育，逐步构建一个包括公众监督、行业自律、政府监管的常态化、立体式的风险防范和监控体系。

(五) 充分发挥协会自律作用，推进互联网金融企业品牌化建设

上海市互联网金融行业协会自 2016 年 8 月成立以来，一直遵循“服务、自律、代表、协调”的八字方针，在促进行业诚信、服务会员、搭建平台、引领发展等方面发挥了积极作用，并指导 P2P 行业自律组织起草发布行业准入标准、会员自律公约，组织开展互联网金融行业风险对策等课题研究。但是，互联网金融行业协会的工作才刚刚起步，需要多措并举发挥更多作用。首先，在中国互联网金融协会下可搭建“互联网品牌建设自律平台”。定期举办上海互联网金融品牌峰会，定期解析政策风向，论道前沿观点，表彰卓越模范，曝光黑名单，制定奖惩机制。通过各种活动和措施让更多的人关注互联网，并与专家、创业家共同探讨怎样利用互联网把品牌做起来，鼓励互联网金融行业不断创新实现稳定发展。推动行业全面洗牌，通过严格的奖优罚劣举措，培育本土互联网金融品牌企业。其次，实质性推进中国互联网金融协会互联网金融信息平台的数据库建设。由中国互联网金融协会牵头，整合各省市的地方行业协会资源，协同地方政府，对全国互联网金融企业的信息进行整合，构建大型数据库。另外，行业协会要联合地方政府、法院，完善对失信被执行人的联合惩戒制度，并通过协会“一点接入”向从业机构推送失信被执行人“黑名单”，并实施联合惩戒。

(六) 动员社会各级各类教育力量，切实加强投资者教育

互联网金融的主体主要集中在一般公众群体，其普遍存在风险防范意识薄弱的问题，容易被一些互联网金融机构有失客观的市场宣传所引诱。而互联网金融机构相较传统金融机构，风险管理能力总体也较弱，对风险的处理经验和担负能力不足。在客户本身缺乏必要的风险防范意识及从业机构缺乏足够的风险应对能力

的情况下，一旦出现风险事件，容易引起较为严重的群体性社会风险事件。因此，加强投资者教育形势紧迫。建议进一步推动社会各方加强市场培育力度，通过宣介、讲座等多种形式向社会普及互联网金融专业知识，提升用户风险识别能力，强化风险自担意识。

加强互联网金融的风险防范和监管，目的是要引导互联网金融产业的规范健康发展，因此，互联网金融专项整治工作在推进过程中一定要注意把握好“有底线地支持创新、控风险地促进活力”，也就是要“打击违法和鼓励创新并重”。从上海来看，已建立了浦东新区新兴金融启航基地、黄浦“宏慧·盟智园”等5家市级互联网金融产业基地，通过政策扶持引导，吸引各类互联网金融企业集聚，创新发展。目前互联网金融专项整治措施，对互联网金融企业发展及其产业基地建设无疑会带来较大的压力，需要政策制定和管理部门认真审视，既要强化对入驻企业筛选，寓监测分析、规范引导于日常服务之中，又要积极扶持、健全措施、提升服务能力，为互联网金融企业创新发展营造良好的政策环境。

中国的金融风险与防范
——中国的“灰犀牛”究竟在哪里?

2017年7月15日召开全国金融工作会议后,《人民日报》刊发了评论员文章——《有效防范金融风险》,首次在主流媒体上提出在金融风险防范中,既要防范“黑天鹅”,也要防范“灰犀牛”的观点,认为“对各类风险苗头既不能掉以轻心,也不能置若罔闻”。随后,“灰犀牛”事件成为众多媒体和研究者们关注和研究的重点。

金融是“国家重要的核心竞争力”“实体经济的血脉”,金融安全也是“国家安全的重要组成部分”,而“防止发生系统性金融风险”则应该是“金融工作的永恒主题”。当然,金融也是“黑天鹅”和“灰犀牛”事件较易发生的领域,因此,金融领域的防风险,就是在防“黑天鹅”的同时,更防“灰犀牛”。那么,这头令许多人“色变”的“牛”究竟是什么?有什么危害?我们又该如何预防和应对呢?本章就上述问题,从“灰犀牛”的来龙去脉,进行研究和探讨,并寻求解决“灰犀牛”事件的方法和手段。

一、“灰犀牛”危机的基本特征

用动物来比喻金融领域里特定类型的事件比较普遍,比如众人熟悉的“熊市”“牛市”等,而对于一些突发性的、极为罕见且难以预测的小概率事件,往往用“黑天鹅”来比喻,这样既形象(从天而降),也容易被人理解。“灰犀牛”概念的提出,也顺应了金融领域里的这一项优良传统。正如米歇尔·渥克(2017)在其著作《灰犀牛:如何应对大概率危机》中指出,它指的不是随机突发事件,而是“在一系列警示信号和迹象之后出现的大概率事件”。这类事件之所以被比喻成“灰犀牛”,是因为这类危险事件往往显而易见而且迫在眉睫,却容易被忽视,就像一群(头)在不远处存在的“灰犀牛”,表面上,它们行动迟缓、体型愚笨,因此常常给人以错觉,让人们认为

“不需要注意那些明显的危机事件”；或者认为“我们已经在处理这些明显的危机了。但是，事实恰恰相反”。这些“灰犀牛”随时可能被激怒，由于它们体型庞大、速度迅猛，所以它们的攻击往往是爆发性的、灾难性的，而且“灰犀牛式危机越是严重，我们越难看到它的存在，越难逃离它的进攻路线”(米歇尔·渥克，2017)。

基于以上对“灰犀牛”事件的描述，我们可以看出，“灰犀牛”事件一般具有以下几个典型特征。

一是这类事件发生的概率非常高，比如米歇尔·渥克就提道：安然公司的倒闭、全球气候变化带来的灾害性天气、“挑战者号”航天飞机的爆炸、2008 年的金融风暴、柯达的破产等事件，都是特定背景下的高概率事件。危机爆发前的大量研究已经表明发生概率越来越大，因此，“一头灰犀牛就是指概率极大、冲击力极强的风险：一个我们应该意识到的风险，就像一头两吨重的灰犀牛，把牛角对准我们全速向我们攻击(米歇尔·渥克，2017)。”

二是危机爆发前有明显的信号或前奏。比如米歇尔·渥克就认为美国次贷危机不是“黑天鹅”，而是典型的“灰犀牛”。因为早在 2008 年美国房地产泡沫集中爆发导致次贷危机之前，国际货币基金组织和国际清算银行就不断发出警告，而早在 2004 年，美国联邦调查局就提醒人们要提防抵押欺诈，2008 年 1 月世界经济论坛关于全球风险的报告就指出房地产市场衰退、流动性资金紧缩和居高不下的油价都存在较高风险，这些都是危机爆发前的先兆。

三是危机发生前容易被忽视，或者说是明知故犯。在一般情况下，由于“灰犀牛”体型巨大，冲击力和破坏性强，是需要引起高度重视的潜在威胁，但人们却往往更容易忽视，究其原因有三种情况。一是“灰犀牛”事件自身具有复杂性和迷惑性，由于“高概率不等于百分之百的确定性”，预测未来往往非常困难，所以普通人只能随大流，专业人士虽然发现了问题并提出警示，但起不到预警的效果。二是思维惯性，人们更关注对自己有利的一面，忽视对自己有害的一面，在利益驱动下习惯性地认为自己不会成为市场中“接最后一棒的人”，所以过于乐观，对即将到来的风险熟视无睹。三是应对时的惰性，这种惰性表现为应对时抱有侥幸心理，下不了决心，或者找种种借口或理由如体制、人力、财力领导能力等方面的原因进行搪塞，即“不愿意知道答案”，或者“害怕知道答案后，就不得不去处理各种麻烦棘手问题”和害怕事情不能像期待的那样“向好的方向发展”①，所以在“灰犀牛”事件爆发时得过且过，以至于引起更大的灾难①。

四是危机发生的突发性强，应对时间短。虽然“灰犀牛”在危机爆发前很长一段时间内存在，但一般情况下，这种危机往往只是潜在危机，并没有爆发，所以也不

① 该部分内容参考了刘亮和杨亚琴(2017)。

会引起人们的重视。但是，一旦爆发，则往往是突发性的，根本没有时间反应和应对，即“很多时候，无论做多少准备工作都是远远不够的”①。

五是危机带来的冲击力强，影响和损失大。“灰犀牛”体型庞大，因此造成的冲击力强，且这类事件往往会产生连锁反应，可能从一头牛变成一群牛，这种结伴而来的“牛群”牵涉面广，很难从整体上进行统筹和应对，加上前期的忽视，贻误时机，导致在应对上的迟钝，最终造成的影响可能是灾难性的。

二、当前金融领域内需要引起重视的几只“灰犀牛”

那么，现实当中的“灰犀牛”有哪些呢？中财办对我国的“灰犀牛”事件进行阐释时概括了影子银行、房地产泡沫、国有企业高杠杆、地方债务、违法违规集资五只“灰犀牛”。随着认识和研究的深入，人们认识到的“灰犀牛”也在逐渐增加。如董希淼(2017)认为“企业杠杆率、房地产市场、影子银行、地方政府债务以及人民币汇率五个领域，可能存在‘灰犀牛’”，樊大彧(2017)也提到类似问题，此外还有银行缩表和货币政策转向等问题。近年来在国内外金融市场上出现的一系列“股灾”“债灾”“汇动”和“钱荒”等事件，也暗示着在这些领域都可能潜伏着“灰犀牛”，都在挑战金融风险的底线。综合起来，从目前国内国外的经济和金融形势看，有七只“灰犀牛”需要重点关注。

一是高企的房价。虽然表面上房价不是金融领域的问题，但实际上房价的高企与金融有直接的关系。自 2015 年 6 月全国一线城市房价的高速增长开始逐渐蔓延到二、三、四线城市，2016 年全国楼市更是进入爆发式增长阶段，此后虽然政府出台各项限购限贷政策使得部分城市楼市有所降温，但部分热点城市的高房价已经远远超出了当地居民的承受能力。房价上涨的过程中，货币信用起到了很重要的助推作用。根据某券商宏观团队计算的数据，2016 年底，中国居民购房抵押率已经达到 50%，相当于美国 2001—2002 年的水平，与美国 2004—2006 次贷危机爆发之前的相差不大(危机爆发前美国的居民购房抵押率达到 56%)。2006—2016 年间中国家庭房贷支出与收入比已经从 33%上升到了 67%，虽然与房价压力的极限(100%)还有一定距离，但在趋势上需要引起高度重视了(天风证券宏观团队，2017)。事实上，随着银行新增贷款向房贷进一步集中，如果房价出现快速下滑，必将加剧房地产信贷的违约风险，导致房价下跌和债务违约的恶性循环。因此，房地产“灰犀牛”的身影已进入人们视线。

二是企业杠杆率高企。虽然目前我国居民的杠杆率只有 44.85%，还远未达到 85%的警戒值，但我国企业的杠杆率则需要引起高度重视。由于过去 20 年中国实体经济部门一直处于加杠杆的状态，因此我国实体经济的杠杆率高企。根据国家金融与发展实验室统计的数据，截至2015年底，我国债务总额为168.48万亿元，全社会杠杆率达到249%，非金融企业部门的债务率高达156%。国家资产负债表研究中心的数据也显示，2015年我国实体部门的利息支出是GDP增量的2倍。2016年，随着我国加大了降杠杆的力度，实体部门杠杆率有所下降，但仍高达227%，实体部门的利息支出仍然是GDP增量的1.4倍，我国的经济增量都用于偿还利息，而且还有缺口（王璐，2017）。债务占GDP比重太高的最终结局很有可能带来金融危机。

三是地方债的问题。根据财政部公布的数据①，截至2016年底，中国地方政府债务达15.32万亿元，债务率（债务余额/综合财力）为80.5%，加上中央政府债务12.01万亿元，合计中国政府债务为27.33万亿元，总的负债率（债务余额/GDP）为36.7%，低于主要市场经济国家和新兴市场国家水平，风险总体可控。但地方债存在结构性风险，部分地方债务余额已经高于警戒线的水平，地方政府面临较高的还本付息压力。有些地区虽然处于较低水平，但增长快速。此外，由于我国地方政府过去长期利用地方融资平台融资，存在较重的隐性债务负担，有数据显示，2016年包含融资平台债务的政府债务负担占GDP比重为55.6%。近年来，虽然我国加强了对地方政府债务的管理，但一些地方利用不规范的政府和社会资本合作项目、政府投资基金、政府购买服务等形式进行债务翻新，这些政府“兜底”风险很有可能引发新的地方政府债务危机。

四是货币贬值预期带来的资本外流。近年来，国家加大了鼓励国内企业境外投资的力度。自2014年中国对外直接投资首次超过外国直接投资之后，2016年，中企跨境并购交易金额更是超过2 000亿美元，是境外企业在中国境内收购额的6倍，中国已成为全球第二大资本输出国（李春平，2017）。不可否定，其中大部分企业是理性地对外拓展业务，但其中也不乏受国内资产价格高企、经济增速放缓、经济转型不确定性等因素影响，形成了人民币贬值预期背景下，一些企业或机构以海外并购投资为掩护，在房地产、酒店、娱乐业、体育俱乐部等领域，屡屡出现非理性对外投资倾向，一些并购案更是具有明显的向海外转移资产的嫌疑，不仅隐藏资产、逃税避税，还消耗了国家大量得之不易的外汇储备，恶化了金融市场环境。

五是影子银行或新金融机构风险。根据央行调查统计司在2012年对中国影子银行给出的初步定义，影子银行是“从事金融中介活动，具有与传统银行类似的

① 截至2016年底，我国中央和地方政府债务余额约27.33万亿元，我国政府负债率（债务余额/GDP）约为36.7%，债务风险总体可控。其中地方政府债务余额约15.32万亿元，控制在年度地方政府债务限额17.19万亿元以内，较2015年末下降4.3%（肖捷，2017）。

信用、期限或流动性转换功能,但未受《巴塞尔协议 III》或等同监管程度的实体或准实体”。澎湃新闻(董小源,2017)曾经对中国影子银行做的估算数据显示,从 2010 年以来,影子银行规模快速增长,从 2010 年至 2016 年底,由 16 万亿元增长到 96 万亿元,已经超过 GDP 总量。从结构上看,已经由银行非传统信贷业务为主转变为非银金融机构为主,大部分是通过银行的理财或同业业务获取资金。影子银行的重要特征就是不断叠加的杠杆和久期导致了期限错配,加大了信用风险,加剧了经济周期波动,同时,也会带来金融空转,抬高社会融资成本,放大系统性金融风险。因此,影子银行这头“灰犀牛”已经清晰可见,严格的监管和遏制必不可少。

六是非法集资和非法交易的风险。根据国家处置非法集资部际联席会议办公室的数据,2016 年全国新发非法集资案件 5 197 起,涉案金额 2 511 亿元。虽然在案件数和涉案金额上较前两年有所下降,但非法集资形势依然复杂严峻,案件总量仍处于历史高位。大案要案频发,风险隐患大量积聚,各地存量案件化解缓慢,新发案件不断积压,化解处置压力较大(周鹏峰,2017)。且呈现出组织化、网络化趋势,传播速度更快,覆盖范围更广,跨区域案件不断增多,并快速从东部地区向中西部地区蔓延。其中尤以“互联网金融”名义进行非法集资的案例居多。网贷之家研究中心的数据显示,截至 2017 年 7 月,全国停业及问题平台数量累计达到 3 826 家,涉及投资人数 50.8 万人,涉及金额 285.4 亿元。由于互联网金融没有监管细则,而且门槛也比较低,所以一些人假借互联网金融的名义进行非法集资活动。此外,以金融创新为幌子行非法集资和交易之实的事件也频频发生①。

七是银行信贷风险。虽然目前官方公布的银行不良资产率在 2%左右②,但从银行股股价的表现来看,市场认为银行的不良率存在低估。特别是一些地区性的中小银行,可能风险更高。此外,由于银行面临一系列的如非标资产清理、资管委外赎回等缩表压力,不少依赖同业理财、同业存单融资、刚性资产续接等业务的银行的流动性压力较大,委外集中赎回引发的抛盘加重和流动性压力带来的“钱荒”仍未完全消退。此外,美元加息和欧洲在考虑逐步退出量化宽松都可能导致海外流动性收紧,并传导到国内市场,造成国内流动性压力增大,信贷风险增加。

---

① 如 2017 年 8 月,多部委在对大量 ICO(initial coin offering,数字货币首次公开众筹)白皮书进行研究和分析的基础上,按照实质重于形式的原则,发现 90%的 ICO 项目涉嫌非法集资和主观故意诈骗,真正募集资金用作项目投资的连 1%都不到。此外,根据清理整顿各类交易场所部际联席会议第三次会议摸底调查的数据,目前国内共有 1 131 家交易场所,有 300 多家涉嫌非法期货交易、“类证券”投机交易等违规交易,均涉及非法集资和非法交易。

② 根据 Wind 公布的中国上市银行年报数据,2016 年五大行中不良率最高的农业银行达到 2.37%,其他四行在 1.46%~1.62%之间;股份制银行中浦发银行最高,达 1.89%,其余在 1.6%~1.7%之间,平均为 1.74%。

三、防范"灰犀牛"的关键举措

与从天而降毫无预期的"黑天鹅"不同,"灰犀牛"则是明摆着可以预期的潜在风险,只要在灰犀牛的"牛脾气"爆发前及时发现,早做预防,完全可以减少损失甚至不发生风险事件。应对"灰犀牛",米歇尔·渥克(2017)提出四种情况下的应对方法,即危机发生前实施预防;危机发生时直面危机,化危为机;危机发生后避免或减少损失;无法改变时尽量维持现状。但这些方法中,最关键的仍然是防范,就像作者所说的,"越早着手,就越容易解决问题,而且成本越小:未雨绸缪远胜于亡羊补牢"。因此,增强忧患意识和风险意识,加强跟踪监测分析和预警预测,提前发现一些经济运行中的趋势性、苗头性问题,做好预案,居安思危,居危思变,就能防患于未然,降低"灰犀牛"事件带来的损失,甚至避免"灰犀牛"事件的发生,甚至可能变危为机,有出人意料的收获。

一是要转变监管思路,做到"三变"。变机构监管为功能监管、行为监管,变单一监管为综合监管、穿透式监管,变片区监管为跨区域协同监管。功能监管、行为监管就是要尽快改变原有的大行业条块分割、各自为战的状况,通过强化监管信息共享、功能协作和整合资源,使碎片化、分割式监管向共享式、功能型监管转变。综合监管就是要顺应金融创新带来的机构业务跨界、混业发展的趋势,积极探索条线部门间跨业务协同监管新机制。跨区域监管就是要适应当前新技术带来的金融业务跨区域、跨时空经营的新趋势,建立跨区域常态化的金融监管沟通协调机制,及时互通当地的金融机构风险排查信息及监督检查信息,加快建立跨地区、跨部门、跨领域的联合激励与惩戒机制。

二是疏堵结合,促进金融实现"双归"。当前金融领域存在的大量风险问题,关键体现在两个方面。一方面是传统金融对实体经济发展的支持不足,难以满足实体经济发展过程中对低成本资金的需求,导致金融脱实向虚,在体系内"空转",因此,需要进一步打通金融与实体经济结合的通道,让金融的活水更好地浇灌实体经济之树;另一方面则是面对各种新技术带来的金融创新,要在积极引导、鼓励创新的同时,加强前瞻性研究,做好预防,将潜在的风险点扼杀在萌芽状态。要采取一系列引导和防范举措,使金融真正回归到其为实体经济和实体产业服务的本源,让金融回归到风险建立在信用基础之上的本源,增强风险意识,营造更好的信用环境,有效防范金融风险。

三是运用大数据,力争做到"四前"。由于"灰犀牛"是大概率事件,因此往往有一定的规律可循,具有一定的可预见性。利用各个渠道收集到的大数据,发现危机爆发的规律，提前发现、提前识别、提前预警和提前处置，就能做到防微杜渐，既做到及时准确发现问题，了解实际情况，精确评估和准确分析出“灰犀牛”事件的级别、危害性的大小，从而尽早预警，并提前做好防范措施，研究制订解决方案，也能在危机爆发后做好危机排序，明确工作重点，及时采取应对措施，将计划转化成行动，形成有效应对，阻止危机进一步扩大，降低危机带来的损失。

四是要在明确各地区各部门责任的前提下，加强跨部门、跨地域、跨层级的互联互通。一方面要明确部门责任、地域责任，做到守土有责，即要明确监管主体的权责范围，明确监管对象的身份特征，明确监管的内容实质，明确对违法违规事件的处置手段。通过“谁审批、谁监管”“谁主管、谁监管”将部门监管的责任落实到各地区各相关部门，并在此基础上加强金融立法，从更高层面规范金融市场行为，加强对违法行为的处罚力度，实现金融风险处置过程中的有法可依、有法必依、执法必严和违法必究，实现依法依规维稳。另一方面则要加强部门之间的联动和协作，既要加强自上而下的联动，比如上级部门与下级部门之间的联动和信息互动，同时也要加强部门之间的协作，在加强部门之间数据共享、信息互通的基础上，各监管部门从维护国家金融安全和社会经济稳定的共同目标出发，主动跨前一步，形成业务和监管对接，避免出现“监管真空”和“监管套利”现象的发生，从而更好防范“灰犀牛”事件的发生。

第十六章 关于上海尽快引入“监管沙盒”模式的对策建议

科技进步日新月异，科技在金融创新中的应用也越来越广泛，这导致传统的金融监管模式难以跟上金融创新的步伐。如何既能够让监管不阻碍金融科技（FinTech）的发展，抢占全球金融中心的新高地，同时又能较好地防范金融创新过程中不断产生的各类新的金融风险，我们认为，上海应抓住当前科技创新的契机，尽快引入“监管沙盒”，实现上海国际金融中心建设的跨越式发展。

一、“监管沙盒”模式发展概述

“监管沙盒”，顾名思义就是金融监管当局创造一个“安全区域”，对金融科技企业的金融产品创新、服务创新、商业模式和营销方式创新等行为，实行有限度的放松监管和鼓励创新，激发创新活力。这样既能够实现推动金融科技进步，抢占金融创新高地，提升金融效率的目标，同时也能够将金融风险控制在一定区域空间内，探索与金融创新相匹配的金融监管新模式。

由于“监管沙盒”模式对未来国际金融科技创新发展意义重大，所以国内外一些重要金融中心均陆续引入该模式。

（一）“监管沙盒”已经在国际一些主要的金融中心推行

2014 年底英国金融行为监管局（FCA）最早在全球开始实施“监管沙盒”模式，他们通过专设创新中心支持金融科技发展，在税收和投资方面给予初创企业适当优惠，并且创造有助于金融科技行业创新的环境，为创新企业提供与监管对接、帮助取得有限授权等各种支持，并为金融科技企业的各类创新活动提供市场和咨询等相关服务和支持。

新加坡从2015年开始在金管局下专门设立金融科技和创新团队及相关办公室，并为创新企业提供一站式服务。对在“沙盒”中注册的金融科技企业，允许在事先报备的情况下，从事和目前法律法规有所冲突的业务，即使以后被官方终止相关业务，也不会追究相关法律责任。

澳大利亚于2016年12月发布相关文件，允许符合条件的金融科技公司在向金融监管当局备案后，无须持有金融服务或信贷许可证即可测试特定业务。

香港地区金管局给予金融科技公司一定的特殊监管豁免权，以鼓励创新金融服务。试行阶段，金管局会对部分监管要求做弹性处理，如测试、第三者认证要求等，但服务仍将受监管条例约束，当产品全面推出时必须符合所有监管要求。

此外，一些新兴国家如印尼、泰国等也先后宣布将推出“监管沙盒”。

(二) 中国央行和部分地区已经开始了“监管沙盒”试点

面对金融科技发展带来的金融创新的白热化，我国包括央行在内的金融监管层也开始针对金融科技创新采取了类似于“监管沙盒”的模式。如2013年中央财经大学的黄震教授在央行会议上提出要进行软法治理、柔性监管，得到央行的支持和重视。在具体的对互联网金融的监管过程中，中国很早就有了柔性监管的思路，而且也正在实践，中国互联网金融协会的成立和标准工作的启动就是很好的证明。这方面，中国比欧美早了三年，中英两国还达成了就金融科技“监管沙盒”的合作协议。此外，北京市政府宣布从2017年开始对互联网金融进行“监管沙盒”模式的试验，以位于北京房山区的北京互联网金融安全示范产业园作为试验地，聚焦高端技术、安全技术的研发，行业标准的制订，着力打造网贷行业协会，探索在区域金融监管与金融创新需要之间的动态平衡。

可见，“监管沙盒”模式离我们越来越近。用中央财经大学黄震教授的话说：“全世界都在开始谈‘监管沙盒’。”

二、“监管沙盒”模式推出的背景

“监管沙盒”模式之所以被国际各主要金融中心所使用，主要有以下三个方面的原因。

一是金融科技已成为未来国际金融中心建设的核心内容之一。随着科学技术的发展，移动互联网、云计算和大数据、区块链、人工智能和征信技术等大量新技术被应用于金融行业，并随着混业经营、综合经营带动大资管、大财富管理、大投行的融合发展，金融机构之间的竞争正在由服务和产品创新以及效率提升向金融技术竞争升级，因此，金融科技很有可能成为决定区域金融中心竞争能力和影响能力的重要因素之一。

二是金融科技发展对法律法规的创新提出新的要求。信息科技的发展对金融技术的要求高，虚拟化程度高，也相应地加大了金融监管的难度。目前，我国在金融法律法规方面的创新滞后于金融科技的发展速度。由于我国实行的是大陆法系，所有的法律要求以成文法作为法律渊源，但一些新出现的金融科技产品是没有法律保护的，当出现新的金融产品和金融风险时，往往在现有法律体系下难以做出快速应变，导致出现法律、监管空白，消费者的利益被侵害。在这种情况下，金融科技的发展对于中国现有的监管体系产生了全面的挑战。

三是金融的发展需要在创新与风险之间不断寻求新的平衡。随着数字化、智能化和移动化，这些新手段在银行、证券、保险等传统金融机构中不断推广应用，金融产业发展愈加灵活、便捷和智慧。金融业混业经营格局更加明显，金融细分行业之间的边界越来越模糊，原有“一行三会”的监管体系越来越难以满足行业发展对监管的需求。监管进度与技术进步速度的不匹配往往会造成监管与技术进步的暂时性脱节，导致金融监管的真空和重叠。这就要求在金融创新和风险之间寻求新的平衡，既达到提升金融效率和促进产业发展的目标，又实现有效监管的目标。

三、国际“监管沙盒”模式的主要特征

概括起来，“监管沙盒”模式具有以下特征。

一是有限空间内的金融创新。各国设立“监管沙盒”的初衷就是在有限的空间内为金融机构或类金融机构所设计出来的创新产品提供一个安全测试空间。在这个可控的范围内，金融科技企业可以在真实环境下进行试点，测试其创新的金融产品、服务、商业模式和营销方式。如英国将其限制在伦敦金融城区域内实验，新加坡也将其限制在境外业务的范围内。

二是设立专门负责监管和审查金融科技创新的机构，比如英国政府在金融行为监管局下专门设立了创新项目，并增设创新中心，为金融创新企业提供与监管对接、帮助取得有限授权等各种支持。新加坡政府也在金管局下专门设立了金融科技和创新团队，并在该框架下建立了支付与技术方案、技术基础建设和技术创新实验室三个办公室，通过金融科技署来管理金融科技业务并为创新企业提供一站式服务。

三是金融监管的有限突破。虽然各地在放松金融监管的力度上存在一定差异，但是在“监管沙盒”内有限放松监管的方向是一致的。在“沙盒”内，监管者在保护消费者权益、严防风险外溢的前提下，通过主动合理地放宽监管规定，减少金融科技创新的规则障碍，从而实现金融科技创新与有效管控风险的双赢局面。如英国金融行为监管局允许通过筛选的金融科技企业向客户推出创新产品和服务，但不用承担监管对创新带来的负担，测试期一般为 3～6 个月。新加坡对在“沙盒”中注册的金融科技企业，允许在事先报备的情况下，从事和目前法律法规有所冲突的业务，即使以后被官方终止相关业务，也不会被追究相关法律责任。澳大利亚金融监管局也允许符合条件的金融科技公司在向其备案后，无须持有金融服务或信贷许可证即可测试特定业务。

这样做的意义就在于通过“沙盒”，可以使那些在现有监管体系内无法合规运作或具有很高成本的企业能够在监管机构的控制下实现小范围的真实环境测试。同时，监管机构通过“沙盒”测试可以更清楚监管规定与金融创新的辩证关系，及时发现那些不利于创新且损害消费者长远利益的监管规定，从而在第一时间作出调整。

四是金融创新主体的有限责任。金融机构向监管部门承诺，在“沙盒”空间里进行产品推广是有一定限度的，同时要承诺，如果产品出现了侵犯金融消费者利益的情况，需要进行赔偿。它可以与监管者进行互动。“监管沙盒”项目为金融科技、新金融等新兴业态提供监管实验区，支持初创企业发展。通过这种“沙盒”机制，能够让政府在可控范围内，进行多种金融创新，也能够让创业者放心尝试各种相关的创新业务。

新加坡通过这种“沙盒”机制，让政府在可控范围内，进行多种金融创新，让创业者放心尝试各种相关的创新业务。“监管沙盒”能够将风险保持在可控范围内，降低了创新的风险性。

五是消费者权益的有限保护。英国金融行为监管局根据拟参与企业测试的创新产品和服务选取合适的消费者，并要求拟参与企业设定消费者保护计划，包括适当的赔偿等。

四、“监管沙盒”模式对上海国际金融中心建设的意义

“监管沙盒”模式对上海国际金融中心建设意义重大，主要有以下几方面原因。

(一)“监管沙盒”模式有利于提升上海金融科技水平,更好地为上海科创中心服务

习近平总书记曾经指出:“金融是现代经济的核心,在很大程度上影响甚至决定着经济健康发展。”因此,上海科创中心建设既包括金融服务上海科技创新发展的内容,也包括创新科技在金融领域的研发、应用和普及。特别是当前国际金融中心之间的竞争正在从以前的产品和服务的竞争向以基于移动互联网、云计算和大数据、区块链、人工智能和征信技术等大量新技术的应用为核心的系统化竞争转变,金融科技正在成为决定国际金融中心竞争力和影响力的重要因素之一的大背景下,“监管沙盒”模式的引入,既可以做到对金融创新的风险可控,也能够让创业者放心尝试各种相关的创新技术和创新业务,从而实现金融更好地服务上海实体经济和科技创新的功能,提升自身科技创新的能力和水平,释放出最大的科技创新效能,更好地服务上海科创中心建设。

(二)“监管沙盒”模式有利于维护上海金融稳定,提升上海国际金融中心服务全国的能力

上海是全国的金融中心,因此,上海的金融稳定关系全国。目前,上海在维护金融稳定方面取得了不小的成绩,但也面临两方面的问题。

一是上海需要处理好金融稳定和金融科技、金融创新平衡发展之间的关系问题。一方面上海国际金融中心建设需要时刻紧跟国际金融科技发展的最新前沿,另一方面由于我国实行的是大陆法系,所有的法律要求以成文法作为法律渊源,但一些新出现的金融科技产品是没有法律保护的。当出现新的金融产品和金融风险时,在现有法律体系下往往难以做出快速应变,导致出现法律和监管空白,消费者的利益被侵害。因此,上海需要在一个可控的空间范围即“监管沙盒”内“先试验,再推广”,从而在金融创新和风险之间寻求新的平衡。

二是上海需要处理好在现有监管框架内如何应对金融业创新发展的问题。“一行三会”金融监管框架是在分业经营的前提下提出的,但目前难以满足金融产业和金融科技发展带来的金融业混业经营对监管的需求,分业监管进度和效率与金融技术进步的速度不匹配,这种监管与技术进步的暂时性脱节可能导致金融监管的真空和重叠。

而“监管沙盒”模式的引入,能够在金融创新和风险之间寻求新的平衡,加快先进金融技术在金融产业中的应用,达到提升金融效率和促进产业发展的目标。同时,监管机构通过“监管沙盒”模式可以实现有效防范金融风险、维护金融稳定的金

融监管职能，提高上海维护金融稳定的能力和水平，提升上海国际金融中心服务并辐射全国的能力。

（三）“监管沙盒”模式有利于推动上海金融改革，实现上海国际金融中心建设的“弯道超车”

“监管沙盒”模式的引入，在有限的空间内为一些初创型的金融企业或金融机构设计的创新产品提供一个“安全测试空间”，使技术与产业的融合能够在一个可控且真实的范围内进行试点。通过测试该创新金融产品、服务、商业模式和营销方式的市场前景和风险，既能够保护消费者权益、严防风险外溢，也可以通过主动合理地放宽监管规定，减少监管对金融科技创新的规则障碍，实现金融科技创新与有效风险管控的双赢。有利于加快金融技术在金融领域内的创新和发展，推动传统金融机构在引入前沿技术的同时，加快金融服务实体经济的改革步伐。

随着智能终端、移动互联、云计算和大数据、区块链和征信技术等在金融领域的使用，上海可以通过金融技术领域的创新慢慢走到世界前列，缩小在金融服务能级、内容和手段上与国际水平的差距，尽快抢占未来国际金融发展新高地，实现上海国际金融中心的跨越式发展，实现“弯道超车”。

从上述分析可以看出，“监管沙盒”是国家战略在上海国际金融中心建设中的重要内容之一，应该充分予以重视，并抓紧落实和推进。

五、上海已经具备了开展“监管沙盒”试点的基本条件

目前，上海已经具备了开展“监管沙盒”试点的基本条件。

（一）上海金融机构集聚，有利于“监管沙盒”模式的实施

至2016年底，上海拥有各类金融单位1 473家。其中，货币金融服务单位622家，资本市场服务单位382家，保险业单位386家。在沪各类外资金融机构总数达432家，占上海金融机构总数的30%左右，其中总部设在上海的外资法人银行、合资基金管理公司、外资法人财产险公司等均占总数的一半以上。金融机构在一定空间范围内的集聚有利于形成“监管沙盒”。

(二) 上海金融基础设施完备,有利于金融科技开展相关实验

近年来,上海的金融基础设施不断完善。一方面体现在金融市场体系建设逐步健全,随着上海保险交易所、上海票据交易所、中国信托登记公司等新的市场平台陆续成立,上海已基本形成了一个包括股票、债券、货币、外汇、商品期货、金融期货与场外衍生品、黄金、保险等市场在内的全国性金融市场体系,初步具备了一定的国际影响力;另一方面则体现在金融创新发展的环境不断优化,如在金融法治方面上海逐渐成立了金融审判庭、金融检察处(科)、金融仲裁院、金融纠纷调解中心等。信用体系建设方面已建成全国集中统一的企业和个人信用信息基础数据库。支付清算体系方面已开发上线了人民币跨境支付系统。与金融相关的会计审计、法律服务、资产评估、信用评级、投资咨询、财经资讯、服务外包等专业服务也快速发展。金融基础设施的完善有利于金融科技企业节约技术应用成本,提升金融效率。

(三) 上海金融潜在资源丰富,投资者风险意识较高,有利于新的金融技术推广和应用

截至 2016 年底,上海中外资金融机构本外币各项存款余额达到 110 510.96 亿元,占全国存款总额的 7.1%,仅次于北京、广东和江苏。人均存款 45.7 万元,仅次于北京,远高于其他地区。由于金融市场完备,金融产品丰富,所以上海投资者的投资意识和风险承受能力都远高于其他地区。2008 年西南财经大学对国内 6 个城市居民的调查发现,上海城市居民配置于高风险资产的比例远高于广州等城市的居民。而 2011 年上海师范大学的一项对上海居民的调研也表明,上海居民投资产品的多样化程度比较高,且配置在除银行存款外的金融资产的比例基本上达到50%左右。这表明上海投资者的风险识别能力较强,风险承受能力也较高。由于金融科技推出的创新产品大部分风险相对较高,因此更适合在一个风险承受能力较高的区域内开展试验。

(四) 上海自贸试验区建设为“监管沙盒”提供了先行先试的条件

上海自贸区建设也为“监管沙盒”在上海的引入创造了必要条件。

一是“监管沙盒”的理念契合了上海自贸区建设的内在逻辑。“监管沙盒”就是通过在安全区内先行先试,形成金融监管中可以不断完善的监管经验,并在取得相关成果的前提下进行复制和推广。这和自贸区的逻辑思路不谋而合。

二是上海自贸区的建设为“监管沙盒”的实施提供了先行先试的先决条件。国务院发布的《全面深化中国(上海)自由贸易试验区改革开放方案》进一步强调了先行先试的重要性,并提出要“形成更多可复制推广的制度创新成果”和“加快形成系统性的改革经验和模式”的要求。而这种先行先试在金融领域的体现就是要在控制金融风险的同时更好地推动金融技术应用和金融创新发展。

三是上海自贸区的金融创新对“监管沙盒”有现实的政策需求。上海自贸区建设是中国改革开放的前沿,也是中国金融改革的前沿。上海自贸试验区成立以来,金融改革就着眼于建成制度高地的目标在制度创新上先行一步,先后建立了资本项目可兑换、利率市场化、金融市场开放、人民币国际化等核心领域金融改革的先行先试机制,形成宏观审慎和风险可控的金融监管体系,金融开放创新措施的系统集成初具规模。而随着上海自贸区建设的继续深化推进,对金融创新的需求也将越来越多,对柔性的“监管沙盒”需求将越来越急迫。

六、上海开展“监管沙盒”试点的对策分析

面对国际金融中心所采用的新技术和新模式,作为正在积极打造国际金融中心的上海也应该解放思想,大胆尝试,通过争取“监管沙盒”落地上海自贸区来寻求新突破。要从明确以下四个方面入手开展相关工作。

(一) 集中监管:明确以陆家嘴作为“监管沙盒”的金融实践区

一是陆家嘴是金融集聚区,有利于集中创新和集中监管。陆家嘴是上海建设国际金融中心的核心功能区和主体承载区。截至2016年底,陆家嘴金融贸易区内集聚了持牌金融机构776家,跨国公司地区总部92家,证券、期货、石油、钻石等国家级要素市场13家,法律、会计、审计、咨询等商务服务企业1 000余家。金融机构的集聚、市场体系的完备,既有利于金融技术的应用和创新,也有利于金融监管和风险管控。

二是陆家嘴是浦东先行先试和上海国际金融中心建设的核心创新承载区。一直以来,借助于浦东新区先行先试的国家级新区和上海国际金融中心建设重要承载区的有利条件,陆家嘴金融城是国内唯一以“金融贸易”命名的国家级开发区,也是上海国际金融中心建设的核心承载区,因此,陆家嘴在金融创新方面具有先发优势。

三是陆家嘴拥有上海自贸区金融改革的试点优势。上海自贸区成立以来,我

国金融改革和对外开放都是首先在这里进行试点，并在形成成功经验后逐渐向全国复制和推广。自贸区至今已经形成50多条可复制可推广的经验，其中多项内容涉及金融领域。

（二）综合监管：明确以上海市金融服务办公室作为“监管沙盒”的实操部门

一是“一行三局”的监管框架无法满足金融科技混业和跨领域发展对监管的需求。“监管沙盒”需要打破原有的监管框架，推动金融行业混业监管的试点，实现协作监管，并在此基础上形成各部门共同制订的关于“监管沙盒”的标准及其范围，进行统一运行、监管实施、推广和发展等。这就需要一个能够协调各监管部门的机构，而上海市金融服务办公室作为协调和服务上海金融的监管机构理应承担起这一责任。

二是金融科技在初创期往往难以被纳入“一行三局”的监管框架。一些初创期的金融科技企业由于其业务的跨行业跨金融特征，往往在开展相关业务时没有相关牌照或难以跨入准入门槛，也没有被纳入“一行三局”的监管框架中，这就要求地方金融监管和服务部门承担起这方面的职能，以弥补对这部分金融企业相关行为的监管空白。事实上，2016年4月国务院发布的《互联网金融风险专项整治工作实施方案》，将对互联网金融监管整治的职责在中央统一部署下下放到地方进行具体实施，在实践中已经取得了不错的效果。

三是地方金融服务机构具有更强的监管初创金融企业的能力。初创的金融科技企业由于企业小、风险大，中央派驻地方的监管机构受制于体制机制问题难以及时做出反应，而地方金融服务部门由于更接近当地金融企业发展的实际，因此，在对当地中小金融企业的监管中效率更高，成本更低。

（三）明确以互联网金融作为“监管沙盒”的实践方向

“监管沙盒”首先应该从互联网金融领域入手开展相关试验，这是由于该行业是目前金融科技发展最快的领域，同时也是急需开展监管创新的重要领域。

一是互联网金融是当前金融科技发展最迅速的领域。根据国家互联网金融技术平台的监测数据，截至2016年底，已检测到的互联网金融平台为10 729家，互联网金融活跃用户达到6.18亿户。其中在各细分领域都有一些技术水平高、创新能力强且发展迅速的“独角兽”企业，中国在互联网金融领域无论从技术水平、规模还是形式上，都已经走在了世界的前列。

二是互联网金融已成为金融风险最集中的领域。据国家互联网金融安全专业委员会发布的信息，截至 2016 年底，出现异常的互联网金融平台达到 2 420 家，占总平台数的 38%，累计资金规模超过 48 万亿元，发现网站漏洞 950 个，其中高危漏洞占 68.6%，App 漏洞 1 110 个，高危漏洞占 23.2%，受害群众达 7.53 万人次。互联网金融创新的问题日益凸显，监管的重要性越来越突出。

三是互联网金融前期的柔性监管实践为“监管沙盒”奠定了基础。早在 2015 年 7 月，人民银行、银保监会等十部委发布《关于促进互联网金融健康发展的指导意见》，提出了互联网金融监管中创新和防范风险相结合、软法先行与硬法托底相结合、柔性监管和刚性监管相结合、行政监管与行业自律相结合等一系列监管原则和实践。这种包容创新的多元思维与“监管沙盒”相似，为全面引入“监管沙盒”模式奠定了基础。

(四) 明确“监管沙盒”的相关扶持政策与规则

要全面引入“监管沙盒”模式，上海还需要推出一系列配套举措。

一是要在市级相关文件中明确“监管沙盒”方向，并向中央金融监管部门申请“监管沙盒”试点的权限。包括要在市级的有关金融地方性法规或相关文件中明确“监管沙盒”的方向，明确上海市金融服务办公室及其他相关部门在“监管沙盒”中的作用和地位等内容，从而为其提供体制机制方面的保障。

二是要明确“监管沙盒”内的相关规则。包括进入“沙盒”企业的资格申请和审批流程、权利和相关义务，“监管沙盒”内产品和服务开展实验的时限和空间范围，目标金融产品消费或服务的人群特征、金融监管的内容和范围、相关赔偿责任认定等相关内容。

三是要明确对“监管沙盒”内创新企业的政策扶持内容。国际“监管沙盒”的实践经验表明，由于大部分金融科技企业是初创企业，因此对其进行政策扶持是非常必要的。这些政策包括财政、税收、企业发展中的投融资服务需求、市场拓展服务需求以及咨询服务等内容。

参考文献

[1] 阿瑟·拉弗. 重返繁荣：美国如何收复经济霸权[M]. 上海：东方出版社，2014.

[2] 艾伦·伯格，王宇. 美国存款类金融机构的主要类型和监管框架[J]. 金融发展评论，2011(5)：43-45.

[3] 白钦先，谭庆华. 论金融功能演进与金融发展[J]. 金融研究，2006(7)：41-42.

[4] 白钦先. 金融结构、金融功能演进与金融发展理论的研究历程[J]. 经济评论，2005(3)：39-45.

[5] 白洋. 全球金融危机后中国 PE 市场投资特征分析[J]. 国际金融研究，2010(2)：16-17.

[6] 保罗·克雷·罗伯茨. 供应学派革命：华盛顿决策内幕[M]. 杨鲁军，虞虹，译. 上海：格致出版社，上海人民出版社，1987.

[7] 边文龙，沈艳，沈明高. 银行业竞争度、政策激励与中小企业贷款——来自 14 省 90 县金融机构的证据[J]. 金融研究，2017(1)：118-133.

[8] 渤海产业投资基金课题组. 渤海产业投资基金与中国转型期金融创新[J]. 南开经济研究，2007(5)：144-152.

[9] 布鲁斯·巴特利特. 新美国经济：里根经济学的失败与未来之路[M]. 钟晓玲，等译. 北京：中国金融出版社，2011.

[10] 曹裕，陈晓红，万光羽. 基于企业生命周期的上市公司融资结构研究[J]. 中国管理科学，2009(3)：150-158.

[11] 陈菲琼，王丹霞. 全球价值链的动态性与企业升级[J]. 科研管理，2007(9)：52-59.

[12] 陈见丽，风险投资能促进高新技术企业的技术创新吗？——基于中国创业板上市公司的经验证据[J]. 经济管理，2011(2)：44-51.

[13] 陈昆玉. 创新型企业的创新活动、股权结构与经营业绩——来自中国 A 股市场的经验证据[J]. 产业经济研究,2010(4): 49 - 57.

[14] 陈雨露. 构建现代金融体系推进供给侧结构性改革[N]. 金融时报,2016 - 05 - 30.

[15] 陈志,陈柳. 论我国中小企业融资改革与金融创新[J]. 金融研究,2000(12): 117 - 121.

[16] 程海波,于蕾,许治林. 资本结构、信贷约束和信贷歧视: 上海非国有中小企业的案例[J]. 世界经济,2005(8): 67 - 72.

[17] 邓小平文选: 第 3 卷[M]. 北京: 人民出版社,1993.

[18] 董希淼. 防范"灰犀牛"须早识别早预警早处置[N]. 金融时报,2017 - 08 - 14.

[19] 董小源. 驯服灰犀牛化解影子银行风险: 建立穿透监管,约束地方财政[N]. 澎湃新闻,2017 - 08 - 14.

[20] 董竹,周悦. 金融体系、供给侧结构性改革与实体经济发展[J],经济学家,2019(6): 116 - 118.

[21] 段涛. 大陆发行上市制度与台资企业在大陆上市[J]. 中国外资,2007(10): 28 - 29.

[22] 段一群,李东,李廉水. 中国装备制造业的金融支持效应分析[J]. 科学学研究,2009(3): 388 - 392.

[23] 法媒. 中国追捕"灰犀牛"遏制金融风险[N]. 参考消息,2017 - 08 - 14.

[24] 樊大彧. 转移资产也是重要的"灰犀牛"[N]. 北京青年报,2017 - 08 - 14.

[25] 范剑勇,张涛. 结构转型与地区收敛: 美国的经验及其对中国的启示[J]. 世界经济,2003(1): 42 - 48.

[26] 范剑勇. 产业集聚与地区间劳动生产率差异[J]. 经济研究,2006(11): 72 - 81.

[27] 范香梅,邱兆祥,张晓云. 我国中小银行地域多元化风险与收益的实证分析[J]. 管理世界,2010(10): 171 - 173.

[28] 冯梅,史开国. 我国小微企业融资理论及研究综述[J]. 现代商贸工业,2013(14): 108 - 110.

[29] 傅勇. 比较优势、市场定位与我国中小金融机构发展战略研究[J]. 金融研究,2011(12): 192 - 199.

[30] 高明华. 再论中小金融机构发展与中小企业融资[J]. 金融理论与实践,2008(10): 57 - 60.

[31] 戈德史密斯. 金融结构和金融发展[M]. 上海: 上海三联书店,上海人民出版社,1990.

[32] 共同创造亚洲和世界的美好未来——在博鳌亚洲论坛 2013 年年会上的主旨演讲[J]. 今日海南,2013(4): 10 - 11.
[33] 顾海峰,战略性新兴产业培育、升级与金融支持[J]. 改革,2011(2): 29 - 34.
[34] 郭斌,刘曼路. 民间金融与中小企业发展: 对温州的实证分析[J]. 经济研究,2001(10): 40 - 46.
[35] 郭田勇. 民营银行期待破局或实行"有限牌照"[N]. 中国证券报,2013 - 10 - 28.
[36] 国家强大要靠实体经济,不能泡沫化[EB/OL]. [2013 - 07 - 21]. http://china. cnr. cn/gdgg/201307/t20130721_513112032. shtml.
[37] 何君光. 台资企业大陆 A 股上市现状、主要问题及政策建议[J]. 亚太经济,2014(1): 137 - 139.
[38] 贺杰. 互联网金融对金融体系的影响及监管对策: 文献评述[J]. 金融发展评论,2016(4): 43 - 48.
[39] 弘扬"上海精神"促进共同发展——在上海合作组织成员国元首理事会第十三次会议上的讲话[EB/OL]. [2013 - 09 - 13]. http://www. xinhuanet. com/politics/2013-09/13/c_117365545. htm.
[40] 宏皓. 互联网金融的风险与监管[J]. 武汉金融,2014(4): 4 - 5.
[41] 洪娟,曹彬,李鑫. 互联网金融风险的特殊性及其监管策略研究[J]. 中央财经大学学报,2014(9): 42 - 46.
[42] 洪渊. 开放条件下私募基金的功能与风险控制,财经科学[J]. 2007(2): 29 - 36.
[43] 胡吉亚. 中国战略性新兴产业融资机制研究[M]. 北京: 中国社会科学出版社,2016.
[44] 胡平. 对全国首例台资企业境内借壳上市的调查与思考[J]. 福建金融,2011(2): 32 - 34.
[45] 黄德春,徐慎晖. 新常态下长江经济带的金融集聚对经济增长的影响研究——基于市级面板数据的空间计量分析[J]. 经济问题探索,2016(10): 160 - 167.
[46] 黄宏斌,翟淑萍,陈静楠. 企业生命周期、融资方式与融资约束——基于投资者情绪调节效应的研究[J]. 金融研究,2016(7): 96 - 112.
[47] 黄文妍,段文奇. 互联网金融: 风险、监管与发展[J]. 上海经济研究,2015(8): 20 - 26.
[48] 吉尔德. 财富与贫困[M]. 上海: 上海译文出版社,1985.
[49] 贾康,等. 中国需要构建和发展以改革为核心的新供给经济学[J]. 财政研究,

2013(1)：2－15.
[50] 贾康，苏京春.新供给经济学：理论创新与建言[M].北京：中国经济出版社，2015.
[51] 贾康.新供给：经济学理论的中国创新[M].北京：中国经济出版社，2013.
[52] 贾康.中国特色的宏观调控必须注重理性的"供给管理"热点与对策——财政研究报告 2009—2010[M].北京：中国财政经济出版社，2011.
[53] 贾新春，夏武勇，黄张凯.银行分支机构、国有银行竞争与经济增长[J].管理世界，2008(6)：7－14.
[54] 姜樊.银监会鼓励民资入股金融机构民营银行将实行有限牌照[N].北京晨报，2013－11－26.
[55] 姜鹏.我国中小银行发展制约与对策[J].特区经济，2009(4)：81－82.
[56] 蒋海，姜鹏，邹鹏飞.寡头垄断、风险竞争与中小银行的发展困境：2001—2006[J].当代财经，2008(12)：59－65.
[57] 经济日报社论.推进"四个全面"实现"五位一体"[N].经济日报，2015－11－03.
[58] 凯恩斯.货币论：货币的纯理论[M].何瑞英，译北京：商务印书馆，1986.
[59] 匡紫航.鼎捷软件：令台湾媒体人惊叹的"登陆"财富神话[N].证券日报，2015－12－17.
[60] 赖继红.私募股权投资、企业创新及其宏观经济效应研究[J].中央财经大学学报，2012(9)：10－15.
[61] 雷震，彭欣.银行业市场结构与中小企业的生成：来自中国 1995—2006 年的证据[J].世界经济，2010(3)：109－125.
[62] 李春平.2016 年中企海外并购额超万亿，银行贷款等成资金来源[N].新京报，2017－07－24.
[63] 李海波，肖文东.金融如何支持战略性新兴产业发展[N].人民日报，2011－07－11.
[64] 李建华，张立文.私募股权投资信托与中国私募股权市场的发展[J].世界经济，2007(5)：74－84.
[65] 李江.社区银行：城市中小金融中介的发展模式[J].上海金融，2005(10)：19－20.
[66] 李龙筠，谢艺.中国创业板上市公司创新能力评估[J].经济学家，2011(10)：93－102.
[67] 李伟，唐齐鸣，苏小燕.金融支持与中小企业发展：一个关于资金需求和供给的均衡分析[J].世界经济，2004(5)：24－31.
[68] 李雪松，张雨迪，孙博文.区域一体化促进了经济增长效率吗？——基于长江

经济带的实证分析[J]. 中国人口·资源与环境，2017(1)：10－19.
[69] 李曜，张子炜. 私募股权、天使资本对创业板市场IPO抑价的不同影响[J]. 财经研究，2011(8)：113－124.
[70] 李有星，陈飞，金幼芳. 互联网金融监管的探析[J]. 浙江大学学报(人文社会科学版)，2014(4)：87－97.
[71] 李真. 互联网金融：内生性风险与法律监管逻辑[J]. 武汉金融，2014(5)：35－37.
[72] 李志赟，银行结构与中小企业融资[J]. 经济研究，2002(6)：1－18.
[73] 梁绍连. 供给侧结构性改革与上海发展——"供给侧改革与持续性增长"研讨会综述[J]. 科学发展，2016(4)：38－42.
[74] 林毅夫，蔡昉，李周. 中国的奇迹：发展战略与经济改革[M]. 上海：上海人民出版社，上海三联书店，2016.
[75] 林毅夫，姜烨. 发展战略、经济结构和银行业结构：来自中国的经验[J]. 管理世界，2006(1)：29－40.
[76] 林毅夫，李永军. 中小金融机构发展与中小企业融资[J]. 经济研究，2001(1)：10－18.
[77] 林毅夫，刘明兴. 经济发展战略与中国的工业化[J]. 经济研究，2004(7)：48－58.
[78] 林毅夫，孙希芳，姜烨. 经济发展中的最优金融结构理论初探[J]. 经济研究，2009(8)：45－49.
[79] 林毅夫，孙希芳. 信息、非正规金融与中小企业融[J]. 经济研究，2005(7)：35－44.
[80] 林毅夫. 潮涌现象与发展中国家宏观经济理论的重新构建[J]. 经济研究，2007(1)：126－131.
[81] 林毅夫. 发展战略、自生能力和经济收敛[J]. 经济学季刊，2002(2)：269－300.
[82] 刘畅，刘冲，马光荣. 中小金融机构与中小企业贷款[J]. 经济研究，2017(8)：67－79.
[83] 刘宏海. 内涵式增长是中小银行发展之本[N]. 金融时报，2011－06－24.
[84] 刘亮，杨亚琴. 驯服"灰犀牛"，当从正视风险开始[N]. 文汇报，2017－08－27.
[85] 刘亮. 供给侧改革仍要与需求侧管理相配合[N]. 文汇报，2015－12－08.
[86] 刘伟，黄桂田. 银行业的集中、竞争与绩效[J]. 经济研究，2003(11)：14－21.
[87] 刘志彪. 建设现代化经济体系：新时代经济建设的总纲领[J]. 山东大学学报(哲学社会科学版)，2018(1)：7－12.

[88] 罗长远. 外资进出中国的情况及对策[N]. 东方早报,2011-11-10.

[89] 马海倩,杨波. 上海迈向 2040 全球城市战略目标与功能框架研究[J]. 上海城市规划,2014(6): 12-18.

[90] 马磊,王学飞. 台资企业在中国大陆上市需克服的主要法律障碍[J]. 中小企业管理与科技,2011(7): 65.

[91] 麦金农. 经济发展中的货币与资本[M]. 上海: 上海三联出版社,1992.

[92] 米军,等. 金融发展理论研究进展述评[J]. 国外社会科学,2012(11): 92-97.

[93] 米歇尔·渥克. 灰犀牛: 如何应对大概率危机[M]. 王丽云,译. 北京: 中信出版社,2017.

[94] 米歇尔·渥克. 警惕"灰犀牛"危机[J]. 中国经济周刊. 2017(30): 82-83.

[95] 苗文龙. 互联网支付: 金融风险与监管设计[J]. 当代财经,2015(2): 55-65.

[96] 穆勒. 政治经济学原理[M]. 赵荣潜,桑炳彦,朱泱,译. 北京: 商务印书馆,1997.

[97] 牛立超,战略性新兴产业发展与演进研究[D]. 北京: 首都经贸大学,2011.

[98] 潘从文,张志海,潘希宏. 信号发送、投资者识别与私募股权资本市场[J]. 经济管理,2010(5): 137-142.

[99] 潘岳奇,贾生华. 资本结构对产品市场竞争的影响: 一个理论综述[J]. 产业经济研究,2011(1): 86-94.

[100] 潘镇,鲁明泓. 中小企业成长战略选择的路径依赖[J]. 2003(16): 4-11.

[101] 彭俞超. 习近平金融治理思想研究[J]. 马克思主义理论学科研究,2017(5): 5-10.

[102] 钱海章. 高新技术企业的生命周期及融资战略[J]. 金融研究,1999(8): 61-66.

[103] 钱苹,张帏. 我国创业投资的回报率及其影响因素[J]. 经济研究,2007(5): 78-90.

[104] 乔海曙,吕慧敏. 中国互联网金融理论研究最新进展[J]. 金融论坛,2014(7): 24-29.

[105] 邱兆祥,范香梅. 中小银行地域多元化问题研究述评[J]. 经济学动态,2009(6): 120-125.

[106] 让·巴蒂斯特·萨伊. 政治经济学概论[M]. 陈福生,陈振骅,译. 北京: 商务印书馆,1997.

[107] 人大经济论坛. 国产圆珠笔 1 支利润仅几厘钱: 日本卖材料中国卖苦力[EB/OL]. http://bbs.pinggu.org/k/news/1222655.html.

[108] 萨伊. 政治经济学概论: 财富的生产、分配和消费[M]. 陈福生,陈振骅,译.

北京：商务印书馆，1997.
[109] 商务部. 台湾716家上市公司大陆投资，认列大陆收益激增四成[EB/OL]. [2017-04-18]. http://www.mofcom.gov.cn/.
[110] 上海市人民政府发展研究中心课题组. 新供给经济学实践上海供给侧结构性改革思路和举措[J]. 科学发展，2016(4)：18-29.
[111] 盛九元. 推动两岸资本市场合作，台资企业上市大陆A股观察[J]. 两岸关系，2017(2)：2.
[112] 十八大以来重要文献选编(上)[M]. 北京：中央文献出版社，2014.
[113] 宋华，卢强. 什么样的中小企业能够从供应链金融中获益？——基于网络和能力的视角[J]. 管理世界，2007(6)：104-121.
[114] 隋平，张彬. 论金融复杂性监管制度的构建[J]. 湖南科技大学学报，2014(5)：81-87.
[115] 孙翯. 中国中小银行可持续发展策略：规模领先还是特色制胜[J]. 金融论坛，2011(4)：59-64.
[116] 台媒：大陆支持台湾高科技企业到大陆设厂上市[N]. 参考消息，2016-07-08.
[117] 谈儒勇. 中国金融发展与经济增长关系的实证研究[J]. 经济研究，1999(10)：53-61.
[118] 滕泰. 更新供给结构、放松供给约束、解除供给抑制——新供给主义经济学的理论创新[J]. 世界经济研究，2013(12)：3-8.
[119] 滕泰. 民富论：新供给主义百年强国路[M]. 上海：东方出版社，2013.
[120] 天风证券宏观团队. 中国家庭债务杠杆率已逼近美国次贷危机前夕：灰犀牛何时会把我们扑倒？[EB/OL]. [2017-12-12]. http://www.sohu.com/a/147875494_117959.
[121] 田光宁. 互联网金融发展的理论框架与规制约束[J]. 宏观经济研究，2014(12)：42-48.
[122] 田厚平，刘长贤. 企业资产规模、信贷市场结构与中小企业融资[N]. 管理科学学报，2010(5)：41-42.
[123] 田秀娟. 我国农村中小企业融资渠道选择的实证研究[J]. 金融研究，2009(7)：146-160.
[124] 王朝弟. 中小企业融资问题与金融支持的几点思考[J]. 金融研究，2003(1)：90-97.
[125] 王达. 美国互联网金融的发展及中美互联网金融的比较——基于网络经济学视角的研究与思考[J]. 国际金融研究，2014(12)：47-57.

[126] 王慧娟,张然.私募股权投资与被投资企业高管薪酬契约——基于公司治理视角的研究[J].管理世界,2012(9):156-167.

[127] 王兰军.金融的本质本源本业本根——学习贯彻习近平总书记金融思想的几点体会[J].中国金融,2017(9):12-18.

[128] 王璐.防范"灰犀牛"须早识别早预警早处置[N].金融时报,2017-08-14.

[129] 王曙光,孔新雅,徐余江.互联网金融的网络信任:形成机制、评估与改进——以P2P网络借贷为例[J].金融监管研究,2014(5):67-76.

[130] 王夕文.互联网金融的风险与监管对策研究[J].中国集体经济,2015(12):87-88.

[131] 王晓薇.美国中小银行的秘密[N].华夏时报,2013-09-30.

[132] 魏鹏.中国互联网金融的风险与监管研究[J].金融论坛,2014(7):3-9.

[133] 翁舟杰,杨纮铸.大银行对中小企业融资缺乏效率吗——大银行与中小银行的对比性实证分析[J].西南金融,2012(6):10-14.

[134] 我国生育率已降到1.5以下可能影响国家竞争力[N].北京晚报,2012-04-27.

[135] 吴超鹏,吴世农,程静雅,王璐.风险投资对上市公司投融资行为影响的实证研究[J].经济研究,2012(1):105-119.

[136] 吴应宁.习近平金融思想的核心要义[J].党的文献,2018(1):1-12.

[137] 吴永钢,李政.我国保险业发展的经济增长效应——基于金融协同的视角[J].南开经济研究,2013(4):82-94.

[138] 习近平.关于《中共中央关于制定国民经济和社会发展第十三个五年规划的建议》的说明[EB/OL].[2015-11-03].http://cpc.people.com.cn/n/2015/1103/c64094-27772663.html.

[139] 习近平.决胜全面建成小康社会夺取新时代中国特色社会主义伟大胜利——在中国共产党第十九次全国代表大会上的报告[N].人民日报,2017-10-28.

[140] 习近平.深刻认识建设现代化经济体系重要性推动我国经济发展焕发新活力迈上新台阶[N].人民日报,2018-02-01.

[141] 习近平.习近平总书记重要讲话文章选编[M].北京:中央文献出版社,2016.

[142] 习近平.在哲学社会科学工作座谈会上的讲话[EB/OL].[2016-05-18].http://www.xinhuanet.com/politics/2016-05/18/c_1118891128.htm.

[143] 习近平关于社会主义经济建设论述摘编[M].北京:中央文献出版社,2017.

[144] 习近平会见出席《亚洲基础设施投资银行协定》签署仪式各国代表团团长[EB/OL]. [2015 - 06 - 29]. http://www. xinhuanet. com/politics/2015-06/29/c_1115756477. htm.

[145] 习近平接受路透社采访时强调：共同开启中英全面战略伙伴关系的“黄金时代”为中欧关系全面推进注入新动力[N]. 人民日报，2015 - 10 - 19.

[146] 习近平谈治国理政[M]. 北京：外文出版社，2014.

[147] 习近平在第七十届联合国大会一般性辩论时的讲话[N]. 人民日报 2015 - 09 - 28.

[148] 习近平在二十国集团领导人第八次峰会第一阶段会议上的发言[EB/OL]. [2013 - 09 - 06]. http://www. xinhuanet. com/politics/2013-09/06/c_117249618. htm.

[149] 习近平在江苏徐州考察强调紧扣新时代要求推动改革发展[EB/OL]. [2013 - 09 - 06]. http://www. gov. cn/xinwen/2017-12/14/content_5246749. htm.

[150] 习近平在全国金融工作会议上强调服务实体经济防控金融风险深化金融改革促进经济和金融良性循环健康发展[N]. 人民日报，2017 - 07 - 16.

[151] 习近平在印度尼西亚国会的演讲[EB/OL]. [2013 - 10 - 03]. http://www. gov. cn/ldhd/2013-10/03/content_2500118. htm.

[152] 习近平在召开部分省区党委主要负责同志座谈会上的讲话[N]. 人民日报，2015 - 07 - 17.

[153] 习近平在中共中央政治局第三十九次集体学习时强调更好推进精准扶贫精准脱贫确保如期实现脱贫攻坚目标[EB/OL]. http://www. xinhuanet. com/politics/zzjjtxx/.

[154] 习近平在中共中央政治局第四十次集体学习时强调金融活经济活金融稳经济稳做好金融工作维护金融安全[EB/OL]. [2017 - 04 - 26]. http://cpc. people. com. cn/n1/2017/04/26/c64094-29238555. html.

[155] 习近平主持召开中央财经领导小组第七次会议强调：加快实施创新驱动发展战略加快推动经济发展方式转变[N]. 人民日报，2014 - 08 - 19.

[156] 习近平主持召开中央财经领导小组第十三次会议强调：坚定不移推进供给侧结构性改革在发展中不断扩大中等收入群体[N]. 人民日报，2016 - 05 - 17.

[157] 习近平主持召开中央全面深化改革领导小组第十八次会议[EB/OL]. [2015 - 11 - 09]. http://www. xinhuanet. com/politics/2015-11/09/c_1117084753. htm.

[158] 肖捷. 当前我国政府债务风险总体可控[N],经济日报,2017-03-08.
[159] 谢平,邹传伟,刘海二. 互联网金融监管的必要性与核心原则[J]. 国际金融研究,2014(8):3-9.
[160] 辛树人,向珂. 中小企业金融制度的缺陷分析及矫正点选择[J]. 金融研究,2004(7):66-72.
[161] 邢哲,宋志清. 信贷市场分割下中小银行的信贷优势分析[J]. 金融论坛,2010(7):44-49.
[162] 熊正德,詹斌,林雪. 基于DEA和Logit模型的战略性新兴产业金融支持效率[J]. 系统工程,2011(6):35-41.
[163] 徐洪水. 金融缺口和交易成本最小化:中小企业融资难题的成因研究与政策路径——理论分析与宁波个案实证研究[J]. 金融研究,2001(11):47-53.
[164] 徐亦姗. 挂牌新三板一举两得,投行瞄准上市台股子公司[N]. 21世纪经济报道,2014-10-16.
[165] 徐忠. 新时代背景下中国金融体系与国家治理体系现代化[J],经济研究,2018(7):6-22.
[166] 徐子尧,边维刚,李迎莹. 私募股权投资对公司治理模式的影响[J]. 财经科学,2012(7):26-33.
[167] 许俊. 台资企业上市A股兴趣浓厚[N]. 台声,2004(12):40.
[168] 阎洪,刘珺. 价值链理念和银行新产品创新系统研究[J]. 金融研究,2003(1):28-35.
[169] 杨慧,宋华明,刘小斌. 全过程界面管理视阈下新兴产业发展政策研究——鉴于美、日、西欧等发达国家经验[J]. 科学学研究,2011(5):684-691.
[170] 姚耀军,董钢锋. 中小企业融资约束缓解:金融发展水平重要抑或金融结构重要?——来自中小企业板上市公司的经验证据[J]. 金融研究,2015(4):148-161.
[171] 姚长辉. 货币银行学[M]. 北京:北京大学出版社,1998.
[172] 姚铮,胡梦婕,叶敏. 社会网络增进小微企业贷款可得性作用机理研究[J]. 管理世界,2013(4):135-149.
[173] 尹伯成,华桂宏. 供给学派[M]. 武汉:武汉出版社,1996.
[174] 有效防范金融风险——二论做好当前金融工作[N]. 人民日报,2017-07-17.
[175] 于斌斌,金融集聚促进了产业结构升级吗:空间溢出的视角——基于中国城市动态空间面板模型的分析[J]. 国际金融研究,2017(2):83-98.

[176] 余江，方新. 影响产业技术跨越的价值链状态分析[J]. 科学学研究，2002(5)：497-499.
[177] 余永定. 中国资本外流实际上已经相当严重[N]. 21世纪经济报道，2015-01-01.
[178] 余泳泽，刘大勇. 我国区域创新效率的空间外溢效应与价值链外溢效应——创新价值链视角下的多维空间面板模型研究[J]. 管理世界，2013(7)：6-20.
[179] 虞群娥，李爱喜. 民间金融与中小企业共生性的实证分析——杭州案例[J]. 金融研究，2007(12)：215-222.
[180] 袁增霆，蔡真，王旭祥. 中国小企业融资难问题的成因及对策：基于省级区域调查问卷的分析[J]. 经济学家，2010(8)：70-76.
[181] 袁增霆，蔡真. 小企业融资政策研究综述[J]. 金融评论，2010(6)：99-111.
[182] 约翰·G. 格利，爱德华·S. 肖. 金融理论中的货币[M]. 上海：上海人民出版社. 1994.
[183] 约瑟夫·熊彼特. 经济发展理论[M]. 何畏，易家祥，译. 北京：商务印书馆，1990.
[184] 詹姆斯·享德森. 健康经济学[M]. 向运华，等译. 北京：人民邮电出版社，2008.
[185] 张斌. 私募股权投资的制度效应与市场拓展[J]. 改革，2011(5)：120-125.
[186] 张冰，金戈. 港台产业结构变迁：模型与比较[J]. 台湾研究，2007(2)：44-49.
[187] 张卉. 产业分布、产业集聚和地区经济增长：来自中国制造业的证据[D]. 上海：复旦大学，2007.
[188] 张家源. 习近平金融思想及其在十九大报告中的新发展[J]. 探索，2017(6)：7-12.
[189] 张杰. 制度金融理论的新发展：文献述评[J]. 经济研究，2011(3)：145-159.
[190] 张捷，王霄. 中小企业金融成长周期与融资结构变化[J]. 世界经济，2002(9)：63-70.
[191] 张捷. 中小企业的关系型借贷与银行组织结构[J]. 经济研究，2002(6)：32-37.
[192] 张陆洋. 创业——组合投资理论与实务[M]. 上海：复旦大学出版社，2009.
[193] 张明. 境外私募股权基金是如何规避中国政府管制的[J]. 世界经济，2008(3)：44-52.
[194] 张少军、刘志彪. 全球价值链模式的产业转移——动力、影响与对中国产业

升级和区域协调发展的启示[J]. 中国工业经济,2009(11): 11-25.

[195] 张望. 我国中小银行跨区域发展的战略定位问题[J]. 上海金融. 2010(5): 89-92.

[196] 张希安,中小银行的经营机制与中小企业融资困难[J]. 上海经济研究,2006(10): 70-75.

[197] 张晓玫,钟桢. 银行规模与上市中小企业贷款: 基于中小企业银行贷款数据的经验研究[J]. 南开经济研究,2013(2): 94-111.

[198] 张学良. 中国交通基础设施促进了区域经济增长吗——兼论交通基础设施的空间溢出效应[J]. 中国社会科学,2012(3): 60-77.

[199] 张亦春,洪图. 创业板 IPO 市盈率与超募率的影响因素研究——基于券商声誉及私募股权投资的实证分析[J]. 厦门大学学报(哲学社会科学版),2012(3): 42-49.

[200] 张跃文. 中国金融体系的结构与变革[M]. 北京: 中国社会科学出版社,2010.

[201] 张子炜,李曜,徐莉. 私募股权资本与创业板企业上市前盈余管理[J]. 证券市场导报,2012(2): 60-70.

[202] 章元,刘修岩. 聚集经济与经济增长: 来自中国的经验证据[J]. 世界经济,2008(3): 60-70.

[203] 赵鹏程. 中国金融体系变迁与小微企业融资关系研究[M]. 北京: 社会科学文献出版社,2017.

[204] 郑联盛. 中国互联网金融: 模式、影响、本质与风险[J]. 国际经济评论,2014(5): 237-241.

[205] 中国发展新起点全球增长新蓝图——在二十国集团工商峰会开幕式上的主旨演讲[EB/OL]. [2016-09-03]. http://www.xinhuanet.com/world/2016-09/03/c_129268346.htm.

[206] 中国老龄科学研究中心. 中国老龄产业发展报告(2014)[M]. 北京: 社会科学文献出版社,2014.

[207] 中国最大的"灰犀牛"究竟是什么? [N]. 华夏时报,2017-07-17.

[208] 周华蓉,贺胜兵. 政策引导下企业跨区域迁移的演化博弈分析[J]. 湖南科技大学学报,2015(3): 85-91.

[209] 周鹏峰. 2016 年全国新发非法集资案件达到 5 197 起,涉案金额 2 511 亿[N]. 上海证券报,2017-04-25.

[210] 周天勇. 效率与供给经济学——中国经济的制度[M]. 北京: 经济科学出版社,1997.

[211] 周振华.全球化、全球城市网络与全球城市的逻辑关系[J].社会科学，2006(10)：17-26.

[212] 朱建武，李华晶.中小银行经营绩效的国际比较[J].财经科学，2007(1)：33-40.

[213] 朱建武.我国中小银行资产扩张效应实证研究：1987—2004[J].财经研究，2006(8)：102-111.

[214] 邹薇，蒋泽敏.银行业结构与经济增长研究述评[J].经济评论，2009(3)：136-142.

[215] 邹新月，蔡卫星，潘成夫.习近平新时代中国特色社会主义金融思想研究[J].广东财经大学学报，2018(2)：32-38.

[216] 奏响全面建成小康社会决胜的时代号角——论认真学习贯彻党的十八届五中全会精神[J].求是，2015(21)：17-18.

[217] ACS Z J, AUDRETSCH D. Handbook of entrepreneurship research [M]. Netherlands: Kluwer Academic Publishers, 2001.

[218] ACS Z J, VARGA A. Entrepreneurship, agglomeration and economic growth [J]. Small Business Economics, 2005,24(3): 323-334.

[219] ADAIR T. Financial innovation [M]. New York: Oxford University Press, 2010.

[220] AGHION P, FALLY T, SCARPETTA S. Credit constraints as a barrier to the entry and post-entry growth of firms [J]. Economic Policy, 2007, 22(52): 731-779.

[221] AGHION P, MATHIAS D, LUOSHSA D, ANN H, PATRICK L. Industrial policy and competition [G]. NBER Working Paper, 2012.

[222] ALLEN F, GALE D. Comparing financial systems [M]. Cambridge: The MIT Press, 2000.

[223] ALLEN J, LIU L. Efficiency and economics of scale of large Canadian banks [J]. Canadian Journal of Economics, 2007,40(1): 225-244.

[224] AMSDEN A H, CHU W W. Beyond late development: Taiwan's upgrading policies [M]. Cambridge: The MIT Press, 2003.

[225] ANDERSSON D E. The spatial nture of entrepreneurship [J]. The Quarterly Journal of Austrian Economics, 2005,8(2): 21-34.

[226] APPOLD S J. The control of high-skill labor and entrepreneurship in the Early US semiconductor industry [J]. Environment and Planning, 2001(33): 2133-2160.

[227] AUDRETSCH D B, KEILBACH M. Entrepreneurship and economic growth[R]. COE/RES Discussion Paper Series, 2006,189(11).

[228] AUDRETSCH D B, THURIK R. Innovation, industry evolution, and employment [M]. Cambridge: Cambridge University Press, 2000.

[229] AUDRETSCH D B, CARREE M A, van STEL A J, THURIK A R. Impeded industrial restructuring: the growth penalty [J]. Kylklos, 2002 (55): 81 - 98.

[230] BALDWIN R E, FORSLID R, MARTIN P, OTTAVIANO G, NICOUD R. Economic geography and public policy [M]. Princeton: Princeton University Press, 2003.

[231] BALDWIN R E, MARTIN P, OTTAVIANO G. Global income divergence, trade and industrialization: the geography of growth take-off [J]. Journal of Economic Growth, 2001(6): 5 - 37.

[232] BALDWIN R, FORSLID E R. The core-periphery model and endogenous growth [J]. Economica, 2000(67): 307 - 324.

[233] BANERJEE A V, BESLEY T, GUINNANE T W. The neighbor's keeper: the design of a credit cooperative with theory and a test [J]. Quarterly Journal of Economics, 1994(109): 491 - 515.

[234] BARDHAN P. On optimum subsidy to a learning industry: an aspect of the theory of infant-industry protection [J]. International Economic Review, 1971(12): 54 - 70.

[235] BARNEY J B. Firm resources and sustained competitive advantage [J]. Journal of Management, 1991(17): 99 - 120.

[236] BARRO R J, MANKIW N,MARTIN X S. Capital mobility in neoclassical models of growth [J]. The American Economic Review, 1995,85(1): 103 - 115.

[237] BASSETT W F, BRANDY T. The economic performance of small banks, 1985 - 2000 [J]. Federal Reserve Bulletin, 2001 (Nov.): 719 - 728.

[238] BECK T, LOAYZA R, LOAYZA N. Finance and the sources of growth [J]. Journal of Financial Economics, 2000(58): 261 - 300.

[239] BECK T, LUNDBERG M,MAJNON I G. Financial intermediary development and growth volatility: do intermediaries dampen or magnify shocks? [J]. Journal of International Money and Finance, 2006(25): 1146 - 1167.

[240] BEDNARZIK R W. The role of entrepreneurship in U. S. and European

job growth [J]. Monthly Labor Review, 2000,123(7): 3 - 16.

[241] BERGER A N, UDELL G. A more complete conceptual framework for SME finance [J]. Journal of Banking & Finance, 2006(30): 2945 - 2966.

[242] BERGER A N, UDELL G. Relationship lending and line as of credit in small finance [J]. Journal of Business, 1998(68): 351 - 382

[243] BERGER A N, UDELL G. Small business credit availability and relationship lend [J]. Economic Journal, 2002(477): 32 - 53

[244] BERNIER R E. Small business incubators and the entrepreneurial environment [R]. Working Paper, 2001.

[245] BERTRAND M, SCHOAR A, THESMAR D. Banking deregulation and industry structure: evidence from the french banking reforms of 1985 [J]. Journal of Finance, 2007(2): 597 - 628.

[246] BESANKO D, THAKOR A V. Collateral and rationing: sorting equilibria in monopolistic and competitive credit markets [J]. International Economic Review, 1987(3): 671 - 689.

[247] BOYD J, PRESCOTT E. Financial intermediary-coalitions [J]. Journal of Economic Theory, 1986(38): 211 - 232.

[248] BRANDER J A, LEWIS T R. Oligopoly and financial structure: the limited liability effect [J]. American Economic Review, 1986(5): 956 - 970.

[249] BRAUN M, LARRAIN B. Finance and the business cycle: international, inter-industry evidence [J]. The Journal of Finance, 2005,60(3): 1097 - 1128.

[250] BROWN T E, KIRCHHOFF B A. The effect of resource availability and entrepreneurial orientation on firm growth [M]. Cambridge: The MIT Press,1997.

[251] BUERA F J, SHIN Y. Financial frictions and the persistence of history: a quantitative exploration [J]. Journal of Political Economy, 2013(121): 221 - 272.

[252] CARNPELLO. Internal capital markets in financial conglomerates [J]. Journal of Finance, 2002(6): 2773 - 2805.

[253] CESTONE G, WHITE L. Anti-competitive financial contracting: the design of financial claims [J]. Journal of Finance, 2003(58): 2109 - 2142.

[254] CETORELL I N, STRAHAN P. Finance as a barrier to entry: bank

competition and industry structure in local U. S. markets [J]. Journal of Finance, 2006(161): 437 - 461.

[255] CHAN Y. On the positive role of financial intermediation in allocation of venture capital in a market with imperfect information [J]. Journal of Finance, 1983(38): 1543 - 1568.

[256] CHRISTIAN K, SOREN B N. Start-ups, venture capitalists, and the capital gains tax [J]. Journal of Public Economics, 2004(88): 1011 - 1042.

[257] CICCONE A, HALL R. Productivity and the density of economic activity [J]. American Economic Review, 1996(86): 54 - 70.

[258] CICCONE A. Agglomeration effects in Europe [J]. European Economic Review, 2002(46): 213 - 227.

[259] COOKE P, BRANZYK H J, HEIDENREICH M. Regional innovation systems: the role of governance in the globalized world [M]. London: UCL. Press, 2004.

[260] COOKE P. Knowledge economies. clusters, learning and cooperative advantage [M]. London: Routledge, 2002.

[261] COOPER W, FOLTA T B The effect of national culture on partner buyouts in cross-border biotechnology alliances [J]. Journal of High Technology Management Research, 2000(11): 175 - 198.

[262] COPELANDW, SHASTRI. Financial theory and corporate policy [M]. Boston : Addison Wesley. 2003.

[263] COVIN J G, SLEVIN D P. The development and testing of an organization-level entrepreneurship scale [A]. In: Ronstadt R, Hornaday J A, Vesper K H (eds.). Frontiers of entrepreneurship research [M]. MA: Babson College, 1986: 628 - 639.

[264] DAVIDSSON P. What entrepreneurship research can do for business and policy practice [J]. International Journal of Entrepreneurship Education, 2002(1): 1 - 20.

[265] DENG S ELYASIANI E. Geographic diversification, bank holding company value, and risk [J]. Journal of Money Credit & Banking, 2008 (40): 1217 - 1238.

[266] DIAMOND D W. Financial intermediation and delegated monitoring [J]. Review of Economic Studies, 1984(51): 393 - 414.

[267] DMIRGUC-KUNT, MAKSIMOVIC. Law, finance and firm growth [J]. Journal of Finance, 1998(53): 2107 - 2137.

[268] ECONOMIDES, HUBBARD, PALIA. The political economy of branching restriction and deposit insurance: a model of monopolistic competition among small and large banks [J]. Journal of Law and Economics, 1996(2): 667 - 704.

[269] ETZKOWITZ H, KLOFSTEN M. The innovating region: towards a theory of knowledge based regional development [J]. Research Management, 2005(3): 244 - 255.

[270] FELDMAN M P. The entrepreneurial event revisited: firm formation in a regional context [J]. Industrial and Corporate Change, 2001(10): 861 - 891.

[271] FELDMAN M P. The new economics of innovation, spillovers and agglomeration: a review of empirical studies [J]. Economics of Innovation and New Technology, 1999(8): 5 - 25.

[272] FISCHER, MANFRED M, DIEZ J R, SNICKARS F. Metropolitan innovation systems: theory and evidence from three metropolitan regions in Europe [M]. Berlin: Springer-Verlag Press, 2001.

[273] FRANKEL, JEFFREY, ROMER D. Does trade cause growth [J]. The American Economic Review, 1999(89): 379 - 399.

[274] FREIXAS, XAVIER, ROCHET J C. Microeconomics of banking [M]. Cambridge: The MIT Press, 1997.

[275] FUJITA M, KRUGMAN P, VERNABLE A J. The spatial economiy: cities, regions and international trade [M]. Cambridge: The MIT Press, 1999.

[276] FUJITA M, THISSE J. Economics of agglomeration [M]. Oxford: Oxford University Press, 2002.

[277] GARNSEY E, LAWTON S H. Proximity and complexity in the emergence of high technology industry: the Oxbridge comparison [J]. Geoforum, 1998,29(4): 433 - 450.

[278] GARTNER W. "Who is an entrepreneur?" is the wrong question [J]. Entrepreneurship: theory and practice, 1989(13): 47 - 68.

[279] GARUD R, KARNOE P. Bricolage versus breakthrough: distributed and embedded agency in technology entrepreneurship [J]. Research Policy,

2003,32(2): 277 - 300.

[280] GLAESER EL, KALLAL H D, SCHEINKMAN J A, SHLEIFER A. Growth in cities [J]. Journal of Politics, 1992(10): 1126 - 1152.

[281] GOLDEN S R W. Financial structure and development [M]. New Haven, CT : Yale University Press, 1969.

[282] GOMPERS P A, LERNE J. The venture capital cycle [M]. Cambridge: The MIT press,1979.

[283] GRANOVETTER M. The strength of weak ties [J]. American Journal of Sociology, 1973(78): 1360 - 80.

[284] GREENWOOD, JEREMY, SMITH B D. Financial markets in development, and the development of financial markets [J]. Journal of Economic Dynamics and Control, 1997(21): 145 - 181.

[285] GREENWOOD, JEREMY, JOVANOVIC B. Financial development, growth, and the distribution of income [J]. Journal of Political Economy, 1990(98): 1076 - 1107.

[286] Grossman G M, Helpman E. Endogenous product cycles [J]. The Economic Journal, 1991,101(408): 1214 - 1229.

[287] Gurley J G, Shaw, E S. Financial aspects of economic development [J]. The American Economic Review, 1955(12): 515 - 538.

[288] GURLEY J G, SHAW E S. Financial intermediaries and the saving-investment process [J]. Journal of Finance, 1956(11): 257 - 276.

[289] GURLEY J G, SHAW E S. Money in a theory of finance [M]. Washington, D. C. : The Brookings Institution, 1960.

[290] HIRSCHMANN, ALBERT O. The strategy of economic development [M]. New Haven: Yale University Press, 1958.

[291] HOLCOMBE R G. Entrepreneurship and economic growth [J]. The Quarterly Journal of Austrian Economics, 1998(2): 45 - 62.

[292] HOOVER E M,VERNON R. Anatomy of a metropolis [M]. Cambridge Mass: Harvard University Press, 1959.

[293] ISABEL G, IRIGOYEN J M. Entrepreneurship in the EU: to wish and not to be [J]. Small Business Economics, 2006(26): 305 - 318.

[294] Jarunee W. Management and governance of venture capital: a challenge for commercial bank [J]. Technovation, 2007(27): 721 - 731.

[295] JAYARATNE J, WOLKEN J D. How important are small banks to small

business lending? New evidence from a survey to small businesses [J]. Journal of Banking and Finance, 1999(23): 512 - 531.

[296] Jones C. R & D -based models of economic growth [J]. Journal of Political Economy, 1995(103): 759 - 784.

[297] KHAN, JAMSHED H, GHANI, JAWAID A. Clusters and entrepreneurship: implications for innovation in a developing economy [J]. Journal of Developmental Entrepreneurship, 2004(12): 1201 - 1234.

[298] KING R, LEVINE R. Finance, entrepreneurship, and growth: theory and evidence [J]. Journal of Monetary Economics, 1993(3): 523 - 542.

[299] KING,ROBERT G, LEVINE R. Finance and growth: schumpeter might be Right [J]. Quarterly Journal of Economics, 1993(108): 717 - 738.

[300] KIRZNER, ISRAEL M. The driving force of the market: essays in Austrian economics [M]. London: Routledge, 2000.

[301] KOURILOFF, MICHAIL. Exploring perceptions of a priori barriers to entrepreneurship: a multidisciplinary approach [J]. Entrepreneurship: Theory & Practice, 2000(10): 543 - 556.

[302] KRUGMAN P R, VENABLES J. Globalization and the inequality of nations [J]. Quarterly Journal of Economics, 1995(110): 857 - 880

[303] KRUGMAN P R. A Model of Innovation, technology transfer, and the world distribution of income [J]. The Journal of Political Economy, 1979, 87(2): 253 - 266.

[304] KRUGMAN P R. Increasing returns and economic geography [J]. Journal of Political Economy, 1991(99): 483 - 499.

[305] LAEVEN L, LEVINE R, MICHALOPOULOS S. Financial innovation and endogenous growth [J]. Journal of Financial Intermediation, 2015(24): 1 - 24.

[306] LEONE R A, STRUYK R. The incubator hypothesis: evidence from five S. M. S. A. s [J]. Urban Studies, 1976(13): 325 - 331.

[307] LERNER V J. Boulevard of broken dreams: why public effort to boost entrepreneurship and venture capital have failed-and what to do about it [M]. Princeton University Press, 2009.

[308] LERNER, JOSH. Venture capital and the oversight of privately-held firms [J]. Journal of Financial Economics, 1994(35): 293 - 316.

[309] LEVINE H A, PARK S R, SERRIN J M. Global existence and nonexistence

theorems for quasilinear evolution equations of formally parabolic type [J]. Journal of Differential Equations, 1998(142): 212－229.

[310] LEVINE R. Bank-based or market-based financial systems: which is better? [J] Journal of Financial Intermediation, 2002(11): 398－428.

[311] LEVINE R. Financial development and economic growth: views and agenda[J]. Journal of Economic Literature, 1997 (35): 688－726.

[312] LEVINE, ZERVOS S. Stock markets, banks, and economic growth [J]. American Economic Review, 1998(88): 537－558.

[313] LIN, JUSTIN Y, MONGA C. Growth identification and facilitation: the role of the state in the dynamics of structural change [J]. Development Policy Review, 2011(29): 264－290.

[314] LIN, JUSTIN Y, Liu M, Pan S, Zhang P. Factor endowment, development strategy and economic institution in less developed countries [C]. Working Paper, 2006.

[315] LIN, JUSTIN Y. New structural economics: a framework for rethinking development and policy [R]. Washington, D. C. : The World Bank, 2012.

[316] LIN, JUSTIN Y. The quest for prosperity: how developing economies can take off [M]. Princeton : Princeton University Press, 2012.

[317] MANSFIELD E. Academic research and industrial innovation [J]. Research Policy, 1991(20): 1－12.

[318] MARTIN P, OTTAVIANO G. Growing locations: industry location in a model of endogenous growth [J]. European Economic Review, 1999(43): 281－302.

[319] MARTIN P, OTTAVIANO G. Growth and agglomeration [J]. International Economic Review, 2001(42): 947－968.

[320] MERTON R C, BODIE Z. A conceptual framework for analyzing the financial environment [M]// Crane D B et al. The global financial system: A functional perspective. Boston: Harvard Business School Press. 1995.

[321] MERTON R C. On the application of the continuous-time theory of finance to financial intermediation and insurance [J]. Risk and Insurance Theory, 1989(14): 225－261.

[322] MERTON, ROBERT C. A functional perspective of financial intermediation [J]. Financial Management, 1995(Summer): 23－41.

[323] METRICK, ANDREW, YASUDA A. Venture capital and other private equity: a survey [J]. European Financial Management, 2011(17): 619 - 654.

[324] MEYER L H. The present and future roles of banks in small business finance [J]. Journal of Banking and Finance, 1998(22): 331 - 365.

[325] MICHAEL R. The new re-again revolution [M]. New York: Thomas Martin's Press, 2012.

[326] MILL J S. Principles of political economy with some of their applications to social philosophy [M]. Cambridge: Hackett Publishing Company, 1989.

[327] NIJKAMP P. Entrepreneurship in a modern network economy [J]. Regional Studies, 2003(37): 395 - 405.

[328] ODEAN T. American finance association are investors reluctant to realize their losses? [J]. The Journal of Finance, 1998,53(5): 1775 - 1798.

[329] ONGENA S, SMITH D C. What determines the number of bank relationships? cross-country evidence [J]. Journal of Financial Intermediation, 2000 (1): 123 - 134.

[330] OORT, FRANK G V, STAM E. Agglomeration economies and entrepreneurship in the ICT industry [R]. ERIM Report Series Research in Management, 2006.

[331] PEEK J, ROSENGREN E S. Small business credit availability: how important is size of lender? [M]// SAUNDERS A, WALTER I. Universal banking: Financial system design reconsider. Cambridge Cambridge Press, 1996.

[332] PENEDER S. Structural change and aggregate growth [J]. Structural Change and Economic Dynamics, 2003(14): 756 - 778.

[333] PETERSEN M A, RAJAN R G. The benefits of lending relationship: evidence of small business data [J]. Journal of Finance, 1994(47): 3 - 37.

[334] PIETROBELLI C, RABELLOTTI R. Upgrading to compete-global value chains, clusters, and SMEs in Latin America [M]. Washington D. C. : Harvard University Press, 2006.

[335] PORTER M E. The competitive advantage: creating and sustaining superior performance [M]. NY: Free Press, 1985.

[336] PORTER M E. The competitive advantage of nations [M]. New York:

Free Press, 1990.

[337] RODRíGUEZ-CLARE, ANRÉS. Clusters and comparative advantage: implications for industrial policy [J]. Journal of Development Economics, 2007(82): 43 - 57.

[338] RODRIK, DANI. What's so special about China's exports? [c]. NBER Working Paper, 2006.

[339] RODRIK, DANI. Industrial policy for the twenty-first century [C]. Harvard University Working Paper, 2004

[340] Romer, Paul M. Endogenous technological change [J]. Journal of Political Economy, 1990,98(5): 71 - 102.

[341] Romer, Paul M. The origins of endogenous growth [J]. The Journal of Economic Perspectives, 1994,8(1): 3 - 22.

[342] SACHS, JEFFREY, WARNER A. Economic reform and the process of global integration [J]. Brookings Papers on Economic Activity, 1995(1): 1 - 118.

[343] SAINT-PAUL G. Technological choice, financial market and economic development [J]. European Economic Review, 1992(36): 763 - 781.

[344] SANTOMERO A M. Modeling the banking firm: a survey [J]. Journal of Money, Credit and Banking, 1984(16): 576 - 602.

[345] SAXENIAN A. Regional advantage: culture and competition in Silicon Valley and route 128 [M]. Cambridge: Harvard University Press, 1994.

[346] SCITOVSKY T. Two concepts of external economies [J]. Journal of Political Economy, 1954(52): 143 - 151.

[347] SCOTT A J. Entrepreneurship, innovation and industrial development: geography and the creative field revisited [J]. Small Business Economics, 2006(26): 1 - 24.

[348] SEGERSTROM P S, ANANT T C A, DINOPOULOS. A Schumpeterian model of the product life cycle [J]. The American Economic Review, 1990,80(5): 1077 - 1091.

[349] SHAPERO A. The entrepreneurial event. In C. Kent (Ed.), The environment for entrepreneurship. Lexington, MA: D. C. Heath, 1984.

[350] SHAW E S. Financial deepening in economic development [M]. New York: Oxford University Press, 1973.

[351] SHUBIK M. The theory of money and financial institutions [M].

Cambridge: The MIT Press, 1999.

[352] SORENSON O, AUDIA P G. The social structure of entrepreneurial activity: geographic concentration of footwear production in the U. S., 1940 - 1989 [J]. American Journal of Sociology, 2000(106): 1546 - 1588.

[353] STIGLITZ J E, WEISS A. Credit rationing in markets with imperfect information [J]. The American Economic Review, 1981(71): 393 - 410.

[354] STIGLITZ J E. Credit markets and the control of capital [J]. Monetary, Credit, and Banking, 1985(5): 133 - 152.

[355] STRAHAN P, WESTON J. Small business lending and the changing structure of the banking industry [J]. Journal of Banking and Finance, 1998(22): 821 - 845.

[356] SUCCAR, PATRICIA. The need for industrial policy in LDCs—a restatement of the infant-industry argument [J]. International Economic Review, 1987(28): 521 - 534.

[357] TADESSE S. Financial architecture and economic performance: international evidence [J]. Journal of Financial Intermediation, 2002(4): 429 - 454.

[358] THORNTON P. The sociology of entrepreneurship [J]. Annual Review of Sociology, 1999(25): 19 - 46.

[359] TOBY S, OLAV S. Thegeographyof opportunity: spatial heterogeneity in founding ratesand the performance of biotechnology firms [J]. Research Policy, 2003(32): 229 - 253.

[360] VERNON R. International investment and international trade in the product cycle [J]. The Quarterly Journal of Economics, 1966, 80(2): 190 - 207.

[361] World Bank. The East-Asian miracle: economic growth and public policy [M]. NY: Oxford University Press, 1993.

[362] ZAHRA, SHAKER A. A conceptual model of entrepreneurship as firm behavior: a critique and extension [J]. Entrepreneurship: Theory and Practice, 1993(6): 18 - 45.

索 引